Franz Gabesam

Die besten Tipps vom ORF NÖ NIEDERÖSTERREICH Gärtner

Inhalt

Vorwort

Ungern gebe ich es zu: Gartenbücher gedeihen bei mir ungleich besser als alles Grünzeug in meinem Garten. Auf meinen Bücherbrettern sprießen Enzyklopädien, wuchern Pflanzenlexika, selbst auf den Fensterbänken vermehren sich die Gartenfibeln. Mit rein platonischer Gartenliebe ist jetzt endgültig Schluss. Ich habe Franz Gabesams Erstling kennen gelernt. Der Mann, der meinen „grünen Daumen" schon seit Jahren bei seinen Radio NÖ-Auftritten zum Jucken bringt, hat den lang ersehnten Buchliebling in die Welt gesetzt. Ein Prachtexemplar: wohlgestaltet, ungemein praktisch veranlagt, mit hohem Ordnungssinn und mustergültigem Jahreskreislauf ausgestattet. Und was zu den allergrößten Vorzügen zählt: insgesamt mit jenem liebevollen Blick für das Wesentliche verfasst, den nur erwirbt, wer mehr als ein Jahrzehnt unzählige Gartenliebhaber leidenschaftlich via Radio berät (und alle Anfragen akribisch dokumentiert). Wo andere auf reinen Pflanz setzen, bietet Franz Gabesam klug-bewährten Rat, wo's bei anderen inhaltlich allzu sehr ins Kraut schießt, zeigt er uns Hobbygärtnern erfolgversprechende, praktische Lösungen. Kurzum, ein Ratgeber, der dem arabischen Sprichwort gerecht wird: „Ein Buch ist wie ein Garten, den man in der Tasche trägt".

ORF NÖ
NIEDERÖSTERREICH

Michael Friedrich,
Programmchef
Radio NÖ

Gärtnerei um 1900

Einleitung

Weil der gelernte Müllergeselle Franz Gabesam I. den Mehlstaub nicht vertrug, sattelte er um und erfüllte sich den lang ersehnten Wunsch Gärtner zu werden. Sein Vater kaufte ihm, die durch ein Hagelunwetter schwer geschädigte Gärtnerei Biber und legte damit den Grundstein für die „Gärtnerdynastie Gabesam" in Pottenstein. Genau 119 Jahre sind seither vergangen und bereits die fünfte Generation, Katharina Gabesam, ist bereits in die Fußstapfen des Betriebsgründers getreten.

Ursprünglich war der Schwerpunkt der Gärtnerei, die Produktion im Bereich Gemüsebau. Dies wurde aber später umgestellt, sodass die heutige Produktion im Sektor Zierpflanzenbau und zeitgemäße Floristik liegt.

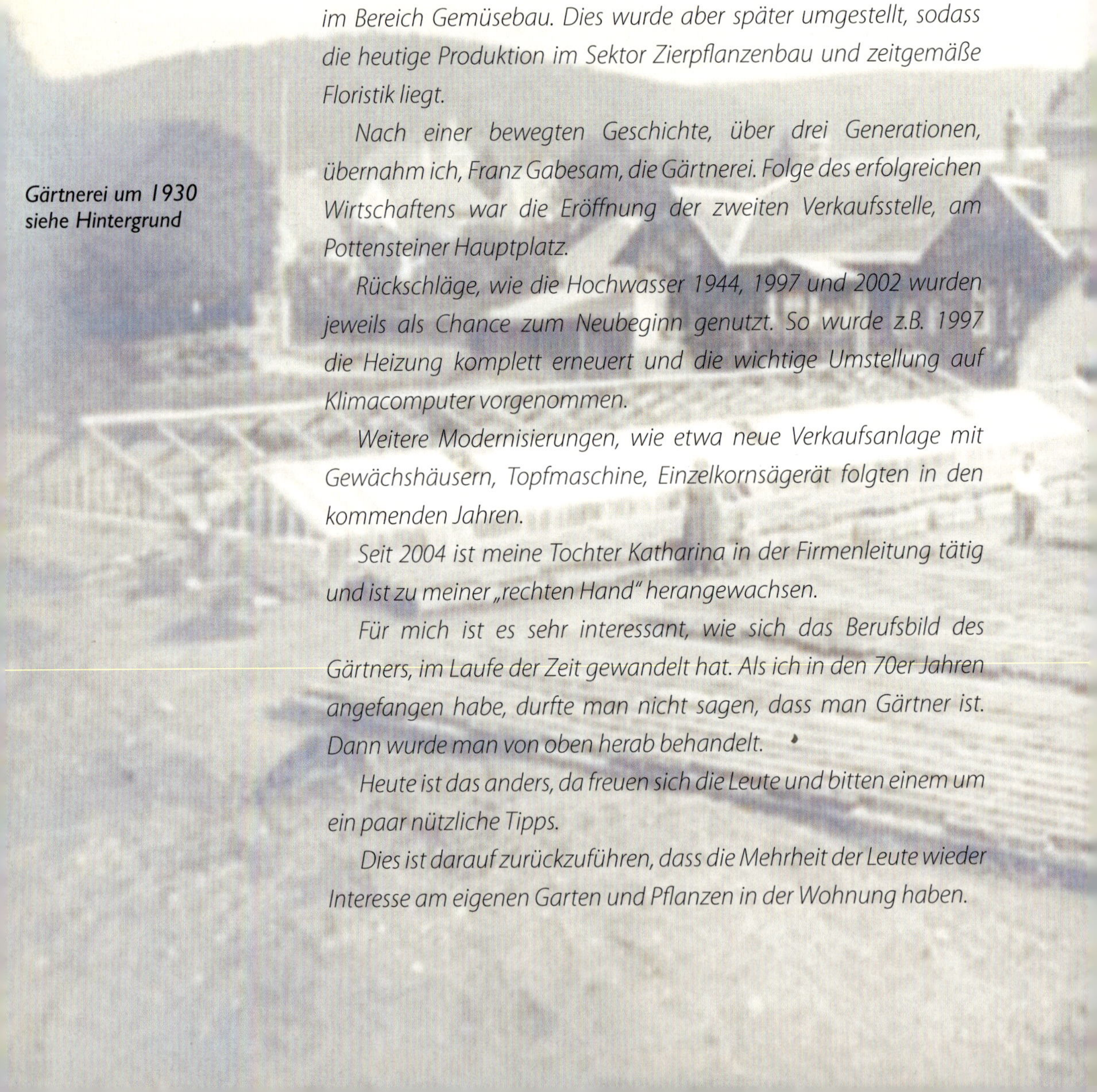

Gärtnerei um 1930
siehe Hintergrund

Nach einer bewegten Geschichte, über drei Generationen, übernahm ich, Franz Gabesam, die Gärtnerei. Folge des erfolgreichen Wirtschaftens war die Eröffnung der zweiten Verkaufsstelle, am Pottensteiner Hauptplatz.

Rückschläge, wie die Hochwasser 1944, 1997 und 2002 wurden jeweils als Chance zum Neubeginn genutzt. So wurde z.B. 1997 die Heizung komplett erneuert und die wichtige Umstellung auf Klimacomputer vorgenommen.

Weitere Modernisierungen, wie etwa neue Verkaufsanlage mit Gewächshäusern, Topfmaschine, Einzelkornsägerät folgten in den kommenden Jahren.

Seit 2004 ist meine Tochter Katharina in der Firmenleitung tätig und ist zu meiner „rechten Hand" herangewachsen.

Für mich ist es sehr interessant, wie sich das Berufsbild des Gärtners, im Laufe der Zeit gewandelt hat. Als ich in den 70er Jahren angefangen habe, durfte man nicht sagen, dass man Gärtner ist. Dann wurde man von oben herab behandelt.

Heute ist das anders, da freuen sich die Leute und bitten einem um ein paar nützliche Tipps.

Dies ist darauf zurückzuführen, dass die Mehrheit der Leute wieder Interesse am eigenen Garten und Pflanzen in der Wohnung haben.

Mit jedem Stück „Blume", das man sich erwirbt, erzeugt man „Gefühle und bestimmte Stimmungen". Dies ist ein großes Leitbild, denn man soll „Gefühle" vermitteln können.

Im Laufe der Zeit hat sich die „Grüne Branche" drastisch gewandelt. Es werden fast überall Blumen und Zierpflanzen angeboten, aber keine oder schlechte Beratung.

Doch auch kompetente Beratung, Qualität und Service sind nicht ganz kostenlos!!

Dadurch ist es zu rechtfertigen, dass wir im Allgemeinen Gartenbaubetrieb etwas höhere Preise haben müssen, dafür aber viele Zusatzleistungen GRATIS anbieten können.

Dies kann ich vor allem nach meiner 12jährigen Tätigkeit bei Radio Niederösterreich verstärkt feststellen.

Es herrscht bei vielen Gartenproblemen oft „Ratlosigkeit", die ich immer am Telefon nach der Sendung „Live" erlebe.

Dies war auch der Anstoß, all meine Erfahrungen mit der „Ratlosigkeit" meiner Zuhörer zu sammeln. Meine Ratschläge will ich nun in diesem Buch wieder an Sie weitergeben.

Ferner möchte ich zu einer besseren Entwicklung des Gärtnerbildes in der Öffentlichkeit beitragen.

Nun bleibt mir Ihnen nur noch eines zu wünschen:
„Viel Spaß beim Gärtnern!"

Ihr Franz Gabesam
Im März 2008

Gärtnerei 2007

Franz Gabesam bei Dreharbeiten

Die 3 Erfolgsgeheimn

Möchten Sie einen schönen, naturgemäßen Garten erhalten, in dem Sie und Ihre Familie sich wohlfühlen? Aber auch Bienen, Schmetterlinge, Vögel, Igel, Marienkäfer und eine Vielzahl anderer nützlicher Lebewesen ein idyllisches Zuhause finden?
Dann nutzen Sie die elementaren biologischen „Helfer".

1 Erfolgsgeheimnis

„Nur auf einem gesunden Boden wachsen gesunde Pflanzen." So lautet die erste und wohl plausibelste Erfolgsformel für einen gedeihenden Garten. Sorgen Sie mit einem biologischen Boden-Aktivator (z.B. Kompost oder Oscorna – Bodenaktivator) für aktives Bodenleben und hohe Bodenfruchtbarkeit. Und schon haben Sie die alles entscheidende Grundlage für ein reiches und gesundes Wachstum Ihrer Pflanzen. Denn mit dem richtigen Rezept für einen gesunden Boden können Sie in Ihrem Garten viel bewegen.

2 Erfolgsgeheimnis

„Gib nur in den Boden, was der Regenwurm verdauen kann."
Ist der Boden bereit, ist es wichtig, dass Sie Ihre Pflanzen regelmäßig und vor allem gesund ernähren. Biologische Naturdünger bewähren sich seit Jahrzehnten, denn sie nutzen den Kreislauf von Mutter Natur und verstärken ihn.
Die vielen natürlichen Rohstoffe dienen dem Bodenleben als aus-

isse für Ihren Garten

giebiges Futter. Die enthaltenen Nährstoffe werden von Millionen Mikroorganismen gleichmäßig und über einen langen Zeitraum hinweg den Pflanzen kontinuierlich zur Verfügung gestellt.

3 Erfolgsgeheimnis

„Vorbeugen ist besser als Heilen."

Diese Erfahrung verspüren wir täglich am eigenen Leib. Wer also regelmäßig etwas für Seele und Körper tut, lebt einfach gesünder.

Genau so verhält es sich mit den Pflanzen. Mit natürlichen Mitteln stärken Sie die Zellstruktur und das Gewebe Ihrer Pflanzen und sorgen so für mehr Widerstandsfähigkeit und gesundes Wachstum. Wenn Sie also rechtzeitig vorbeugen und darauf achten, dass Ihre Pflanzenkinder stark und gesund werden, sind Sie auf der sicheren Seite und das mit wenig Aufwand.

IMPRESSUM

ISBN: 978-3-902447-33-3

Herausgeber und Verleger: Kral Verlag - Anton Kral GmbH
Inh. Robert Ivancich
Kennedyplatz 2, A-2560 Berndorf
Tel.: 0043 (0)2672-82236, Fax: 0043 (0)2672-82236-4
e-mail: buch@kral-berndorf.at
Internet: www.buchpartner.at
Autor: Franz Gabesam, Gärtner
Hainfelderstraße 21
2563 Pottenstein
e-mail: office@gabesam-blumen.com
www.gabesam-blumen.com
Layout & Grafik: Claus Zinner
e-mail: claus@impulsdesign.at
Internet: www.impulsdesign.at
Lektorin: Prof. Helene Schießl
Bildquellen:
Coverfoto: Christian Handl
Fotos: Christian Handl, Fa. Syngenta, Fa. Fischer, Astrid Sanz, Helga Leitner, Karl Kotar, Katharina und Franz Gabesam

Erschienen in Berndorf, 2008

Gärtner Tipps für den Jänner

„Im Jänner viel Regen und wenig Schnee tut Wiesen und Bäumen weh.“

Garten allgemein

Wildschäden und Schutzmaßnahmen

Dort, wo regelmäßig während des Winters mit Wildschäden zu rechnen ist, lohnt es sich, den Gartenzaun auf seine Wildsicherheit zu überprüfen. Gegen Rehwild ist ein Zaun von mindestens 1,20m Höhe erforderlich. Muss mit Schäden durch Wildhasen gerechnet werden, ist zusätzlich ein engmaschiges Drahtgeflecht vom unteren Zaunteil 20cm tief in den Boden einzugraben. Besteht keine Möglichkeit, für eine wildsichere Umzäunung zu sorgen, bieten Kunststoffmanschetten den nötigen Schutz. Schützen Sie aber nur den Stamm, so sind bei Niederstämmen während hoher Schneelage trotzdem Verbissschäden an den Trieben nicht zu vermeiden. Nur von begrenzter Wirkungsdauer sind die verschiedenen Wildverbissmittel oder das Liegenlassen von Schnittholz als Ablenkfütterung. Diese müssen dann bei Neuschnee zugänglich sein und regelmäßig erneuert werden.

Winterschutz

Bei Pflanzen im Garten sollte der im Herbst angebrachte **Winterschutz kontrolliert** werden. Bei milder Witterung ist es ratsam, eine dicke Abdeckung etwas aufzulockern und die Pflanzen darunter zu belüften, damit sie nicht faulen. Bei strengem Frost, vor allem im Jänner, kann es erforderlich werden, dünne Bedeckungen zu verstärken.

Schutz vor Schnee

Immergrüne, insbesonders säulen-, kugel-, oder buschförmige Koniferen sind bei starkem Schneefall oder sehr nassem Schnee der Schneelast zu befreien, damit sie nicht auseinanderfallen oder Äste abbrechen.

Schutz vor der Wintersonne

Vor allem neu gepflanzte **immergrüne Gehölze** sind vor starker Sonneneinstrahlung zu schützen. Dazu kann man sie an der Südseite mit Fichtenreisig bedecken bzw. Schattenmatten, Flies o. ä. Material aufstellen.

Sanieren von Bruchschäden an Bäumen durch Winterstürme

Das Beheben von Bruchschäden ist äußerst wichtig, um ein langes und gesundes Baumleben zu garantieren. In Stürmen kann es passieren, dass selbst kräftige Äste brechen. Diese müssen dann fachgerecht entfernt werden. Dazu befreit man den gebrochenen Ast zunächst mit einer kräftigen Astschere von kleineren Seitenästen, um ihm die Hauptlast zu nehmen. Dann kürzt man den

Hauptast Stück für Stück von außen nach innen bis kurz vor dem Stamm ein. Ist der Ast direkt am Stamm gebrochen, ist nun besondere Vorsicht geboten.

Tipp

Tipp vom Profi: Damit die Rinde beim Abschneiden nicht weiter einreißt, schneidet man den Ast direkt am Stamm (auf Astring) zunächst von unten zu 2/3 ein. Erst dann wird er von oben ganz abgeschnitten.

Die Schnittwunden des Baumes sind anschließend mit Baumwachs oder Baumteer zu verschmieren

Gemüsegarten

Sprossenkohl

Wer seinen Sprossenkohl noch im Garten stehen hat, sollte beachten, dass sich zwar sein Geschmack nach Frosteinwirkung verbessert, doch darf man ihm nicht zu viel zumuten. Die Röschen vertragen nur kurzfristig Temperaturen von minus 10° Celsius, doch nach mehreren Tagen solcher Temperaturen kommt es auch bei diesem robusten Gemüse zu Frostschäden. Die Röschen werden dann braun und führen zu erhöhtem Putzaufwand oder beginnen zu faulen und sind in weiterer Folge nicht mehr verwendbar.

Obstgarten

Leimring

Die im Herbst angelegten Frostspanner – Leimringe werden jetzt entfernt. Da unter den Leimringen vielfach starke Eiablagen zu finden sind, muss an diesen Stellen der Stamm gründlich abgekratzt werden.

Kalkanstrich

Ein weißer Kalkanstrich an Stämmen und stärkeren Ästen der Obstbäume beugt Frostschäden vor. Ab Jänner ist bei wieder steigendem Sonnenstand mit stärkeren Temperaturschwankungen zwischen Tag und Nacht sowie zwischen Sonnen- und Schattenseite zu rechnen. Mit dem Kalkanstrich wird das Aufheizen der dunklen Rinde in der Mittagssonne verhindert. Kleinere Bäume können wie immergrüne Gehölze durch Schattieren mit Fichtenreisig o. ä. Material geschützt werden.

Ziergarten und Zimmerpflanzen

Dahlien- und Gladiolenknollen

Eingelagerte Dahlien- und Gladiolenknollen müssen gegenwärtig sorgfältig durchgesehen werden. Verschiedene Pilzkrankheiten können bereits während der Lagerung den gesamten Bestand vernichten. Bei Gladiolen kann bei der Kontrolle die Hülle vorsichtig entfernt werden, um so besser den Gesundheitszustand der Knolle festzustellen. Stark befallene Knollen sind sofort zu entfernen.

Kübel- und Balkonpflanzen

Bei der Pflege der überwinternden Kübel- und Balkonpflanzen kommt es vor allem darauf an, dass das Gießen auf das Notwendigste beschränkt wird. Lieber etwas zu wenig gießen als zu viel. Besonders im Winter besteht eher die Gefahr des Vergießens als des Vertrocknens. Bei zu nassen Wurzelballen kann es zum Absterben der Wurzeln und unter Umständen zum Totalausfall kommen. Dies gilt besonders für Pflanzen in Kunststofftöpfen, in denen sich die Feuchtigkeit länger hält als in Tontöpfen. Überwinterungsräume, die sich durch die bereits intensivere Sonneneinstrahlung zu stark aufheizen, müssen rechtzeitig bei frostfreiem Wetter gelüftet werden. Dadurch verhindern Sie ein vorzeitiges, intensives Austreiben und gegebenenfalls übermäßiges, anormales Längenwachstum – Vergeilen der Pflanze – wie der Profi sagt.

Korkwucherungen

Korkwucherungen

Bei Korkwucherungen haben die Blätter von Zimmerpflanzen und überwinterten Kübel-Balkonpflanzen meist an der Blattunterseite Pocken – od. höckerartige Korkpolster. Gelegentlich treten die Korkwucherungen auf der Blattoberseite, auf Blattstielen und an jungen Trieben auf. Hierfür gibt es verschiedene Ursachen:

1. Zu hohe Luftfeuchtigkeit verbunden mit zu großer Bodennässe, bei niedrigen Temperaturen und oft dunklem Standort, z. B. bei Begonie, Flammendem Käthchen, Gummibaum, Clivie, Pelargonie und Bogenhanf.
2. Zu reichliche Düngung bei niedrigen Temperaturen.

Schildläuse an Kübelpflanzen

Kübelpflanzen im Winterquartier regelmäßig auf Schädlinge kontrollieren. Schildläuse fühlen sich auch in warmen Räumen wohl und entwickeln sich bei zunehmender Iageslänge noch einmal so schnell.

Tipp

Tipp vom Profi: die von Schildläusen befallenen Kübelpflanzen vor allem Oleander sind mit Praraffinöl-präparaten (Paramaag Sommer) zu behandeln.

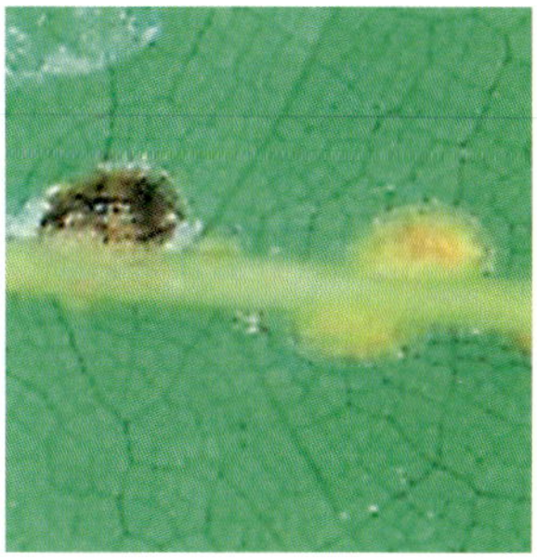

Schildläuse

Amaryllis – Ritterstern

Amaryllis

Riesige Blüten und leuchtende Farben in Rot, Rosa oder Weiß - damit schmückt der Ritterstern, botanisch Amaryllis, im Winter das Haus. Besonders zu Weihnachten und Silvester sind die prachtvoll blühenden Zwiebelblumen ein festlicher Blumenschmuck. Die heutigen Kulturformen entstanden aus mehreren in Südamerika beheimateten Arten.

Die Kultur ist einfach und sicher, denn der Erfolg ist bei der pflegeleichten Amaryllis schon vorprogrammiert:

Ritterstern erhält man im Handel vorzugsweise als fertige, knospige Pflanze.Schon nach kurzer Zeit bilden sich ein oder zwei Blütenschäfte und kurze Blattstummel. Jetzt nur sehr sparsam gießen. Nach dem Austrieb der Blütenschäfte den Topf von Zeit zu Zeit drehen. Der zum Licht strebende Stiel wächst dann gerade. Bald folgen riesige, ausdrucksvolle Blüten, die vor allem Kinder in Erstaunen setzen. Steht die Pflanze nicht zu warm (ideal sind 15 - 20 Grad), dauert es vom Öffnen der Knospe bis zum Verblühen vier bis fünf Wochen.

Sobald sie welken, schneidet man die Blüten einzeln ab. Sind alle verwelkt, den ganzen Stiel. Die Zwiebel ist nach der Blüte ausgelaugt und muss neue Energie tanken. Dazu bilden sich aus den Blattstummeln ziemlich lange Blätter. Damit die Zwiebel Nährstoffe einlagern kann, sollte jetzt gedüngt werden. Bis zu den Eisheiligen belässt man den Ritterstern am besten im Zimmer, da die Zwiebel keinen Frost abbekommen darf.

Danach freut sich die Pflanze auf einen Standort im Freien, vorzugsweise im Halbschatten auf der Terrasse. Ab Juli/August reduziert man die Wassergaben und stellt sie im September ganz ein, woraufhin die Blätter verwelken.

Den ausgetrockneten Pflanztopf mit der Zwiebel oder alternativ die herausgenommene Zwiebel lagert man jetzt an einem dunklen, kühlen Ort, z.B. im Keller.

Tipp

Tipp vom Profi: Die über mehrere Wochen hinweg trockengestellte Zwiebel bekommt einen neuen, im

Durchmesser drei bis vier Zentimeter größeren Topf und frische Erde. Die Zwiebel nicht zu tief setzen. Die Erde seitlich festdrücken und das Gefäß mit der Zwiebel ins Wasser stellen, bis alles vollgesaugt ist. Danach warm und dunkel stellen und erst wieder gießen, wenn die Zwiebel austreibt. Die Pflanze dann ans Licht stellen.

Die 3 Vegetationsphasen der Amaryllis auf einen Blick

Blühphase: Winter -> im Zimmer
Wachstumsphase: Frühjahr und Sommer -> im Freien
Ruhephase: Herbst -> im dunklen Keller

Gartenplanung

Jetzt ist die beste Zeit, in Ruhe seinen neuen Garten oder Umbau zu planen. Hier nun einige Ratschläge, was man bei Neuanlage oder Umbau beachten sollte.

- Wie soll der Garten später genutzt werden?
  Ziergarten, Erholungsgarten, Nutzgarten, Spielgarten, Wochenendgarten usw.

- Welche bestehenden Gehölze sollen erhalten bleiben?
  Große Bäume sind wesentliche Elemente im Garten. Baumschutz während der Bauzeit gegen Stamm- u. Wurzelverletzungen. Übermäßiger Bodenauftrag, Bodenverdichtung durch zu schwere Baumaschinen und Verunreinigung durch Bauschutt, Zement, Kalk usw. sind zu vermeiden. Bauschutt gehört richtig entsorgt und nicht im Garten vergraben! Diese Altlasten kommen nach einiger Zeit durch Pflanzenschäden ans Tageslicht.

- Wo sollen später Bäume, Sträucher, Rosen, Gemüsebeet, Feuchtbiotop, Staudengarten, Spielplatz, Sitzplatz, Ruhezone Platz finden?
  Die richtige Standortwahl richtet sich nach einigen Kriterien z.B. schattig - sonnig, windig - windgeschützt, Nähe zum Wohnhaus, Sichtschutz, Niveau des Gartens usw.

- Wo ist der sonnigste Ort im Garten? Als Faustregel gilt der Platz, wo als erstes der Schnee schmilzt.

- Wo können neue Biotope entstehen?
  Hier ist es besonders wichtig, auf die richtige Pflanzenauswahl zu achten und auf das Zusammenspiel einiger Gestaltungsgruppen, z.B. Wildhecke mit angrenzender Naturwiese.

- Richtiges Niveau für Eingang und Wege beachten, um sich später Treppen und Erdarbeiten zu ersparen.

- Wieviel Erdaushub fällt an?
  Berechnung des Erdaushubes und Platz für ev. Zwischenlagerung.

- Wichtig! Unter- und Oberboden (Humus) nicht vertauschen oder mischen!

- Rechtliche Aspekte sind zu beachten (Pflanzabstand zu Nachbarn).

- Ausnützen der Frostgare im Winter, d.h. im Herbst grobschollig Umstechen bzw. umackern des im Profil bereits fertigen Gartens.

Einige Beispiele für Gärten:

- Wochenendgarten - besonders pflegeleichter Naturgarten
- Wassergarten - Biotop mit Schwimmteich
- Naschgarten - Naschhecke bzw. Naschecke im Garten
- Kinderparadies - der bespielbare Garten
- Garten der Sinne - sehen, hören, fühlen, riechen und schmecken
- Englischer Garten - natürlicher Wuchs
- Französischer Garten - streng geometrisch
- Nutzgarten - Obstbäume u. Beerenobst
- Gemischter Garten - Obstbäume, Gemüsebeet und Ziergarten (in Niederösterreich am häufigsten)

Kalken von Obstbäumen

Frühling liegt in der Luft! Die Tage werden wieder länger und die Sonne gewinnt ihre Kraft langsam aber stetig zurück. Auch die Bäume erwachen aus ihrem tiefen Winterschlaf, der Saft beginnt zurück in die Krone zu steigen. Die dunkle Rinde erwärmt sich nun tagsüber schon sehr stark.

Nachts jedoch fallen die Temperaturen häufig noch unter den Gefrierpunkt. Die Folge: Die Rinde beginnt zu platzen; tiefe, so genannte Frostrisse entstehen. Was in der ersten Zeit noch recht harmlos aussieht, kann später zum Absterben des Baumes führen. Durch die Risse werden die darunter liegenden empfindlichen Schichten des Nährgewebes und der Leitungsbahnen freigelegt. Schädlinge und Schadorganismen können nun leichter in den Baum eindringen und sich verbreiten. Der Kern des Baumes wird langsam morsch und es kommt zum Absterben einzelner Triebe. Was kann man tun, um diese Frostrisse zu verhindern?

Kalken von Bäumen

Die einfachste Lösung ist das Weißen der Bäume. Dabei werden der Stamm und die oberen dicken Äste mit einem speziellen Baumweiß eingepinselt. Durch die weiße, reflektierende Farbe kann sich der Stamm am Tag nicht so stark erwärmen und die nächtliche Kälte schadet ihm nicht mehr. Früher verwendete man einen reinen Milchkalkanstrich, den die Bauern selbst herstellten. Heute gibt es hochwertige Präparate zu kaufen. Sie enthalten nicht nur die weiße Farbe, sondern auch Kieselsäuren, lebensnotwendige Spurenelemente und Kräuterextrakte. Diese Mischung dient, zusätzlich zum Schutz vor Frostrissen, der Vorbeugung von Krankheiten. Die Zusatzstoffe stärken den Baum und machen ihn somit widerstandsfähiger.

Zeitpunkt des Kalkens

Der beste Zeitpunkt zum Auftragen der Farbe ist Ende Jänner. Man sollte einen trockenen, möglichst frostfreien Tag wählen, da der Anstrich 24 Stunden zum Trocknen braucht. Vor dem Auftragen werden lose Rindenstücke mit einer Stahlbürste entfernt. Bringt man den Anstrich zu früh im Jahr auf, wird er vom Regen abgewaschen. Jedes Jahr im Februar sollte man seinen Obstbäumen also schon die erste Frühjahrspflege verabreichen.

Weitere Möglichkeiten

Eine weitere Methode, um den Baum vor Frostrissen zu schützen, ist das Umwickeln des Stammes mit Schilfmatten. Dieser Schutz hält zwei bis drei Jahre, ehe er erneuert werden muss. Die Matte sollte so angepasst werden, dass sie nicht innerhalb dieser Zeit einwächst. In jedem Fall sollte man einmal im Jahr kontrollieren, ob der Schutz noch richtig sitzt.

Pflanzen und Licht

Vor allem im Winter macht der Lichtmangel den Pflanzen sehr zu schaffen. Die kurze Tageslänge, die oft trübe Witterung und der flache Einstrahlwinkel der Sonne bewirken bei vielen Pflanzen oft gelbe Blätter und Blattfall.

Generell kann man sagen, dass Pflanzen viel Licht zum Gedeihen brauchen, doch bieten unsere Wohnungen häufig zu wenig davon an. ***Ohne Licht kein Wachstum!***

Speziell entwickelte Pflanzenlichtmesser geben uns genaue Auskunft über den entsprechenden Lichtwert, der in ***LUX*** gemessen wird.

Verschiedene Modelle von Pflanzenlichtmessern

Der Lichtwert nimmt mit der Entfernung vom Fenster sehr schnell ab. Schon 50 cm Entfernung können im schlechtesten Fall bis zu 50% weniger Licht bedeuten.

Auch Balkone und Gardine mindern den Lichteinfall.

Erweist sich ein Standort als zu dunkel, schaffen spezielle Pflanzenleuchten den nötigen Ausgleich.

Ihr Gärtner und Florist kann Ihnen bei der Messung der Helligkeit an einem bestimmten Standort durch ein entsprechendes Lichtmessgerät sicherlich behilflich sein. Der beste Zeitpunkt für eine Lichtmessung ist die Mittagszeit.

Pflanzen mit geringem Lichtanspruch ab ca. 200 LUX - haben häufig große und weiche Blätter wie zum Beispiel

- Monstera - Fensterblatt 300 LUX
- Spatiphyllum - Einblatt 400 LUX
- Farne - 300 LUX
- Aglaonema - Kolbenfaden 200 LUX
- Scindapsus - Efeutute 400 LUX

Schattig sind auch Stellen in der Wohnung, die nahe bei einem Nordfenster sind. Da die Lichtstärke mit der Entfernung rapid abnimmt, verlieren Pflanzen häufig an beschatteten und entfernteren Stellen die Blätter.

Tipp

> ***Tipp vom Profi:*** Blütenpflanzen können meist an schattigen Plätzen nicht existieren! (z.B. Weihnachtsstern, Cyclamen, Azaleen usw.)

Pflanzen mit mittlerem Lichtanspruch (halbschattig)

- Fatsia - Aralie 500 LUX
- Dracaena - Drachenbaum 600 LUX
- Cissus - Wein 500 LUX
- Anthurium - Flamingoblume 600 LUX
- Saintpaulia - Usambaraveilchen 700 LUX

Pflanzen mit hohem Lichtanspruch

- Kakteen ab 1000 LUX
- Hibiscus - Chin. Roseneibisch 1200 LUX
- Ficus bejamina - Birkenfeige 800 LUX
- Codiaeum - Croton, Wunderstrauch 1000 LUX
- Yucca - Palmlilie 800 LUX

Interessant zu wissen:

- Trüber Wintertag 3000 LUX
- Im Schatten bei Sonne 10000 LUX
- Trüber Sommertag 20000 LUX
- Bei strahlender Sonne 100000 LUX

- Vollmond 0,3 LUX
- Straßenbeleuchtung 20 LUX
- Küche 250 LUX
- Schule 500 LUX
- Büro 750 LUX
- Präzisionsarbeiten, Labor 1000 LUX

Manche Pflanzen verlieren durch den Lichtmangel Laub (z.B.Ficus benjaminii, Schefflera,) dies ist eine ganz normale Erscheinung. Einkürzen und Zurückschneiden zu lang gewachsener Triebe wirkt dem Blattfall entgegen.

Noch einige Pflegetipps für die Winterzeit

- Besonderes Fingerspitzengefühl erfordert die Wasserversorgung der Pflanzen im Winter. Im Allgemeinen leiden sie eher an zu viel als an zu wenig Wasser. Lieber etwas trocken halten. Vor dem Gießen den Wurzelballen mit den Fingern abtasten und prüfen, ob die Pflanze wirklich Wasser braucht. Wenn gegossen wird, dann gründlich, den ganzen Wurzelballen dabei durchfeuchten. Falls sich Wasser im Untersetzer sammelt, darf es nicht länger als eine halbe Stunde stehen. Stauende Nässe im Topf führt im Winter schnell zu Wurzelfäule und zum Absterben der Pflanzen.

Luftbefeuchtung im Pflanzenbereich.

Merke: Nasse Füße sind der Pflanzen Tod!

- Über die Wintermonate, d.h. von November bis Mitte Februar, soll nicht gedüngt werden, da der Dünger nicht von den Pflanzen verbraucht werde kann.

- Durch die intensive Beheizung der Räume in den letzten Wochen hat sich die Luftfeuchte in den Räumen gesenkt. Dies bewirkt bei manchen Pflanzen ein teilweises bis ganzes Eintrocknen der Blätter.

Tipp

Tipp vom Profi: oftmaliges Lüften der Räume (Vorsicht bei tiefen Temperaturen), Luftbefeuchter, Zimmerbrunnen oder Hydrokultur.
Sinnvoll ist es auch, einen etwas größeren Untersetzter

Tipp

mit Leka (Größe 8-12) zu füllen und darauf die Pflanze zu stellen. Dann etwas Wasser einfüllen.

Der Vorteil liegt darin, dass
1. die Pflanze nicht direkt im Wasser steht,
2. dass ein ständiger, feuchter Luftstrom von unten nach oben steigt und dies für die Pflanze besonders günstig ist, da sie all ihre Atmungsorgane an der Blattunterseite hat.

Trendpflanze für den Jänner

Usambaraveilchen

Ein Winterblüher „par excellence" sind die Usambara-Veilchen, botanisch Saintpaulia. Sie mögen es hell, aber nicht sonnig. Mit kleinen blauen, violetten, weißen und rosafarbenen Blüten und mit dunklem, samtigem Blattgrün erfreuen uns die niedlichen Veilchen aus dem afrikanischen Usambara-Gebirge.

Usambaraveilchen

Bei der Pflege sind sie gegen alle Extreme empfindlich:

- sie vertragen keine Trockenheit
- keine Staunässe
- nicht zu viel Mineraldünger
- keine direkte Sonne
- nicht zu kalt, optimal um 20°C
- beim Gießen nicht die Blätter benetzen

Daher besser regelmäßig pflegen, in den Untersetzer gießen, aber nicht zu viel, ca. 5mm, so dass die Pflanzen ihren Bedarf aufsaugen können. Das Usambaraveilchen wird wenig von Schädlingen geplagt, die haarigen Blätter halten sie wohl ab.

Tipp

Tipp vom Profi: Als sehr guter Standort hat sich in der Praxis die Küche erwiesen, da hier durch das Kochen etwas feuchtere Luft herrscht. Meistens ist es durch die Raumanordnung nicht so hell wie in anderen Räumen.

Zimmerbrunnen

Jetzt im Winter besonders beliebt, vor allem wegen der luftbefeuchtenden Wirkung!

Es handelt sich meistens um Quellsteine, einfach in der Handhabung und platzsparend.

Materialien:

1. Tuffsteine - sind Lavagestein, das porös ist - eignen sich sehr gut zur Raumbefeuchtung
2. Halbedelsteine - der persönliche Stein fürs Sternzeichen

- Aventurin - Stier, Krebs, Schütze
- Orangencalcit - Zwilling
- Rosenquarz - Stier und Waage
- Sodalith - Schütze, Jungfrau
- Bergkristall – Löwe ,Zwilling, Steinbock
- Leopardenjaspis - Skorpion

Für das jeweilige Sternzeichen haben die Steine eine besondere Wirkung auf die Psyche.

Anwendung: Als einzelner Quellstein oder im Pflanzgefäß einer Hydro- oder Erdkultur integriert.

Tipp

Tipp vom Profi: Der Wasserstand im Brunnen nimmt durch die Verdunstung rasch ab und muss bei Bedarf, am besten wegen der Verkalkung des Quellsteins mit destilliertem Wasser, auf Maximum aufgefüllt werden. Daher öfter den Wasserstand kontrollieren!

Wichtig:

Bei Verwendung des Brunnens mit Kombination im Hydrogefäß darauf achten, dass es sich um zwei getrennte Wasserkreisläufe handelt, somit sollen auch zwei Wasserstandsanzeiger vorhanden sein.

Tipp

Tipp vom Profi: Vorsicht auf Blätter von Pflanzen im Nahbereich des Quellsteins - rasche Entleerung des Wassers über die Blätter aus dem Brunnengefäß!

Bauteile eines Brunnens:
Wasserauffangtopf und Deckel mit Öffnung für Wasserrücklauf, Wasserstandsanzeiger, Brunnenstein, Elektropumpe mit Verbindungsschlauch zum Brunnenstein.

Quellstein

Gärtner Tipps für den Februar

„Ist der Februar sehr warm, friert man zu Ostern bis in den Darm.“

Garten allgemein

Kompost

Wenn es das Wetter erlaubt, kann der Kompost im Garten umgesetzt werden. Bei dieser Gelegenheit kann man von der schon reifen Komposterde einen Teil für das beginnende Gartenjahr ins Haus holen, damit sie sich erwärmen kann.

Tipp

Tipp vom Profi: Vorteil ist es, dass durch das Umsetzen die Schneckeneier, die eventuell im Kompost sein können, erfrieren!

Gemüsegarten

Planung der Fruchtfolge

Es wird nun Zeit sich zu überlegen, was auf welches Beet kommt. Solche über mehrere Jahre sorgfältig geplante Frucht- und Kulturfolge ist auch für den Kleinanbau im Haus- und Bauerngarten wichtig. Mit entsprechend langen Anbaupausen zwischen den einzelnen Kulturarten kann man auch die übermäßige Vermehrung bodenbürtiger Krankheiten und Schädlinge begrenzen. So ist es ratsam, dass bei einzelnen Gemüsearten selbst Vertreter der gleichen Pflanzenfamilie nicht nacheinander angebaut werden sollen. Hier ist eine Anbaupause von mindestens 3 Jahren angemessen. Das gilt beispielsweise untereinander für Chicoree, Kopfsalat und Endivie als Vertreter der Korbblütler, für Petersilie, Dill, Karotten und Sellerie als Vertreter der Doldenblütler, für Zwiebel, Knoblauch, Porree und Schnittlauch als Vertreter der Liliengewächse oder Gurken, Zucchini und Kürbis als Vertreter der Kürbisgewächse. Auf Beeten, die von der Kohlhernie verseucht sind, dürfen alle Kohlgewächse, aber auch andere Kreuzblütler wie Schleifenblume oder Goldlack , für 7 Jahre nicht stehen.

Es lohnt sich also, jährlich einen Plan mit der Belegung der Beete zu machen. Die rechtzeitige Saatgutbeschaffung setzt auch eine solche Anbauplanung voraus.

Keimprobe der Samen

Bevor Sie den Samen kaufen, sollten Sie einmal eine Bestandaufnahme machen. Dazu gehört auch, mit einer Keimprobe zu klären, was von dem Saatgut des Vorjahres oder aus den Vorjahren noch an Vitalität zu erwarten ist.

Dazu werden je nach Saatgutgröße 20 – 50 Samenkörner auf ein angefeuchtetes Löschpapier in eine Schale gelegt. Die Schale wird mit einer Glasscheibe abgedeckt, bei Zimmertemperatur aufgestellt und gleichmäßig feucht gehalten.

Nach 2-3 Wochen zeigt sich, wie viele Samen maximal gekeimt haben. Durch Auszählen der gekeimten Samen lässt sich die prozentuale Keimfähigkeit feststellen.

Gerade bei Gemüsepflanzen gibt es eine Vielzahl von Sorten mit unterschiedlichsten Eigenschaften und Ansprüchen. Hier ist anhand von Katalogen und anderen Beschreibungen einen sorgfaltige Auswahl nötig. Dabei sollte auch auf die Widerstandsfähigkeit der einzelnen Sorten gegenüber Krankheiten geachtet werden.

Reinigen des Frühbeetes und Kleingewächshauses

Schließlich ist die Zeit gekommen, dass man Frühbeete und Kleingewächshaus wieder für die neue Saison startbereit macht. Verschmutzte Scheiben werden gesäubert oder ausgewechselt und der Boden für die neuen Kulturen vorbereitet, damit die Pflanzen beste Voraussetzungen für ein gesundes Wachstum bekommen.

Vorbeugende Maßnahmen gegen Weiße Fliege im Kleingewächshaus

Zur Bekämpfung der Weißen Fliege im Kleingewächshaus kommt den vorbeugenden Maßnahmen eine erhöhte Bedeutung zu.

Tipp

Tipp vom Profi: Beim Kauf der Jungpflanzen muss man bereits auf Befallsfreiheit achten. Dazu sind vor allem die Blattunterseiten auf einen möglichen Ei- und Larvenbesatz zu kontrollieren.

Die Unkrautbekämpfung im Gewächshaus und dessen Umgebung ist sehr wichtig, da von hier ein Zuflug der Weißen Fliege zu den Kulturpflanzen erfolgt. Wenn Sie über den Winter das Gewächshaus leer stehen lassen, so ist zu erwarten, dass die überwinternden Tiere auch an geschützten Stellen bei Temperaturen unter minus 6° absterben. So können Sie im kommenden Jahr bei Einhaltung der genannten vorbeugenden Maßnahmen einen Weiße Fliege – freien Kulturbeginn erwarten.

Gelbe Leimtafeln helfen zwar nicht mehr bei einem Massenbefall mit dem Schädling, sie sind aber in der Anfangszeit u.a. ein unentbehrlicher Helfer für die Anwesenheitskontrolle des Schädlings.

Das Gewächshaus bietet auch günstige Voraussetzungen für den biologischen Pflanzenschutz durch Einsatz der Schlupfwespe (Encarsia formosa) gegen die Weiße Fliege.

Weiße Fliege

Zu beziehen sind die Schlupfwespen bei:

Biohelp GmbH, 1110 Wien, Kapleigasse 16, Tel. 01/7699769-0

Eine chemische Behandlung ist wegen der kurzen Behandlungsabstände der meisten Präparate und der bei Gemüsekulturen einzuhaltenden Wartezeit bis zur Ernte besonders schwierig.

Obstgarten

Beerenobst – Hochstämme

Die Beerenobst – Hochstämme sind bei starkem Schneefall, besonders mit nassem Schnee, gegebenenfalls mehrmals abzuschütteln, damit es nicht zu Bruchschäden an der Veredlungsstelle kommt.

Winterschnitt als Pflanzenschutzmaßnahme

Für den noch durchführbaren Winterschnitt an Obstgehölzen besteht in diesem Zusammenhang die Möglichkeit der mechanischen Bekämpfung des Apfelmehltaus, des Amerikanischen Stachelbeermehltaus und der Monilia - Spitzendürre. Diese Winterschnittmaßnahmen sind von besonderer Bedeutung, zumal die Krankheiten bei der chemischen Bekämpfung Probleme bereiten. Bei manchen Bäumen der Schattenmorelle ist der konsequente Gesundungsschnitt gegen die Monilia - Spitzendürre sogar entscheidend für den weiteren Erhalt des Baumes.

Dabei müssen die Äste und Zweige bis mindestens 20 cm tief in das gesunde Holz zurückgeschnitten werden. Sofern es nicht bereits im Sommer nach dem Sichtbarwerden erfolgte, ist es jetzt höchste Zeit, dies unbedingt nachzuholen.

Vom Apfelmehltau befallene Triebe kann man im Winter an ihrem gestauchten Wuchs erkennen. Bei infizierten Knospen liegen die Knospenschuppen nicht so eng an. Sie sind etwas zugespitzt, schlanker und lockerer als normale Knospen. Befallene Triebe sind bis ins gesunde Holz zurückzuschneiden.

Bei sehr anfälligen Sorten, wie z.B. Jonathan, Klarapfel, Cox Orange kann es bei starkem Befall sinnvoll werden, alle Jahrestriebe zu kürzen.

Bei Stachel- und Johannisbeeren kann der Winterschnitt ebenfalls zur Befallseinschränkung des Amerikanischen Stachelbeermehltaus beitragen. Hier ist der Mehltaubefall an braunen Verfarbungen, Stauchungen und Verkrümmungen der Triebspitzen zu erkennen. In den letzten Jahren, sind meiner Erfahrung nach, neben Stachelbeeren auch schwarze Johannisbeeren verstärkt befallen worden.

Außer diesem direkten Gesundheitsschnitt wirkt das allgemeine kräftige Auslichten der Beerensträucher einem Mehltaubefall entgegen.

Tipp

Tipp vom Profi: Das Entfernen und Vernichten der durch die Monilia – Fruchtfäule entstandenen Fruchtmumien sowohl bei Stein- als auch bei Kernobstarten gehört zu den winterlichen Entrümpelungsmaßnahmen.

Ziergarten und Zimmerpflanzen

Überwintern von Fuchsien und Pelargonien

Die recht trocken überwinterten Fuchsien und Pelargonien können jetzt schon zurückgeschnitten werden, um wieder kräftige, gesunde und buschige Pflanzen zu erzielen. Dazu wird bei den Fuchsien jeder Trieb bis zur Hälfte und bei den Pelargonien bis auf ein Drittel seiner Länge zurückgeschnitten. Bevor dann die Pflanzen zum Austreiben wärmer gestellt werden, ist es ratsam, die alte Erde auszuschütteln und in neue Erde einzutopfen. Die Pflanzen müssen dann unbedingt hell stehen, damit sich kräftige neue Triebe bilden können. Bei mangelndem Licht werden die Triebe dünn, gelb, weich und anormal lang.

Tipp

Tipp vom Profi: Bis zum natürlichen Austrieb gießt man nur so, dass die Erde feucht, aber nicht nass ist.

Kübelpflanzen im Winterquartier

Kübelpflanzen im Winterquartier sind regelmäßig auf Schädlinge zu kontrollieren. Blattläuse und rote Spinne fühlen sich auch in warmen Räumen wohl und entwickeln sich bei zunehmender Tageslänge noch einmal so schnell.

Alles über Frühbeetkästen

Lichtdurchlässig, Wärme isolierend und selbstlüftend. Mit diesen Eigenschaften sollte ein professioneller Frühbeetkasten ausgestattet sein. Aus welchem Material der Kasten gebaut wird, ist dabei Geschmacksache. Viele Firmen bieten hochwertige Komplettsets an, mit denen man einen Frühbeetkasten innerhalb weniger Stunden aufbauen kann.

Dauerhafter und stabiler sind natürlich gemauerte Kästen oder solche aus Holz. Der große Vorteil von Frühbeetkästen ist, dass sie die Gartensaison verlängern. Im Frühjahr können bereits Ende Februar die ersten Gemüse ausgesät und bald darauf geerntet werden. Aber auch im Herbst kann mit Hilfe des Frühbeetes noch vieles angebaut und geerntet werden.

Technische Details

Automatische Fensteröffner haben den Vorteil, dass es den Pflanzen an sonnigen Tagen nicht zu heiß wird. Sie sind temperaturgesteuert und sorgen so für die richtige Menge an Frischluft. Diese automatischen Öffner gibt es bei Stegdoppelplatten ebenso wie bei Glaseindeckungen. Die Fenster sollten sich jedoch auch manuell öffnen und schließen lassen. Zur Bodenbearbeitung im Kasten, zum Säen und Pflanzen entfernt man die Fenster ganz. Eine spezielle Beschichtung an den Innenflächen des Frühbeets sorgt dafür, dass das Kondenswasser an den Scheiben abläuft und nicht auf die Pflanzen tropft.

Tipp

Tipp vom Profi: Ist die Innenseite des Frühbeetes nicht gegen Kondenswasser beschichtet, so hilft ein Einstreichen der Innenseite mit einem Netzmittel, wie es im Pflanzenschutz Verwendung findet. Nachteil: Bei starker Kondenswasserbildung ist diese Behandlung alle 3 Wochen erneut durchzuführen.

Frühbeetkästen aus Folie

Ebenfalls leicht zu errichten sind Frühbeete mit Folienabdeckung. Der obere Teil besteht aus Alubügeln, die in vorbereitete Löcher gesteckt und oben mit einem Klipp verbunden werden. Darüber kommt dann die Tunnelfolie, die unten am Kastenrand mit einer Seilklemme fixiert wird. Salat ist in so einem Beet etwa in fünf bis sechs Wochen erntereif. Aber auch im Sommer hat so ein Frühbeet nicht ausgedient. Mit ein paar Handgriffen kann man die Konstruktion verändern: unter den Alubögen senkrechte Verlängerungsschienen einziehen und eine größere

Folie darüber spannen. So hat man gute Bedingungen für Kulturen wie Tomaten und Paprika, die Wärme lieben und unter Kälte und Nässe leiden.

Früher waren Frühbeete ohne Mistpackung, also Pferdemist, kaum denkbar. Das Herrichten und Einräumen der Mistbeetkästen macht mehr Arbeit als das Anziehen von Jungpflanzen in einem technisch gut ausgestatteten Gewächshaus. Es gibt allerdings gute Argumente für die Verwendung von Mist:

Der natürliche Rohstoff aus Pferdemist vermischt mit Stroh enthält viele Bakterien, die sich heftig vermehren, vom Mist leben und ihn zersetzen. Dabei erhitzt sich die Masse auf 65° - 70°C (das entspricht der Temperatur beim Pasteurisieren) und tötet dabei Unkrautsamen und Schadpilze ab.

Im Verlauf einer Woche klingt die Hitze ab, danach finden Frühgemüse-Aussaaten eine milde Wärme vor. Auch der reichlich vorhandene Kohlenstoff lässt die Pflanzen schneller wachsen. Später, wenn aus Mist fruchtbare Mistbeeterde geworden ist, ergibt dieser gehaltvolle Humus eine wertvolle Zweitnutzung auf Blumen- und Gemüsebeeten, vor allem für stark zehrende Arten wie Kohl, Lauch und Tomaten. Pferdemist gibt es meist umsonst in Reitställen, die auf diese Weise von ihren erheblichen Abfallmengen erleichtert werden können.

Mit Isoliermatten nachts über den Frühbeetfenstern kann schon ab Mitte Februar gepflanzt werden.

Vorgehensweise

- Zuunterst eine dünne Schicht Herbstlaub geben
- Der mit Stroh vermengte Mist wird jetzt „gepackt", das heißt 40-50 cm dicht in den Kasten eingefüllt und durch Antreten verdichtet. Das Stroh ist dabei die Hauptnahrung der Bakterien aus dem Pferdemist. Beim Fressen und bei ihrer Vermehrung erzeugen die Mikroben Wärme. Die Wärmeentwicklung kann man steuern: Packt man den Kasten früh im Jahr, braucht er mehr Wärme. Dann sollte der Strohmist etwas lockerer liegen. Tritt man den Mist sehr fest, vermehren sich die Bakterien nicht so schnell und die Wärme entwickelt sich langsamer. Sehr trockenen Mist am besten während des Einbringens mit warmem Wasser angießen
- Darüber kommt eine dünne Schicht gut gereifter Kompost (z.B. auch Mistbeeterde vom vergangenen Jahr), anschließend 10-15 cm gute Gartenerde
- Den gepackten Kasten abdecken und den Mikroben drei bis vier Tage Gelegenheit geben, mit dem Zersetzungswerk zu beginnen

Pflanzen

Anfangen mit Salat- und Rettich, Radieschen, Feldsalat, Spinat, Petersilie, Rucola, entweder direkt ausäen oder vorgezogene Jungpflanzen verwenden.

Später kommen dazu: Kohl, Tomaten, Paprika.

Das Gepflanzte kräftig eingießen, den Kasten zudecken und aufpassen, dass es bei starker Sonneneinstrahlung unter dem Glas nicht zu heiß wird.

Frische Farbtupfer in Töpfen und Körben „ EASY GARDENING" im Februar

Besonders jetzt bringen Frühjahrsblüher positive Gefühle in unsere Wohnungen.

Frühlingshafte Landschaften mit Primeln und Zwiebelblühern sollten keinesfalls zu lange ins Wohnzimmer gestellt werden. Hier hätte die ganze Pracht nur ein kurzes Leben, da in beheizten Räumen die Luft viel zu trocken und zu warm ist.

Tipp

Tipps vom Profi zur Pflege in beheizten Räumen: Die Frühlingsblüher brauchen konstante Feuchtigkeit, jedoch keine Staunässe (wer liebt schon nasse Füße) und sehr viel Licht. So kurz wie möglich im Wohnraum lassen wegen der hohen Temperaturen!

Der beste Ort für eine solche Schale ist der kühle Wintergarten oder der Hauseingang.

Leichte Fröste überstehen die Pflanzen ohne Probleme. Sind doch noch stärkere Fröste gemeldet, können die kleinen Landschaften einfach in den Hausflur in Sicherheit gebracht oder mit Frostschutzflies abgedeckt werden.

Tipp

Tipp vom Profi: Auf keinen Fall mit Plastikfolie abdecken – Verdunstungskälte durch Kondensat unter der Folie.

Das Gießen sollte nicht zu kurz kommen. Auch dort gilt keine Staunässe.

Bei kühlen Temperaturen von fünf bis zehn Grad und ausreichend Wasser bleiben die Frühlingsgrüße wochenlang ein dekorativer Anblick.

Weidenkörbe in jeder Art als Pflanzgefäße sind wieder groß in Mode. Serviert mit frühlingshaften Materialien wie Palmkätzchen, Drehweide, Heidelbeer- und Haselnusszweigen machen hier Hyazinthen, Traubenhyazinthen, Topfnarzissen, Crocus, Tulpen und Primel ihre Aufwartung.

Aufgepasst: Meist fehlt den Körben ein Wasserabzugsloch. Deshalb entweder als Übertöpfe verwenden oder eine dicke Schicht Blähton als Dränage einfüllen! Besonders im Trend liegen um diese Zeit:

- **Primeln.**

  Ob beim Gärtner oder im eigenen Haus: Überall strahlen sie uns mit ihren fröhlichen und bunten Blüten an.

  Viele Arten gehören zum Standardsortiment und sind als Pflanzen schon ab Januar bei den Floristen und Gärtnereien zu haben. Was an Primeln so fasziniert sind die lange Blühdauer und die wunderbaren fröhlich-bunten Farben.

  Unsere heimische Primel ist die Schlüsselblume. Sie blüht in hellgelben Blütenbüscheln an hohen Stielen gegen Ende des Winters, etwa ab März. Die beliebteste Primel zum Bepflanzen bunter Frühlingsschalen ist die Kissenprimel, botanisch Primula vulgaris.

  Eine einzige Topfprimel kann in einer Blühphase bis zu 120 Blüten hervorbringen und das über eine Blütezeit von vier bis sechs Wochen.

  Der Wuchscharakter ist kompakter und die Blüte äußerst lang anhaltend. Die neuen Züchtungen bieten große Einzelblüten in klaren, kräftigen Farben.

- ***Muscari,***

  die Traubenhyazinthe, sollte in keiner Frühlingsbepflanzung fehlen. Die außergewöhnlichen Frühlingsboten überraschen mit einer Fülle positiver Eigenschaften: Sie sind anspruchslos und pflegeleicht, äußerst blühfreudig und lassen sich vielseitig kombinieren. Deshalb wurden sie von europäischen Gartenspezialisten zur ‚Zwiebelblume des Jahres 2005' gewählt.

  Mit ihren zierlichen Blüten in meist unterschiedlichsten Blau-Nuancen bringen Traubenhyazinthen die Farbe des Himmels in den Garten.

- ***Topfnarzissen***

  Ihr helles Gelb erinnert an die wärmende Frühlingssonne. Sie ist ebenfalls sehr pflegeleicht und glänzt besonders durch ihre Blühfreudigkeit und Haltbarkeit.

- ***Topftulpen***

  Besonders niedere Sorten glänzen mit einer langen Haltbarkeit.

  Haben die Frühjahrsblüher im Pflanzgefäß „ausgedient" d. h. sie sind verblüht, so gilt es:

1. bei Zwiebelgewächsen die verblühten Blütenstände abzuschneiden und hin und wieder gießen da sie nun weniger Wasser benötigen als während der Blüte.
2. bei Primeln sind diese „auszuzupfen" und weiterhin gleichmäßig feucht zu halten, da die Blätter doch noch einiges an Wasser benötigen.
   Wenn es die Witterung zulässt, können sie dann in den Garten gepflanzt werden.

Tipp

Tipp vom Profi: Der Boden ist zum Auspflanzen geeignet, wenn sich dieser leicht bearbeiten lässt, d.h. nicht zu feucht ist!

Wichtig ist ein guter durchlässiger Boden! (Dementsprechende Vorbereitung wie Sand und Humus einbringen)

Tipp

Tipp vom Profi: Hier gilt immer in Gruppen zusammen auspflanzen, denn da kommen sie wesentlich besser zur Wirkung (mind. 3 Stück je Sorte).

So können uns die Frühjahrsblüher im Garten noch über Jahre mit ihrem Farbenspiel erfreuen!

Franz Gabesam mit Martina Rupp bei „Willkommen Österreich" beim Auspflanzen von Frühlingsblühern

Kräuter im Topf auf der Fensterbank

Auch Mitte Februar schlägt die Geburtsstunde vieler Gewürzpflanzen.

Kräuter auf der Fensterbank - eine praktische und dekorative Angelegenheit. Wie geht man am besten vor? Da Gewürzkräuter meist aus dem mediterranen Raum stammen, verlangen diese besondere Wuchsbedingungen. Daher Kräuter je nach Ansprüchen auspflanzen.

Man kauft Jungpflanzen oder Saatgut und wählt passende Behälter. Dabei sind der Phantasie keine Grenzen gesetzt. Man kann die Pflanzen einzeln setzen oder in Kästen. Die Gefäße können aus Holz, Metall, Kunststoff, Steingut oder Ton sein.

- Wichtig ist ein guter Wasserabzug: entweder haben die Gefäße ein
- Wasserabzugsloch oder man legt den Boden mit Tonscherben aus.
- Kräuter in Töpfen - die Topfgröße soll der Wuchshöhe der Kräuter entsprechen
- Keine zu stark aufgedüngte Erde verwenden und wenig düngen!
- Lockere Einheits- oder Bioerde verwenden
- Es erleichtert die Pflege, wenn man die Pflanzen entsprechend ihrem Wasserbedarf zusammenstellt: Viel Wasser brauchen Melisse, Liebstöckel, Schnittlauch und Estragon, wenig Wasser brauchen Rosmarin, Thymian, Salbei und Oregano.
- Melisse, Liebstöckel, Salbei und Estragon sind stark wachsende Kräuter und müssen deshalb öfter mal umgepflanzt werden. Unter „normalen", das heißt nicht allzu frostigen Umständen, sind Salbei, Bergbohnenkraut, Ysop, Lavendel, Thymian und Oregano winterhart.

Tipp

Tipp vom Profi: Erfolgsfaktor Nr.1 Standortwahl. Als Standort gilt je sonniger und wärmer, umso besser!!!!!!

Kräuter lassen sich in Töpfen auch gut als Mischung zusammenstellen. Geeignet sind zum Beispiel: Thymian, Bohnenkraut, Pimpinelle, Salbei und Sauerampfer - eine Mischung, die für Suppen, Salate, Fisch- und Fleischgerichte passt.

Obstbaumschnitt

An frostfreien Tagen, an denen die Temperatur nicht unter plus 5 Grad sinkt, kann der Winterschnitt an Obstgehölzen durchgeführt werden.

Stachelbeeren und Rote Johannisbeeren gehören zu den unempfindlichsten Gehölzen, die sich mitten im Winter ohne größere Schäden auslichten lassen.

Die Kernobst-Arten folgen gleich im Anschluss an den Kernwinter ab Mitte Februar, während man Kirschbäume und Spindelbüsche bis in den Frühling hinein schneiden darf.

Die frostempfindlichen Obstarten wie Kiwi, Pfirsich und Marille werden generell erst nach dem Winter behandelt!

Tipp

Tipp vom Profi: Je früher die Schnittarbeiten durchgeführt werden, desto wichtiger ist es, größere Schnittflächen mit einem Wundverschlussmittel zu bestreichen, da diese nicht so rasch verheilen.

Einige Grundregeln:

- Zuerst entfernt man alle Triebe, die Anzeichen von Pilz- oder Viruserkrankungen zeigen, wie Obstbaum-Krebs, Zweig-Monila (dürre, vertrocknete Triebe), Mehltau (dünne, matte Knospen) oder Gummifluss. Dazu schneidet man sie etwa 10 bis 20 cm unterhalb der Befallstelle weg. Ein sorgfältiger Wundverschluss ist wegen der Infektionsgefahr unerlässlich. Auch stark von tierischen Schädlingen befallene Zweige können notfalls ausgeschnitten werden.
- Wenn man ganze Äste entfernt, sollte kein Zapfen stehen bleiben, der Schnitt erfolgt „auf Astring", also direkt am Ansatz des Astes.
- Starke Seitenäste werden zuerst einige Zentimeter vor der Ansatzstelle von unten angesägt, dann erst von oben, und zwar

noch etwas weiter außen. So verhindert man, dass der Stamm aufgeschlitzt wird. Schließlich sägt man den Zapfen ab.

- Beim Einkürzen von Trieben ist darauf zu achten, dass die verbleibende oberste Knospe bzw. der oberste Seitentrieb nach außen weist. Dabei wird knapp oberhalb der Knospe bzw. des Seitentriebes abgeschnitten.
- Triebe, die nach innen in die Baumkrone wachsen, sind zu entfernen. Dies bringt dem Baum im Inneren mehr Licht und in weiterer Folge mehr Frucht. Man sagt, bei einer richtig geschnittenen Krone „soll man einen Hut durchschießen können".
- Für den Schnitt nur scharfe und qualitativ hochwertige Schneidewerkzeuge verwenden
- Wird zu stark zurückgeschnitten, umso stärker ist der Neuaustrieb umso stärker

Triebe, die nach innen in die Baumkrone wachsen, entfernen

Schnitt von Beerensträuchern

Wer sich im Sommer eine reiche Ernte und schmackhaftes Beerenobst wünscht, der sollte schon im Winter durch einen fachgerechten Strauchschnitt vorsorgen. Durch die Schnittmaßnahmen bekommen die Beeren genügend Sonnenlicht, das für intensives Aroma sorgt. Der Beerenstrauch bleibt jung und vital. Wenige Regeln sind zu beachten, dann führt eine unkomplizierte Pflege zu einem großen Effekt.

Rote Ribisel

Rote Ribiseln bilden ihre Früchte an einjährigen, mittellangen Seitentrieben des mehrjährigen Holzes. Diese sollten also erhalten bleiben. Beim Schnitt gilt es, den Strauch licht zu halten und ihn regelmäßig zu verjüngen. Alte Triebe bringen weniger Ertrag und nehmen den jungen Kraft und Licht. Bei jedem Schnitt werden daher einige vergreiste Triebe an der Basis entfernt. Weniger alte Triebe werden auf Jungtriebe umgelenkt. Das bedeutet, dass ihnen ein Drittel bis die Hälfte der Höhe genommen wird und der Schnitt über einem jungen Seitentrieb erfolgt. Zusätzlich sind abgetragene Fruchttriebe und überzählige Seitentriebe auf Zapfen einzukürzen. Es werden so viele Zweige eingekürzt, dass nur ca. alle 10 cm ein Seitentrieb stehen bleibt.

Der Schnitt bei Stämmchen ist entsprechend und besonders wichtig, damit die Krone nicht zu schwer wird.

Schwarze Ribisel

Die schwarzen Ribiseln sind starkwüchsiger als die roten, und sie tragen ihre Früchte an einjährigen Langtrieben. Deshalb kürzt man diese einjährigen Triebe im Gegensatz zur roten Johannisbeere nicht ein. Das Verjüngen ist bei der schwarzen jedoch genau so wichtig, jährlich werden einige alte, vergreiste Triebe an der Basis herausgeschnitten. Das Einkürzen mehrjähriger Triebe erfolgt bis zu einem einjährigen Langtrieb. Überflüssige zweijährige Langtriebe werden auf Zapfen eingekürzt.

Stachelbeeren

Wie die roten Ribiseln tragen auch Stachelbeeren an einjährigen, mittellangen Seitentrieben. Schnittmaßnahmen beinhalten zunächst das Entfernen alter, vergreister Triebe an der Basis. Das können bei jährlichem Schnitt zwei Triebe sein. Zusätzlich werden lange Gerüsttriebe auf Seitentriebe umgelenkt. Stachelbeeren bilden verstärkt Seitentriebe, so dass abgetragene, zweijährige Seitentriebe auf

Zapfen eingekürzt werden müssen. Damit wird gewährleistet, dass der Strauch nicht zu dicht wird.

Trendpflanze für den Februar

Orchideen – Phalaenopsis haben jetzt Saison

Phalaenopsis zählen zu den beliebtesten Topfpflanzen. Sie sind pflegeleicht, vertragen das Klima in stark beheizten Räumen sehr gut und passen sehr gut in modernes Interieur.

Hier nun einige Tipps, damit sie noch mehr Freude mit diesen herrlichen Topfpflanzen haben.

Diese Art von Orchideen – Phalaenopsis - haben jetzt im Winter und beginnenden Frühjahr Saison, d.h. sie blühen besonders reichlich.

Schon immer waren diese Pflanzen etwas Besonderes, umgeben vom Flair des Geheimnisvollen und Zauberhaften.

Der Name der Phalaenopsis kommt aus dem Griechischen und bedeutet „einem Nachtfalter ähnlich", was auf die Blütenform hindeutet.

Diese farbenreichen, blühfreudigen und robusten Orchideen eignen sich hervorragend selbst für unerfahrene Pflanzenliebhaber.

Phalaenopsis

Diese Orchideen benötigen nicht unbedingt ein Gewächshaus sondern sind ganz leicht auf einem Fensterbrett zu halten, also ideal für unsere Wohnungen.

Der Standort in der Natur

Für eine erfolgreiche Orchideenhaltung ist es hilfreich, von ihrem Naturstandort zu wissen. Sie hat tropischen Ursprung und lebt in den Kronen von Bäumen. Die Orchidee ernährt sich ausschließlich aus der Luft, der sie Feuchtigkeit und Nährstoffe entnimmt. Ihrem Wirt, das ist der Baum, auf dem sie sitzt, entzieht sie weder Nährstoffe noch Wasser.

Nun zum Standort in der Wohnung

Der beste Standort ist ein Ost- oder Westfenster. Schlecht ist die Mittagssonne (z. B. Südfenster), welche Blattverbrennungen und Blattflecken hervorrufen kann.

Temperaturansprüche entsprechen in der Regel der normalen Zimmertemperatur so um 20 bis 24 Grad.

Richtiges Gießen

Je nach Standort ein bis zweimal in der Woche. Nur ein Schnapsglas voll reicht für diese anspruchslosen Exoten.

Eine andere Möglichkeit wäre das Tauchen der Pflanzen. Dabei wird der Topf ganz ins Wasser gestellt und kurz stehen gelassen, damit die Wurzeln und das Substrat Wasser aufnehmen können, danach gut abtropfen lassen. Zum Gießen nur Regenwasser oder abgekochtes bzw. abgestandenes Wasser verwenden. Kalkhaltiges Wasser bekommt der Pflanze nicht gut.

Tipp

Tipp vom Profi: Etwas Blähton in den Übertopf oder Untersetzer verhindert, dass die Pflanze direkt im Wasser steht. Zudem kann überschüssiges Wasser verdunsten, wodurch die Luftfeuchtigkeit um die Wurzeln herum steigt.

Rückschnitt über dem untersten Auge

Rückschnitt nach der Blüte

Der Rückschnitt nach der Blüte ist besonders wichtig. Dadurch wird die Pflanze schneller zu einer neuen Blüte angeregt!!!!

Abgeblühte Rispen nicht ganz abschneiden. Etwa 2-3cm über dem untersten Auge abschneiden, dann bildet sich rasch eine neue Blütenrispe aus diesem Auge.

Düngen

Mit normalem Blütenpflanzendünger aber nur mit halber Konzentration. Im Winter alle 4, im Sommer alle 2 Wochen düngen.

Die Konzentration richtet sich nach dem jeweiligen Dünger und steht auf der Verpackung.

Umtopfen

Erfolgt alle 2 – 3 Jahre im Sommer, wobei die Pflanzen entweder wieder in den gleichen oder nur um eine Nummer größeren Topf gesetzt werden. Nur spezielle Orchideenerde verwenden, die zum großen Teil aus Rindenstücken, Braunkohle und Kokosfasern besteht.

Normale Blumenerde darf nicht genommen werden – zu nährstoffreich und schlechte Luftkapazität!

Beim Umtopfen werden nur alte und faule Wurzeln entfernt, gesunde werden vorsichtig in den Topf gehalten und dann mit Erde gefüllt.

Ein Teil der Luftwurzeln kann eingetopft werden, dies ist aber nicht zwingend notwendig, da die Orchidee auch über die Luftwurzel Nährstoffe und Feuchtigkeit aufnimmt.

Tipp

Tipp vom Profi: Zur Verbesserung der Luftfeuchtigkeit in der Nähe der Orchidee ist es eine gute Lösung, Blattpflanzen, sogenannte „Gesellschaftspflanzen" zu verwenden, die ebenfalls Wasser verdunsten (z. B. Farne).

Franz Gabesam mit Martina Rupp bei „Willkommen Österreich“ beim auspflanzen von Frühlingsblüher

Gärtner Tipps für den März

„Ist Marien (25.3.) schön und rein, wird das Jahr sehr fruchtbar sein“ und „Auf Märzenregen liegt kein Sommersegen.“

Gemüsegarten

Jungpflanzenanzucht von Gemüse

Wer im vergangen Monat noch nicht dazugekommen ist mit der Jungpflanzenanzucht von Gemüse für das Freiland zu beginnen, kann die Aussaaten unter Glas oder im „Minigewächshaus“ auf dem Fensterbrett im Zimmer nachholen. Bei der Jungpflanzenanzucht sind Hygiene und Sauberkeit wesentliche Voraussetzungen, um pilzliche Keimlings- und Umfallkrankheiten zu vermeiden. Dazu gehört die Verwendung von sauberen und desinfizierten Anzuchtgefäßen sowie von einwandfreien Anzuchterden.

Tipp

Tipp vom Profi: Die Anzuchtgefäße können mit heißem Wasser desinfiziert werden.

Wird für die Anzucht eigene Komposterde verwendet, so sollte diese gedämpft werden. Bei kleineren Mengen kann man sich zur Desinfektion mit der Erhitzung im Backofen oder im alten Schnellkochtopf behelfen.

Besonders bei frühen Saaten ist großer Wert auf ein günstiges Verhältnis zwischen Temperatur und Bodenfeuchte zu legen.

Tipp

Tipp vom Profi: Insbesondere während der Keimung muss auf eine ausreichende Temperatur geachtet werden. Zwar ist die Keimtemperatur der einzelnen Arten unterschiedlich, unter den Bedingungen einer Aussaat zu Hause ist aber eine Temperatur allgemein zwischen 20 und 25° Grad anzustreben. Dabei beachte man, dass Gurken, Zucchini, Tomaten und Paprika besonders wärmebedürftig sind. Nach der Keimung ist es empfehlenswert die Temperatur wieder leicht abzusenken. Nur so können sich kräftig gedrungene Jungpflanzen entwickeln.

Frühbeete und Kleingewächshäuser

Die in Frühbeete und Kleingewächshäuser gepflanzten Frühgemüsearten sind durch Schilfrohrmatten insbesondere bei Nachtfrostgefahr vor dem Eindringen der Kälte zu schützen. Weniger empfindliche Kulturen, wie Kohlrabi, Radieschen, Eissalat oder Kopfsalat, vertragen schon einmal das kurzfristige Absinken der Temperaturen bis an die Null – Grad – Grenze. Der Frostschutz sollte aber am nächsten Tag nicht zu spät entfernt werden, damit die Pflanzen das in dieser Jahreszeit noch nicht so üppige Tageslicht voll ausnutzen können.

Haben wir Tage mit intensiver Sonneneinstrahlung, ist auch an ein Lüften zu denken, damit die Pflanzen unter dem Glas nicht „abgekocht" werden. Beim Gießen ist zu beachten, dass dies nur an sonnigen Tagen bis mittags zu erfolgen hat, damit die Pflanzen bis zum Abend keine feuchten Blätter mehr haben.

Je kühler es ist, umso weniger braucht man zu gießen und mindert so die Gefahr eines Auftretens von pilzparasitären Krankheiten.

Vorbeugen gegen Gemüsefliege

Gemüsefliege

Wer sich ständig über madige Kohlgewächse, Zwiebeln oder Karotten ärgert, sollte bereits jetzt an die Abwehr denken. Neben der Verwendung von resistenten oder widerstandfähigen Sorten, wie bei Karotten, steht uns mit dem Angebot von Gemüsefliegennetzten ein wirksames und umweltfreundliches Verfahren zur Verfügung.

Die genau angepasste Maschenweite der Netze ermöglicht, dass sämtliche Gemüsefliegen sicher abgehalten werden.

Voraussetzung ist allerdings, dass ein Fruchtwechsel durchgeführt wird, da die Schädlinge als Puppe im Boden überwintern. Die Netzauflage erfolgt am zweckmäßigsten sofort nach der Pflanzung. Die Netze können aufgrund ihrer gut lüftenden Maschenstruktur bis kurz vor der Ernte aufliegen.

Dann werden auch Schädlinge wie Kohl- und Gemüseeule, Kohlweißling oder Schnecken abgehalten.

Tipp

Tipp vom Profi: Bei der Netzauflage müssen Sie beachten, dass etwa die doppelte Beetbreite der Netze gewählt werden sollte. Die Netze sollen immer locker aufliegen, um dem Wachstum der Pflanzen nachgeben zu können.

Obstgarten

Kräuselkrankheit

Kräuselkrankheit des Pfirsichs

Bei regnerischem Frühjahrswetter ist mit einem verstärkten Auftreten der Kräuselkrankheit des Pfirsichs zu rechnen, da der Erreger mit dem Pilzmyzel an Trieben und Knospenschuppen überwintert hat. Der Schaden äußert sich nach dem Austrieb durch missgestaltete Blätter. Dabei sind Teile der Blattspreite gewölbt, unregelmäßig blasig aufgetrieben, zeigen weißliche, gelbliche oder rötliche Flecken und werden schließlich brüchig. Oftmals werden Blattläuse als Verursacher dieser Deformationen vermutet. Die durch die Saugtätigkeit der Blattläuse geschädigten Blätter sind aber weder brüchig noch verdickt.

Tipp vom Profi: Ein sicherer Hinweis auf eine Blattlausschädigung ist das Vorhandensein der lebenden oder toten Insekten auf der Blattunterseite.

Wird ein starkes Auftreten der Kräuselkrankheit festgestellt, so empfiehlt es sich, geeignete Bekämpfungsmittel einzusetzen. Am besten, Sie informieren sich beim Fachmann oder rufen am Samstag bei **Radio NÖ** von 8 – 9 Uhr unter der **Tel. Nr. 0820/990 990** den diensthabenden Radio- NÖ Gärtner an.

Erdbeerbeet

Auf den Erdbeerbeeten ist jetzt Frühjahrsputz angesagt. Dabei werden alle abgestorbenen und verfärbten Blätter entfernt. An ihnen können sich Krankheitserreger wie der Botrytis – Grauschimmel vermehren und später an den Früchten Schäden verursachen.

Austriebsspritzung

Spritzung von Obst- und Ziergehölzen im Februar/März zwischen Knospenschwellen und Sichtbarwerden der Blattspitzen mit einem ölhaltigen Pflanzenschutzmittel wie 7 E.

Überwinternde Schädlinge werden durch die Austriebspritzung in ihrem empfindlichsten Stadium getroffen und abgetötet.

Ziergarten und Zimmerpflanzen

Beginnen mit dem Düngen

Im März sind die Temperaturen zwar im Freiland oft noch recht niedrig. Die Sonnenintensität nimmt aber schon bedeutend zu, die Tage werden länger und das regt bei unseren Zimmerpflanzen ein neues Triebwachstum an. Um diesen Neuaustrieb zu unterstützen und weiterhin gesunde Pflanzen zu haben, beginnt man mit einem kräftigeren Gießen. Auch mit dem regelmäßigen Düngen wird nun wieder begonnen.

Alle gesunden Zimmerpflanzen, die ihren Topf gut durchwurzelt haben, erhalten eine wöchentliche flüssige Düngergabe oder bekommen, wenn sie nicht umgetopft werden sollen, einen Langzeitdünger wie Osmocote oder Basacote.

Kübelpflanzen

Kübelpflanzen, die an einem kühlen Standort überwinterten, wie Agave, Aukuba, Oleander, Fuchsien u. a., erhalten nun einen wärmeren hellen Platz. Sie werden wieder mehr gegossen und mit der Düngung wird wieder begonnen. Die vor dem Gießen vorsichtig gelockerte Erdoberfläche wird am besten entfernt und durch frische nährstoffreichere Erde ersetzt.

Alle abgestorbenen Pflanzenteile entfernt man. Zeigt sich dabei ein Befall mit Krankheiten und Schädlingen, sollten Sie diese sofort konsequent bekämpfen.

Rosen Rückschnitt

Bei Rosen kann der Winterschutz entfernt werden, wenn der Boden frostfrei ist und sich schon etwas erwärmt hat. Allerdings ist ein Abhäufeln erst dann ratsam, wenn sich an den Spitzen der Trieb zeigt. Danach erfolgt auch erst der Rückschnitt. Bei Beetrosen werden die letztjährigen Triebe auf 3 – 6 Augen zurückgeschnitten. Die Edelrosen schneidet man tiefer, nämlich bis auf 2 – 3 Augen zurück. Durch diesen kräftigen Rückschnitt entstehen dann schöne langstielige Rosen. Mit dem Frühjahrsschnitt werden auch alle zurückgefrorenen und schwachen Triebe entfernt.

Rosenrückschnitt auf 3 - 5 Augen.

Tipp vom Profi: Augen erkennt man jetzt um diese Zeit sehr genau, da sie bereits angeschwollen (rötlich verfärbt) sind.

Staudenbeet

Bei Stauden und Blumenzwiebeln kann der Winterschutz entfernt werden, wenn der Boden aufgetaut ist und wärmeres Wetter zu erwarten ist. Sollte es zu einem Frostrückfall kommen, müssen die jungen Austriebe der Pflanzen wieder geschützt werden. Ziergräser können nun zurückgeschnitten werden.

Moos im Rasen

Nun ist die Zeit wieder gekommen, mit der Rasenpflege zu beginnen. Viele Rasenflächen weisen einen starken Moosbesatz auf. Häufig wird beim Vorhandensein von Moos auf einen sauren Boden geschlossen und die Fläche gekalkt. Das Kalken bringt aber nur in den seltensten Fällen Abhilfe, da ein starkes Moosauftreten nicht unbedingt vom Mangel am Kalk im Boden abhängig ist.

Moos im Rasen

Moose bilden sich immer dann, wenn die Rasenflächen stark beschattet sind, oder auf feuchten schweren Böden, wo sich das Wasser länger hält. Wenn im Frühjahr das Gras noch nicht zu lang ist, wird die verfilzte und vermooste Grasnarbe am besten mit einem Vertikutierrechen aufgeritzt und dann Mährückstände, Moos sowie flach wurzelnde Unkräuter ausgehackt. Dabei kann sich herausstellen, dass größere Lücken in der Grasnarbe vorhanden sind. Sie werden mit unkrautfreiem Substrat aufgefüllt und hier neuer Rasen ausgesät. Am besten mit speziellen Regenerationsmischungen. Auf stark verdichteten Böden muss zusätzlich eine Belüftung des Bodens erfolgen. Bei leichteren Böden oder kleineren Flächen kann dazu eine Grabgabel verwendet werden. Diese wird alle 10 cm bis zu 10 cm tief in den Boden gestochen.

Tipp vom Profi: Auf schweren Böden ist es sinnvoll, die so vorbehandelten Flächen mit einer dünnen Schicht Sand zu überziehen. So werden der Luft – und Wasseraustausch verbessert und gute Voraussetzungen für ein gesundes Gräserwachstum geschaffen. Eine dichte, lückenlose Grasnarbe ist eine wesentliche Voraussetzung, dem Aufkommen von Moos und Unkräutern vorzubeugen.

Rasendünger mit Moosvernichter sind zwar sehr beliebt, bringen aber auf längere Zeit nicht den gewünschten Erfolg, da sie nur das Moos vernichten, aber die Ursachen nicht beheben.

Schäden durch Frosttrockenheit

Nach einem frostreichen Winter wird an vielen Nadel- und immergrünen Laubgehölzen mit Verbräunungen der Nadeln und Blätter zu rechnen sein, die auf Frosttrockenheit zurückzuführen sind. Die grünen Pflanzenteile verdunsten im Winter, insbesondere bei Sonneneinstrahlung, trotz gefrorenen Bodens Wasser. Da bei Frost der Nachschub an Wasser nicht gegeben ist, müssen die Pflanzen aus ihrem Gewebe angelegte Reserven verdunsten.

Wenn die immergrünen Gehölze in Herbst nicht genügend Niederschläge erhielten oder während der Trockenperioden nicht ausreichend gewässert wurden, so kommt es, vor allem bei Kahlfrost und kräftigen Winden, zu derart starken Wasserverlusten, dass Vertrocknungserscheinungen auftreten. Die Pflanzen haben sich zwar im Herbst auf die Wintersituation eingestellt, indem sie einen Teil der älteren Blätter bzw. Nadeln abgeworfen haben, doch reicht dies für die Extremfälle nicht aus.

Eine weitere Schutzfunktion ist z.B. beim Rhododendron gut zu beobachten, der zusätzlich seine Blätter herunterhängen lässt und einrollt, um die Verdunstungsfläche weiter zu vermindern. Wenn das nicht ausreicht, verfärben sich die Blätter von der Mittelrippe oder vom Blattrand her braun und trocknen ein. Vor allem im Herbst frisch gepflanzte junge Nadel- und immergrüne Laubgehölze sind empfindlich gegen Frosttrockenheit.

Tipp

Tipp vom Profi: Der klassische Winterschutz von Immergrünen besteht in einer Abschirmung der Bäume und Sträucher.

Dabei ist vor allem darauf zu achten, dass unter oder hinter der Abdeckung kein ungünstiges Kleinklima für die Pflanze entsteht (keine PVC-Folie).

Am besten bewährt hat sich für diesen Zweck naturgefärbtes, grobmaschiges Juteleinen oder Frostschutzflies, das an einem Gestell rings um die Pflanze befestigt wird. Diese Gewebe lassen genügend Licht und auch Luft durch, bremsen jedoch auf der anderen Seite die trockenen, wasserentziehenden Winde und halten die intensive Sonnenstrahlung ab. Die Pflanzen verlieren weniger Wasser und erwärmen sich an warmen, sonnigen Wintertagen nicht zu sehr.

Gartenbeitrag von Willkommen Österreich Rückschnitt von Stauden

Alles über Magnolien

Magnolien

Heute finden Gartenbesitzer unter den verschiedenen Arten und Sorten der Magnolie für jeden Geschmack und jede Grundstücksgröße das richtige Exemplar.

Schönheit mit Ansprüchen

Was den Standort betrifft, sind die meisten Magnolienarten etwas anspruchsvoller. Auf humosen Böden mit einem pH-Wert um 5,0 fühlen sie sich am wohlsten, wobei Sternmagnolien in der Regel eine höhere Kalktoleranz aufweisen als zum Beispiel Tulpenmagnolien. Den zarten Schönheiten sollte man einen windgeschützten, sonnigen bis halbschattigen Platz im Garten reservieren, an dem sie ihre Blütenfülle ungehindert entfalten können. Um den Anwachserfolg zu gewährleisten, greift man am besten auf ballierte oder getopfte Ware zurück, die ab Ende Februar in den tiefgründig gelockerten Boden gepflanzt werden kann.

Tipp

Tipp vom Profi: Da Magnolien zu den flachwurzelnden Gehölzen zählen, die einen Großteil ihrer Wurzeln nahe der Erdoberfläche ausbreiten, nehmen sie einen viel begangenen oder befahrenen Standort, etwa nahe der Gartenauffahrt oder eines Wegs, übel. Aus demselben Grund sollte die Baumscheibe rund um den Stamm nicht gehackt oder umgegraben werden.

Malerischer Wuchs

Alle Magnolien haben einen sehr schönen, malerischen Wuchs und sollten auf keinen Fall mit der Schere verstümmelt werden. Schon beim Pflanzen ist deshalb auf die Wuchsstärke zu achten und es sollte ausreichend Platz eingeplant werden, damit die Pflanze auch später ihre volle Pracht entfalten kann. Zur Schere greift der Gärtner nur dann, wenn abgestorbene Zweige das Bild stören oder sich ein Ast allzu weit in den Garten neigt. Die Schnittwunden der Magnolien heilen relativ schlecht und neue Zweige treiben aus dem mehrjährigen Holz nicht mehr aus. Darum gönnen Sie Ihrer Magnolie einen freien, halbschattigen Platz, an dem sie ungestört wachsen darf. Sie wird es dem begeisterten Gärtner Jahr für Jahr mit immer wieder neuer, üppiger Blütenfülle danken.

Der Kälte trotzen

Da die meisten Magnolienarten Wärme lieben und klirrendkalte Frostnächte meist übel nehmen, sollte ihnen im Winter besondere Beachtung zuteil werden. Wenn die kräftigen Sonnenstrahlen im Frühling die ersten Blüten hervorlocken, die Nächte aber noch bitterkalt sind, erfrieren die zarten Knospen sofort. Die Wahl spät blühender Sorten kann in diesem Fall große Enttäuschungen verhindern. Frostschäden, die bereits im Winter entstehen, äußern sich in braunen, matschigen Knospen und trockenen Blättern. Ein Schutz aus Vlies oder Fichtenreisig während der kalten Jahreszeit hilft, die stärksten Minusgrade abzumildern. Außerdem verhindern Sie so das Vertrocknen der Pflanze, die an sonnigen Wintertagen kein Wasser aus dem gefrorenen Boden nachliefern kann. Da Magnolien trotz ihrer Ansprüche an den Gärtner immer mehr Anhänger finden, bemühen sich Züchter, zusehends robustere und spät blühende Sorten zu entwickeln, die auch in raueren Gegenden gedeihen.

Bodenpflege mit Verstand für den Gemüsegarten

Der Nutzgarten liegt zu Beginn des Gartenjahres noch brach. Bodenbearbeitung und das Anlegen der Beete sind die ersten Arbeiten in der neuen Saison.

Einerseits harte Arbeit, auf der anderen Seite das Erlebnis mit der Grundlage des erfolgreichen Gärtners – dem Boden. Das Fördern des Bodenlebens und ein lockerer, nährstoffreicher Gartenboden sind die Ziele der Bodenbearbeitung im Frühjahr.

Das schlimmste, was man einem Boden antun kann, ist das Bearbeiten, solange er nass ist. Grundsätzlich sollte der Gartenboden einigermaßen abgetrocknet sein, aber noch eine gewisse Restfeuchte enthalten. Ist er noch zu nass, entstehen in den tieferen Schichten Verdichtungen, die sich nur schwer wieder beheben lassen. Diese Verdichtungen hindern die Pflanzen daran, ihre Wurzeln in die tieferen Bodenschichten zu schieben, zudem staut sich das Wasser nach Regenfällen und macht auch den Wurzeln zu schaffen.

Lockern des Bodens

Die Grundbearbeitung erfolgt in drei Schritten: der Erste ist das Lockern des

Bodens und das Einarbeiten des aufgebrachten Kompostes. Der große Vorteil von Kompost ist, dass er ein guter und vor allem preiswerter Dünger ist. Er enthält alle Nährstoffe, die die Pflanzen zum Leben und Gedeihen brauchen. Zudem liefert er Nahrung für die zahlreichen Mikroorganismen in der Erde. Durch den Komposteinsatz wird der Gartenboden humoser und lockerer.

200 bis 600 Regenwürmer können in einem Quadratmeter Gartenboden leben. Allein durch die Anwesenheit dieser Tierchen wird uns eine tiefe Bodenbearbeitung erspart, da die Arbeit von den Regenwürmern übernommen wird.

Tipp

Tipp vom Profi: Nach dem Verteilen des Kompostes wird das Beet mit der Grabgabel von der Mitte zum Rand hin aufgelockert. Das Lockern geht leicht und bringt das Bodenleben nicht zu sehr durcheinander. Das ist wichtig, weil in der oberen Erdschicht andere Bakterien leben als in den unteren Schichten. Bringt man die Schichten durcheinander, wie das zum Beispiel beim Umgraben passiert, stört das die unzähligen Mikroben.

Einebnen des Beetes

Als zweiter Schritt wird der Boden eingeebnet. Das geradezu ideale Gartengerät dafür ist der Kreil, jetzt wieder stark in Mode gekommen. Er hat klauenartig gebogene Zinken.

Zieht man ihn durch das Beet, zerkrümelt er größere Erdbrocken und sorgt so für einen feinkrümeligen Boden. Was der Kreil an gröberem, organischem Material oder an Steinen mit nach oben bringt, kann man liegen lassen, oder wenn es stört, wegräumen.

Lockern des Bodens mit dem Kreil

Einbringen von Bodenverbesserungsmitteln

Bei einem zusammenfassenden Vergleich der wichtigsten Eigenschaften von Bodenverbesserungsmitteln (siehe Tabelle) ist festzustellen, dass die Alternativen zu Torf, nämlich Kompost, Rindenhumus und Holzfasern, für die Bodenverbesserung weitaus günstiger sind.

Eigenschaften	Torf	Kompost	Rindenhumus	Holzfaser
Dauerh. Strukturverb.	mittel	gut	gut	gering bis mittel
pH-Wert	niedrig	hoch	mittel bis hoch	mittel
Nährstoffgehalt	sehr gering	hoch - sehr hoch	mittel	gering bis mittel
Biologische Aktivität	sehr gering	sehr hoch	hoch	gering

Saat und Pflanzbeet Vorbereitung

Das letzte Einebnen beziehungsweise Vorbereiten des Saatbeetes erfolgt ebenfalls mit dem Kreil oder Holzrechen. Dies hat den Vorteil, dass beim Verziehen des Bodens keine Verdichtungen entstehen. Am Anfang erfordert es etwas mehr Übung, mit dem Kreil ein schönes, sauberes und glattes Saatbeet herzustellen – mit der Zeit aber gelingt es. Die Pflanzen bedanken sich für die gute Vorbereitung mit zügigem und gesundem Wachstum.

Praktische Saathilfe

Ein Rillenzieher sorgt für gerade Reihen im richtigem Abstand und passender Rillentiefe. Bei vielen dieser praktischen Geräte lassen sich die Rillenabstände einfach und beliebig verstellen. Von fünf bis achtzig Zentimeter ist der Reihenabstand einstellbar. Jetzt kann gesät werden, anschließend werden die Rillen wieder mit Erde zugedeckt und leicht angedrückt. Das Andrücken fördert den Bodenschluss und erleichtert später dem Sämling das Einwurzeln in den Boden. Ganz wichtig außerdem: nicht angießen! Das Samenkorn soll erst keimen, wenn im Boden genügend Feuchtigkeit vorhanden ist. Verwöhnt man die Jungpflanzen mit Wasser, wurzeln sie nur oberflächlich an. Bei Trockenheit leiden die Pflanzen oder gehen ein.

Praktische Pflanzhilfe

Pflanzleinen helfen, gerade Pflanzreihen anzulegen.

Tipp

Tipp vom Profi: Pflanzen Sie im Verband, so haben die Pflanzen gleichmäßigen Abstand zu den anderen Pflanzen und wachsen so viel besser, da alle gleiche Abstände haben.

o o o o
o o o

Verbandspflanzung

Nochmals lockern

Haben die Saaten gekeimt und sind die Pflanzen angewachsen, ist es Zeit, den Boden zwischen den Reihen zu lockern. Dazu sollte die Erde leicht feucht sein, dann wird die Struktur krümeliger. Zum Lockern eignet sich eine Bügelhacke sehr gut. Sie dringt nicht zu tief in das Erdreich ein, sondern bearbeitet nur die oberen zwei Zentimeter. Durch Trockenheit entstandene Löcher, Risse und Kapillaröffnungen werden geschlossen und die Verdunstung von Feuchtigkeit verringert. Der „Sauzahn" eignet sich für diese Arbeit bestens. Ein einzelner, gebogener Zinken sorgt für Bodenschluss und lockert gleichzeitig Verdichtungen in tieferen Schichten. Es ist ein altes, aber wirkungsvolles Gerät zur schonenden Bodenbearbeitung.

Bodenproben

Damit Pflanzen gut gedeihen, ist es wichtig zu wissen, welchen Boden man im Garten hat. Einen ersten Anhaltspunkt für die Bestimmung der Bodenbeschaffenheit bekommt man, wenn man darauf achtet, welche Pflanzen wild oder in der Umgebung des Gartens wachsen. Auf einen sauren Boden lässt das Vorkommen von Erika, Ehrenpreis, Fingerhut, Ginster, Glockenheide, Kiefer, schließen. Storchschnabel, Wacholder und wild wachsende Kirsche deuten dagegen auf einen alkalischen Boden hin.

Der richtige Boden ist wichtig

Bestimmte Pflanzen überleben nicht, wenn sie in den falschen Boden gepflanzt werden, beispielsweise Azaleen oder Rhododendren, die nur in saurem Boden gedeihen; aber auch

Gemüse- und Salatpflanzen haben unterschiedliche Ansprüche an den Boden.

Tipp

Tipp vom Profi: Einfache Bodenanalyse

Zur ersten Bestimmung des Bodentyps kann man einen einfachen Test mit der Hand machen. Dazu nimmt man eine Hand voll feuchter Erde aus dem Garten und reibt diese zwischen den Fingern.

Bodenprobe mit der Hand z.B. Tonboden

Sand

Wenn die Erde beim Zerreiben sofort zerbröckelt und sich körnig anfühlt, enthält sie Sand. Hier wachsen am besten Steingartengewächse und solche Pflanzen, die Trockenheit vertragen.

Ton

Fühlt sich die Erde eher weich und schmierig an und glänzt sie außerdem noch leicht, enthält die Erde einen größeren Anteil an Ton.

Löß

Bei seifiger und klebriger Erde handelt es sich sehr wahrscheinlich um einen Lößboden, auf dem zahlreiche Pflanzen gedeihen.

Lehm

Wenn die Erde beim Zerreiben anfangs schmiert und dann zerbröckelt , handelt es sich höchstwahrscheinlich um einen im Lauf der Zeit entstandenen Lehmboden, der für eine große Vielfalt an Pflanzen geeignet ist.

pH-Wert

Den pH-Wert des Bodens kann man mit Hilfe eines Test-Sets bestimmen, das in jedem Fachgeschäft erhältlich ist. Dabei wird im Allgemeinen zuerst eine Bodenprobe in etwas destilliertem Wasser (Batteriewasser) aufgelöst, in das man eine Tablette aus dem Test-Set gibt. Die dadurch in der Lösung auftretende Farbveränderung kann man mit den Farben auf der dem Set beiliegenden

Farbskala vergleichen. Dabei gilt, dass die unterschiedlichen Farben jeweils einem bestimmten Wert von 1-14 entsprechen. Liegt der Wert unter 7, bedeutet dies, dass der Gartenboden ein saures Milieu hat, ein Wert über 7 zeigt an, dass der Boden alkalisch reagiert.

Tipp

Tipp vom Profi: Mit der Schlämmprobe kann man feststellen, um welchen Boden es sich handelt.

In ein Glas 1/3 Erde geben und mit 2/3 Wasser auffüllen und gut umrühren. Dann kurz warten.

- als erstes sinkt der Sand ab
- Lehm löst sich kurz und legt sich folgend als Schlammschicht auf den Sand
- Ton löst sich wesentlich schwerer und setzt sich in Form von kleinen Klümpchen ab
- Humus schwebt längere Zeit im Wasser, bis er sich absetzt (kann einige Tage dauern).

Hier nun einige Zeigerpflanzen, die einiges über die Bodenqualität aussagen:

Zeigerpflanze	Bevorzugter Boden
Breitwegerich	stark verdichtet
Brennnessel	nährstoffreich, humusreich
Ehrenpreis	kalkhaltig, humusreich, nährstoffreich
Gänseblümchen	jeder, besonders aber nährstoffarmer Boden
Gänsefingerkraut	feucht, schwer, verdichtet, nährstoffreich
Gundermann	locker, warm, auch schattig
Günsel	schwer, lehmig oder tonig
Hahnenfuß-Arten	feucht, evtl. Staunässe, lehmig od. tonig
Kleiner Ampfer	mager, sauer, sandig
Löwenzahn	nährstoffreich, lehmig, feucht
Rote Taubnessel	feucht
Weißklee	kalkhaltig, nährstoffarm

Gründüngung

Biologische Bodenverbesserung

Unter Gründüngung versteht man die Aussaat, Kultur und Einarbeitung von Pflanzen in den Boden zum Zweck der Bodenverbesserung. Sie ist eine bewährte Methode in der Landwirtschaft und im Gartenbau und kann auch im Hausgarten sehr gute Wirkungen erzielen. Es gibt viele Gründe, warum man ein Stück Garten nicht „offen" oder brach liegen lassen sollte, sondern stattdessen eine Gründüngung einsäen sollte:

- Beschattung des Bodens: durch die Beschattung des Bodens sind die Temperaturen in ihm ausgeglichener und das Bodenleben wird gefördert.
- Lockerung des Bodens: durch das Wurzelwerk der Pflanzen wird der Boden gelockert, Sauerstoff gelangt in den Boden, besonders wichtig kann das bei verdichtetem Boden wie bei Gärten von Neubauten sein.
- Steigerung des Humusanteils: durch die Einarbeitung und anschließende Umsetzung der Pflanzenteile in den Boden gewinnt dieser an organischer Substanz.
- Unterdrückung des Unkrauts: das Unkraut bekommt Konkurrenz und hat es schwer, sich durchzusetzen.
- Weniger Auswaschung von Nährstoffen: die im Boden vorhandenen Nährstoffe werden von den Gründüngungspflanzen aufgenommen und nicht ausgewaschen.
- Stickstoffeintrag: Schmetterlingsblütler, Leguminosen, können Stickstoff sammeln und geben ihn nach Einarbeitung an den Boden ab, man spart eine Düngergabe.
- Förderung des Bodenlebens: Die abgestorbenen Pflanzenreste werden nach der Einarbeitung vom Bodenleben umgesetzt und dieses damit gefördert.

Tipp

Tipps für die Aussaat: Man muss seine Gartenflächen nicht monatelang mit einer Gründüngung belegen. Bei einigen Arten reichen schon einige Wochen, nach denen die Fläche wieder für Gemüse oder Zierpflanzen genutzt werden kann. Auch die Jahreszeit einer Aussaat ist variabel, sie geht vom Frühjahr bis zum Herbst.

Es gibt auch Pflanzen, die frostbeständig bzw. winterhart sind, wie zum Beispiel der Winterroggen oder die Winterzottelwicke. Das Verfahren einer Aussaat ist einfach: als Vorbereitung ist der Boden insbesondere bei starker Verdichtung durch Umgraben zu lockern. Dann

wird die Oberfläche mit einem Rechen oder Kreil feinkrümelig und eben hergerichtet.
Bei der Aussaat wird die Saatgutmenge idealerweise per Hand in zwei Arbeitsgängen ausgebracht, wobei man in verschiedenen Richtungen geht. So wird die Aussaat gleichmäßiger. Die Samen müssen dann mit einer Walze angedrückt werden, wodurch der Boden gleichzeitig leicht rückverdichtet wird. So wird ein Wegschwemmen der Samen verhindert und sichergestellt, dass sie Wasser aus dem Boden bekommen. Falls es nach der Aussaat keine Niederschläge gibt, muss die Gründüngungsfläche gewässert werden. Gut funktioniert das mit einem Rasensprenger.

Einarbeitung

Wenn die Gründüngungsfläche erneut genutzt werden soll, ist es Zeit, die Pflanzen einzuarbeiten, d.h. unterzugraben. Das Umgraben erfolgt spatentief und es sollten anschließend möglichst alle Pflanzenteile unter der Erde liegen. Wenn sie im Boden umgesetzt werden, setzen sie die gesammelten Nährstoffe nach und nach frei und bereichern den Boden mit Humus.

Wird die Fläche erst im folgenden Frühjahr neu bepflanzt, lässt man die Gründüngung am Besten über den Winter liegen und gräbt sie erst im Frühjahr ein. So werden die Nährstoffe erst dann um- und freigesetzt, wenn die Folgekultur sie benötigt.

Mögliche Pflanzenarten

Es gibt viele Pflanzenarten, die sich als Gründüngung eignen. Im Handel wird Saatgut auch in Mischungen angeboten. Jede hat ihre Vorteile, einige bringen tolle Blüten hervor und dienen als Bienenweide wie der Bienenfreund, der Buchweizen. Andere wurzeln besonders tief, was bei verdichteten Böden eine gute Lockerung bewirkt. Dazu zählen Lupinen oder der Winterraps. Es gibt Gründüngungspflanzen, die sich besonders für den kurzen Anbau eignen und solche, die über den Winter stehen bleiben.

TIPP

Tipp vom Profi: Achtung: bei einer Gründüngung im Gemüsegarten sind einige Kreuzblütler wie der Raps oder Ölrettich nicht empfehlenswert, da diese den Krankheits- bzw. Schädlingsbefall einer anschließenden Kohlpflanzung begünstigen können!

Ideale Pflanzzeiten

Laubabwerfende Gehölze:

Die Pflanzzeit beginnt im Herbst sobald die Blätter fallen und dauert bei milden Temperaturen bis in den November hinein. Aber auch im zeitigen Frühjahr - von März bis April - können die meisten Sträucher noch gepflanzt werden.

Immergrüne Sträucher und Nadelgehölze:

Werden gepflanzt, sobald ihr Neutrieb abgeschlossen ist - von August bis September. Sie müssen unbedingt im Herbst noch fest einwurzeln.

Die einzelnen Schritte

Der Boden für Neupflanzungen muss generell sorgfältig vorbereitet werden:

- Entfernen Sie alle Unkräuter von der Fläche, damit diese später nicht in die Wurzelstöcke wuchern.
- Lockern Sie den Boden mit einer Grabegabel. Dabei wird die Bodenstruktur mechanisch verbessert, ohne die Schichten umzuwerfen.
- Es ist sehr wichtig, für einen optimalen, lockeren und humusreichen Boden zu sorgen, damit sich das Wurzelwerk der Pflanzen gut entwickeln kann.
- Kürzen Sie die Wurzeln um ein Drittel ein und entfernen Sie alles Trockene und Gequetschte bei wurzelnackten Pflanzen

- Bei den Ballenpflanzen wird das Ballentuch und bei größeren Pflanzen auch das zusätzliche Drahtgitter nicht entfernt, sondern die Pflanze wird in die Pflanzgrube gestellt und dann lediglich der Knoten des Balliertuchs aufgeschnitten und das Balliergewebe nach unten geschoben.

- Heben Sie eine reichlich große Pflanzgrube aus, damit sich alle Wurzeln gut ausbreiten können. Daneben muss noch Raum bleiben für lebenswichtige Faserwurzeln. Sträucher sollten nur so tief gepflanzt werden, wie sie in der Baumschule gestanden haben. Sie dürfen nicht „zugeschüttet" werden.
- Den Bodenaushub vermischen Sie mit Oscorna-Boden-Aktivator. Pro Pflanzloch vermischen Sie 150-200 g Oscorna-Boden-Aktivator mit der Aushuberde. Bei größeren Anlagen 5 kg pro m3 Bodenaushub.
- Füllen Sie diesen Bodenaushub wieder in das Pflanzloch ein und treten Sie diesen vorsichtig fest. So entsteht ein enger Kontakt zwischen Wurzeln und Erdreich.

Sträucher für alpine Höhenlagen bis 700m Seehöhe

Bot. Name	Deut. Name	Blüte	Buntlaubig	Früchte
Amelanchier canadensis	Felsenbirne	weiß	Herbstfärb.	ja/rot
Cornus mas	Dirndlstrauch Kornelkirsche	gelb	Herbstfärb.	ja/rot
Hippophae rhamnoides	Sanddorn	gelbl.	nein	ja/orange
Philadelphus coronarius	Pfeifenstrauch	weiß	nein	nein
Ribes alpinum	Alpenjohannisb.	unscheinb.	nein	ja/rot
Viburnum opulus	Gemeiner Schneeball	weiß	nein	ja/rot
Syringa vulgaris	Gemeiner Flieder	h. violett	nein	nein
Ribes aureum	Goldjohannisb.	gelb, duftend	nein	schwarz

Johannis- und Stachelbeeren

Die Johannisbeere ist eine Strauchpflanze, die ursprünglich in feuchten Laubwäldern vorkommt. Johannis- und Stachelbeeren gedeihen bei uns fast überall, auch in Hanglagen und zwischen Obstbäumen. Sie stellen keine übermäßigen Ansprüche an den Boden, tolerieren lehmige Erde genauso gut wie steinig-sandige. Wichtig ist, dass der Boden feucht ist und gleichzeitig eine gute Drainage aufweist. Der steinig-sandige Boden muss ausreichend Humus enthalten. Johannis- und Stachelbeeren bevorzugen offene, sonnige und windgeschützte Standorte, die nicht durch Spätfröste gefährdet sind, vertragen aber auch Halbschatten.

Die Sträucher brauchen eine Mulchdecke, die laufend erneuert werden muss, damit der Boden gleichmäßig feucht bleibt und die flach wachsenden Wurzeln ausreichenden Schutz haben. Als Mulchmaterial kommen Brennesseln, Gründüngung, holzige Abfälle, Rindenmulch oder Stroh in Frage. Auch Gras von der Obstgartenwiese ist gut geeignet, sollte aber welk oder angetrocknet sein. Frisch gemähtes Gras fault leicht und bildet dadurch eine Infektionsgefahr für Gehölze.

Zum Einpflanzen reifen, mit Steinmehl vermischten Kompost in die Pflanzlöcher geben. Unter den niedersten Zweigen sollten 10-15 cm Stamm unbewachsen sein.

Die ideale Pflanzzeit ist zwischen Oktober und März. Nach dem Pflanzen alle Seitentriebe oberhalb einer nach außen zeigenden Knospe bis auf vier Knospen vom Stamm kürzen. Ein Strauch sollte etwa 8-12 kräftige Triebe haben; kein Trieb sollte älter als 5 Jahre sein.

Für kleine Gärten eignen sich gut am Spalier gezogene Sträucher oder Hochstämme, die etwa 1,2 m hoch werden. Erntezeit ist, wenn die Früchte voll, rund und prall sind. Reife Stachelbeeren sind empfindlich gegen starke Sonneneinstrahlung. Werden die Beeren nicht gleich verarbeitet, empfiehlt es sich, mit Stiel zu ernten. Kühl gelagert halten sie ca. drei bis vier Tage.

Pflegetipps für Rasenflächen

Nachbauen von kahlen Stellen

Nach einem langen Winter kann es schon vorkommen, dass in der Rasenfläche kahle Stellen (durch Schneeschimmel) entstanden sind. Schneeschimmel entsteht durch Lichtmangel (Schneedecke) und schlechte Durchlüftung. In weiterer Folge kommt es zum fleckenweisen Absterben der Rasennarbe.

Diese Flecken am besten mit einem Eisenrechen lockern, Rasensamen

Schneeschimmel

aufstreuen (5 dag/m^2), Rasensamen andrücken und anschließend dünn mit Erd- und Sandmischung(50% Erde + 50% Quarzsand) bedecken.

Diese Fläche ist nun bis zur Keimung gleichmäßig feucht zuhalten.

Mähen

Mit Beginn der Forsythienblühte (je nach Region Anfang März bis Anfang April) wird der Rasenmäher aktiviert. Bei abgetrocknetem Boden können Sie die Halme auf eine Höhe von 3 bis 4 cm zurückschneiden. Dieser Vorgang wird mit zunehmendem Rasenwachstum wöchentlich wiederholt.

Vertikutieren

Weitaus seltener kommt der Vertikutierer zum Einsatz. Einmal pro Jahr ist in den meisten Fällen ausreichend. Die Monate März und April eignen sich dafür am besten. Bevor Sie mit dem Vertikutieren beginnen, muss der Rasen gemäht und der Boden abgetrocknet sein. Die rotierenden Messer dürfen nur einige Millimeter in den Boden eindringen, so dass die Wurzeln nicht zerstört werden.

Düngen

Rasendünger mit Moosvernichter

Nach dem Mähen und Vertikutieren benötigt der Rasen eine Nährstoffgabe, um das Wachstum anzuregen. Hier haben sich Biodünger wie gut abgelagerter Kompost oder Rasen-Langzeitdünger bewährt. Diese Rasenlangzeitdünger haben neben den Hauptnährstoffen noch einen höheren Anteil an Eisen, damit wird vor allem dem lästigen Moos zu Leibe gerückt.

Bringen Sie den Dünger nur an Tagen mit hoher Regenwahrscheinlichkeit aus. Möglich ist natürlich auch eine nachträgliche Bewässerung mit 5 bis 10 Litern pro m^2. Wichtig ist die genaue Dosierung, da zu viele Nährstoffe leicht vom Regen in tiefere Bodenschichten gespült werden und das Grundwasser belasten.

Säen – Anzucht von Jungpflanzen

Jetzt ist auch höchste Zeit zum Aussäen und Vorziehen. Bis Ende März sollten möglichst alle wärmeliebenden Kulturen ausgesät sein.

Grundsätzlich kann man sagen, dass bei allen Gemüsen und Kräutern folgendes gilt:

- **Das Elternhaus der Pflanzen ist der erste Schritt zu Erfolg und Misserfolg.**
- **Wie die Saat, so die Ernte, sagt schon eine alte Bauernregel.**

Denn nur zu sagen, die alten Sorten seien die besseren, stimmt nur teilweise.

Z.B. bei Gurken, Tomaten gibt es bereits resistente Sorten gegen einige Krankheiten.

Entscheidend für den Erfolg der Anzucht ist das richtige Säen.

Im Folgenden nun einige Tipps für das erfolgreiche Säen. Das Wichtigste ist gutes Substrat. Es muss keimfrei und nährstoffarm sein. Junge Sämlinge sind gerade nach dem Keimen sehr anfällig für Pilzkrankheiten, deshalb ist ein hygienisch einwandfreies Substrat unabdingbar.

Der Standort: Am besten eignet sich dafür ein helles Fensterbrett.

Die Saatschale: Verwenden lassen sich alle Arten von Schalen und Töpfen (z.B. auch Eiscreme-Boxen). Die Behälter sollten tief genug sein für ein Saatbeet von 5 Zentimetern.

Nährstoffe braucht ein Sämling in den ersten Wochen nicht, denn alle lebenswichtigen Nährstoffe stecken als Vorrat in den Samen. Normale Blumenerden und selbstgemischte Erden erfüllen diese Bedingungen meist nicht. Am besten ist ein gekauftes Substrat, speziell für Aussaaten (Anzuchterde).

Tipp

Tipp vom Profi: Zum Keimen brauchen die meisten Pflanzen wie Tomate, Gurke, Zucchini, Paprika und Artischocken warme Temperaturen. Optimal sind 20 bis 24° C und sehr warme Füße! Das heißt, die Erde sollte mindestens genauso warm sein wie die Umgebungsluft. Eine Styroporplatte hält die Kälte von Fensterbrettern ab.

Die Samentüte kann man als Aussaathilfe verwenden. Dazu wird die Tüte aufgeschnitten und in der Mitte ein Knick in das Papier gemacht. Genau in diesem Knick purzeln, nach leichtem Klopfen an die Samentüte, die Samen in die vorbereitete Saatkiste. Die meisten Samen sind Dunkelkeimer, das heißt sie müssen mit einer dünnen Erdschicht abgedeckt werden. Grundsätzlich gilt, die Samenkorndicke entspricht der Dicke der Erdschicht, mit der sie abgedeckt werden.

Tipp vom Profi: Ganz feines Saatgut kann man mit Zeitungspapier abdecken, es hält auch feucht, ist undurchsichtig und nicht zu dick. Ob Samen Dunkel- oder Lichtkeimer (Lichtkeimer werden nicht abgedeckt, sondern nur mit einer Glasplatte überdeckt) sind, steht immer auf dem Samenpäckchen. Das Beschriften der Samenkisten sollte nicht vergessen werden, damit man jederzeit weiß, um welche Art und Sorte es sich handelt.

Aussäen von Samen.

Pflanzen, von denen man nur wenige braucht und die gut keimen, können gleich in Töpfchen gesät werden. Hier legt man in den gefüllten Topf jeweils zwei Samen ab, später wird der schwächere Keimling entfernt. Mit Erde abdecken, angießen und zwei Wochen stehen lassen; fertig sind die Jungpflanzentöpfchen. Diese Art der Aussaat eignet sich für Gurken und Zucchini besonders gut, da die Samen sehr groß sind und leicht keimen. Selbst geerntete Samen fallen meist nicht mehr so aus wie die Eltern im vergangenen Jahr. Gerade bei eigenen Zucchinisamen sollte man Vorsicht walten lassen. Haben sie sich mit Zierkürbissen gekreuzt, können die Nachkommen bitter schmecken und ungenießbar sein.

Pflanzen zum Pikieren.

Pikieren der Pflanzen

Nach zwei bis drei Wochen ist es so weit, die Samen haben gekeimt und die Saatkistchen platzen aus allen Nähten. Jetzt ist Zeit zum Pikieren!

Der Hobbygärtner sollte mit dem Umsetzen warten, bis die Sämlinge einigermaßen kräftig sind. Allerdings gilt grundsätzlich, je früher pikiert wird, desto besser. Wartet man zu lange,

Pikieren

Gurkensämling im Topf.

verwurzeln sich die Sämlinge zu stark ineinander und das Vereinzeln wird schwieriger.

Wichtig beim Pikieren ist, dass die zarten Pflänzchen behutsam mit einem Pikierstab aus der Aussaaterde herausgehoben und nicht heraus gerissen werden. Nicht am Stiel anfassen, sondern an den Blättern. Nimmt man den Keimling am Stiel, besteht die Gefahr, dass er gequetscht wird und dann nicht mehr weiter wächst.

Tipp

Tipp vom Profi: Das Wurzelwerk wird in das mit dem Pikierstab vorbereitete Loch eingesenkt und leicht angedrückt. Der Bodenschluss ergibt sich erst beim Angießen. Dabei muss sich das Substrat im neuen Gefäß ganz vollsaugen. Nach dem Umsetzen sollten die Pflänzchen erstmal etwas schattig stehen. Nach zwei bis drei Tagen haben sie den Umpflanzschock verkraftet und können wieder in die Sonne gestellt werden.

Ranunkel

Trendpflanze für den März

Ranunkel

Saison: Februar - Mai.

Herkunft: China.

Standort: Hell - kühl, im Freien leichter Frostschutz.

Düngung: Regelmäßig mit Volldünger.

Gießen: Sollte nicht austrocknen.

Verwendung: Für Schalen, Tröge, Fensterkistchen, besonders für Osterdekoration.

Erhältlich als blühende Topfpflanze und Schnittblume.

Sehr beliebte Blume im Frühling mit guter Wirkung durch ihre Pastellfarben!

Umtopfen von Zimmerpflanzen

Jetzt beginnt die beste Zeit, unsere Zimmerpflanzen umzutopfen. Das beginnende Frühjahr ist allgemein für alle Zimmerpflanzen ob blühend oder grün der beste Zeitpunkt, die Erde im Topf zu erneuern bzw. einen größeren Topf zu nehmen.

Auch die beste Blumenerde wird im Laufe der Zeit verbraucht. Durch ständiges Gießen und Düngen einerseits und durch die Einbringung von Stoffwechselrestprodukten der Pflanze kommt es zu einem Verbrauch der Erde.

Wie stellt man fest ob umgetopft werden muss?

- Wurzelballen hebt sich aus dem Topf (z.B. bei allen Palmen)
- Wurzeln ragen über den Topfrand oder aus dem Bodenloch des Topfes
- Pflanzen hungern (Kümmerwuchs, Bleichsucht)
- Erde beginnt unangenehm zu riechen - weil sauer geworden
- Bodenschädlinge vermehren sich sehr stark - z.B. Trauermücken
- Pflanzen fehlt allgemein die Vitalität

Welche Topfgröße verwendet man?

Ca. 20 % größer als der alte Topf.

Welchen Topf verwendet man?

Plastik oder Tontöpfe – beide haben ihre Vor- und Nachteile. Bei kleineren, handlichen Pflanzen überwiegen die Vorteile der Tontöpfe. Der Topf kann atmen, das heißt die Wurzeln bekommen mehr Sauerstoff und das Kleinklima um die Pflanzen herum ist günstiger. Durch die größere Oberfläche des Tontopfes wird wesentlich mehr Wasser verdunstet, als bei einem Plastiktopf. Die Luftfeuchtigkeit im Pflanzenbereich erhöht sich also. Bei sehr großen Pflanzen fällt natürlich der Tontopf mit seinem höherem Gewicht unangenehm auf. Gerade bei Pflanzen, die öfter umgestellt werden müssen, verwendet man deshalb häufig den wesentlich leichteren und auch billigeren Plastiktopf. Der neue Topf sollte wenigstens zwei Nummern größer sein als der alte. Bei schnellwüchsigen Pflanzen schadet ein sechs bis acht Zentimeter größerer Topf auch nicht.

Tipp

Tipp vom Profi: Tontöpfe vor dem Einpflanzen wässern. Dies bewirkt, dass der Tontopf feucht wird und so nicht die Gefahr besteht, dass er im ungünstigsten Fall der Pflanze das so lebenswichtige Wasser entzieht!

So wird richtig umgetopft

- Pflanze vorsichtig aus dem Topf herausnehmen
- Lockere, verbrauchte alte Erde vom Wurzelballen vorsichtig entfernen
- Wurzelballen auf der Außen- u. Unterseite leicht lockern, aber nicht mit Gewalt, am besten mit Holzstab
- Tontöpfe vor dem Eintopfen kurz befeuchten
- Bodenloch des neuen Topfes mit „Tontopfscherbe" abdecken, damit längerfristig der Wasserabfluss gewährleistet ist
- Bei Töpfen ohne Bodenloch unbedingt Drainage einarbeiten (ca. 5 cm Leca auf den Boden des Pflanzgefäßes geben und darüber ein dünnes Flies geben)
- Neuen Topf etwas mit Erde füllen, Pflanze darauf setzen u. abschließend seitlich mit Erde füllen
- Die Erde seitlich mit gespreizten Fingern vorsichtig verdichten - nicht zu stark. Es sollen keine Lufteinschlüsse entstehen.
- Topf nicht zu hoch mit Erde füllen - Gießrand lassen
- Abschließend ausreichend gießen

Düngung

Wenn kein Dauerdünger verwendet wird, erst ca. sechs Wochen nach dem Umtopfen düngen.

Welche Erde soll verwendet werden?

- Frei von Krankheitskeimen und Unkrautsamen
- Mit Tonmineralien versetzt - Speicher für Wasser u. Dünger
- Leicht aufgedüngt mit allen nötigen Nährstoffen, manchmal auch mit Dauerdünger
- Locker mit genügend Luftporen durch Beimischung z. B. von Kokosfasern, grobem Torf, Perlite usw.

Manche Pflanzen benötigen spezielle Erdmischungen wie z.B.

- Azaleen, Rhododendron, blaue Hortensien - Moorbeeterdemischung
- Kakteen, Sukkulente u. Sanseveria - sandhaltige Kakteenerde
- Orchideen - sehr grobe, unverrottete Struktur der Erde
- Jungpflanzen - schwach aufgedüngte, lockere und feine Erde
- Kübelpflanzen - Erden, die über einen längeren Zeitraum eine stabile Struktur aufweisen
- Balkonblumen - „Wachstum braucht Wurzeln", auch dafür gibt es spezielle Erden mit höherem Tongehalt ca. (15 - 20%) und beigemischtem Dauerdünger. Bei diesen speziellen Erden erspart man sich viel Ärger.

Vermehrung von Zimmerpflanzen

Jetzt ist die beste Zeit, Zimmerpflanzen selbst zu vermehren!

Am verbreitesten bei Zimmerpflanzen ist die

vegetative Vermehrung - nur gesunde, kräftige und wüchsige Pflanzen können brauchbare Stecklinge liefern.

Abmoosen bei Gummibaum

- Abmoosen - Markottieren - hier bewurzelt sich der Kopfsteckling direkt auf der Mutterpflanze. Wo sich die Wurzeln bilden sollen, wird die Sprossachse - Stiel - verletzt - Schnitt bis auf das Kambium ca. 1 cm breit. Anschließend mit einer Handvoll feuchtem Moos oder Torf die Wunde umgeben. Eventuell die Wunde mit Bewurzelungshormon bestreichen. Abschließend diese mit einer Folie abdecken - diese soll als Verdunstungsschutz dienen - aber trotzdem soll alle paar Tage die Feuchte des Substrates darunter kontrolliert werden.
  Sobald ausreichend Wurzeln vorhanden sind, wird unterhalb des Wurzelballens der Trieb abgeschnitten und anschließend eingetopft.

Beispiele dieser Pflanzenvermehrung:
Croton - Wunderstrauch
Cordyline
Gummibaum
Monstera – Fensterblatt

- Ausläufer - an Seitentrieb wachsende Tochterpflanze. Diese wird abgenommen und in geeignetes Vermehrungssubstrat eingetopft.

Beispiele dieser Pflanzenvermehrung:
Chlorophythum - Grünlilie
Nephrolepis - Schwertfarn
Saxifraga – Judenbart

- Blattglieder - Blätter bei Nodien (=Zwischenknotenstück) auseinander brechen und in Substrat in Wuchsrichtung nach oben stecken.

Beispiel dafür: Schlumbergera – Weihnachtskaktus

- Blattabschnitte - Blätter in 5 bis 10 cm Abschnitte zerschneiden und in Substrat mit Wuchsrichtung nach oben stecken.

Beispiel: Bogenhanf - Sanseveria - Vorsicht aus gelbgestreiften Sanseverien werden nur grüne.

- Blattstecklinge - Blatt von Mutterpflanze mit oder ohne Blattstiel geschnitten und in Vermehrungssubstrat gesteckt.

Beispiele:
Begonia Elatior
Grassula - Dickblatt
Venusfliegenfalle
Peperomia - Zierpfeffer
Usambaraveilchen
Streptocarpus – Drehfrucht

Usambaraveilchen

- Brutzwiebel - am Zwiebelboden kleine Tochterzwiebeln - diese abnehmen und in Vermehrungssubstrat neu einpflanzen.

Beispiel:
Hippeastrum - Ritterstern
Lilien
Hyazinthen

- Kindel - bei Bromelien = Ananasgewächsen ist diese Vermehrung üblich. Wenn Kindel groß genug sind, diese abtrennen und neu einpflanzen. Bei der Frucht Ananas comosus bildet sich über der Frucht ein Kindel - daher Blattschaft mit einer dünnen Fruchtscheibe abschneiden und nach Abtrockung der Schnittstelle in Vermehrungssubstrat eintopfen.
So hat man neben dem Genuß der Frucht noch die Chance auf eine neue Zimmerpflanze.

- Kopfstecklinge - die häufigste Vermehrungsmethode im professionellen Gartenbau. Dazu werden beblätterte Triebspitzen im richtigen Reifestadion abgeschnitten und in Vermehrungssubstrat gesteckt.

Pelargonienkopfsteckling

Beispiele für den Hobbygärtner zu Hause:
Ficus benjaminii - Birkenfeige
Pelargonien
Schefflera
Fuchsien

Tipp

Tipp vom Profi: Pflege der Pflanzen bei allen vegetativen Vermehrungsmethoden.

Alle Maßnahmen für eine Förderung der Fotosynthese:

- Gespannte Luft - ist hohe Luftfeuchtigkeit - Folienabdeckung
- Boden- und Lufttemperatur mindestens 18-25 Grad
- Gleichmäßige Feuchtigkeit im Substrat
- Geeignetes Vermehrungssubstrat - durchlässig für Wasser und Luft – ist als Anzuchterde im einschlägigen Fachhandel zu kaufen.

Gärtner Tipps für den April

„Hat der April mehr Regen als Sonnenschein, wird´s im Juli trocken sein.“

Gemüsegarten

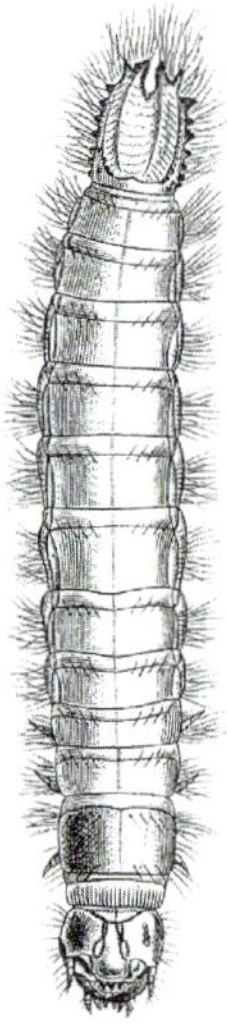

Der Drahtwurm

Der Drahtwurm

Vor allem auf umgebrochenen Rasen oder Wiesenflächen ist mit einem mehrjährigen, stärkeren Drahtwurmbefall zu rechnen. Neben Salat und Kohl werden häufig Karotten, Tomaten befallen. Der Schaden tritt besonders an Jungpflanzen zu Tage.

Bei Wurzelgemüse bemerkt man ihn erst bei der Ernte durch Bohrgänge in den Ernteprodukten. Im ersten Jahr nach einem Umbruch sollten weniger empfindliche Kulturen wie Bohnen, Erbsen oder Kohl angebaut werden.

Ansonsten empfiehlt sich der Anbau von Fangpflanzen, z. B. von Salat als Unterkultur, um den Schädling von der Hauptkultur abzulenken.

Tipp

Tipp vom Profi: Als Köder können auch halbierte Kartoffeln mit der Schnittfläche nach unten in den Boden gebracht werden. Sie sind dann regelmäßig zu kontrollieren und einzusammeln.

Frühbeet und Kleingewächshaus

Der nun mehr ständig zunehmende höhere Sonnenstand erwärmt immer stärker unsere Frühbeete und Kleingewächshäuser. Wärme ist zwar sehr günstig für eine schnelle Pflanzenentwicklung, doch dürfen sich die Kästen und Häuser nicht überhitzen. Deshalb muss man bei Bedarf vor allem in den Mittagstunden rechtzeitig lüften.

Tipp

Tipp vom Profi: Für Radieschen, Kohlrabi und Kopfsalat sollte die Temperatur nicht höher als 20° Celsius steigen.

Gurken im Kleingewächshaus

Gurken haben nicht nur hohe Temperaturansprüche, sondern auch einen hohen Bedarf an Wasser. Man rechnet damit, dass dieser in der Zeit von März bis August im Kleingewächshaus zwischen 580 und 830 Liter je m² Anbaufläche liegen. Allerdings wird ein Teil dafür benötigt, um die relative Luftfeuchte von 80% bis 90% zu erreichen.

Die Pflanzen reagieren sehr empfindlich auf Störungen in der Wasserversorgung. Sie beginnen zu welken, was den Ertrag in Frage stellt. Nicht selten wird dabei als Ursache voreilig auf Pilzkrankheitserreger getippt. Doch ebenso gut können Beeinträchtigungen der Wurzeltätigkeit den Ausschlag für die unzureichende Wasserversorgung geben.

Dazu kann Folgendes führen:

1. Mangelnde Lockerung oder ungünstige Zusammensetzung der Kulturerde.
2. Zu schwere Erde, die zur Verschlämmung neigt, führt zu einem Mangel an Bodenluft.
3. Bei Pflege- oder Erntearbeiten die Pflanzdämme zu betreten führt zur Bodenverdichtung und mindert in weiterer Folge die Bodenluft.
4. Zu hohe Wassergaben oder regelmäßiges Einschlämmen der Pflanzen vermeiden.
5. Kaltes Gießwasser, vor allem an heißen Tagen, schadet nicht nur den durch Sonneneinstrahlung erhitzten Blättern, sondern senkt auch die Bodentemperatur erheblich.
6. Erhebliche Schwankungen der Boden – und Lufttemperaturen, wie sie im ungeheizten Gewächshaus je nach Witterung zwischen Tag und Nacht häufiger auftreten, haben ebenso ein Welken der Pflanzen zur Folge.
7. Ein unsachgemäßer Einsatz von mineralischen Düngern oder von Pflanzenschutzmitteln, insbesondere, wenn sie im Gießverfahren auf ballentrockene Pflanzen ausgebracht werden.

Obstbaumschorf

Obstgarten

Schorfinfektion

Nach dem Knospenaufbruch der Obstbäume ist mit den ersten Schorfinfektionen zu rechnen. Da der Schorfpilz vorwiegend am Falllaub überwintert und von dort bis zum Juni die hauptsächlichsten Neuinfektionen erfolgen, besteht jetzt die letzte Möglichkeit, diese Infektionsquellen im eigenen Garten zu beseitigen.

> ***Tipp vom Profi:*** Das Falllaub von Äpfel und Birne ist abgedeckt zu kompostieren. Dadurch wird das Ausschleudern der sich im Falllaub gebildeten Wintersporen der Schorfpilze verhindert.

Ziergarten und Zimmerpflanzen

Tulpen

Tulpen, die beim Austrieb nur verkrüppelte, regelrecht zerfetzt aussehende Blätter mit graubraunen Flecken bilden, sind vom Tulpenfeuer, einer Pilzkrankheit befallen. Die betroffenen Pflanzen sind mit den Zwiebeln und umgebener Erde sofort zu entfernen. Es ist ratsam, auf den betreffenden Beeten in den nächsten Jahren keine Tulpen zu setzen.

Gladiolen und Dahlien

Ab Mitte des Monats können die Gladiolen gelegt werden. Sie kommen an einen vollsonnigen und geschützten Standort. Die Austriebe sind nicht ganz so frostempfindlich, so dass sie die Eisheiligen in der Regel ohne Schaden überstehen. Anders ist das bei Dahlien, deren Laub bereits bei geringstem Frost Schäden zeigt. Deshalb bringen wir die Dahlienknollen frühestens in den letzten Apriltagen in den Boden.

Buchsbaum

Am Buchsbaum treiben die Knospen nicht so recht aus und es kommt häufig zu löffelartig nach oben gekrümmten Blättern. Dies entsteht durch den Befall mit dem Buchsbaumblattfloh.

Im Frühjahr saugen an den Blättern, besonders der Triebspitzen, platte, grünliche 2 – 3 mm lange, mit weißen Wachsausscheidungen versehene Larven. Infolge der Saugtätigkeit der Tiere wird Honigtau in erheblichem Umfang abgesondert, der auf den Pflanzen zunächst als klebriger Überzug sichtbar ist. Später siedeln sich hier Rußtaupilze an, sodass dann schwarze krustige Beläge entstehen.

Grünpflanzen

Grünpflanzen, die während der lichtarmen Winterzeit am Südfenster gestanden sind, sollten wieder einen halbschattigen Standort erhalten, da die intensiven Sonnenstrahlen im Frühjahr zu Brennflecken auf den Blättern führen können. Außerdem können die Pflanzen ihre saftige grüne Farbe verlieren und werden hell und unansehnlich.

Alles Wichtige über Kiwi

In den letzten Jahren immer beliebter, aber auch mit vielen Problemen behaftet ist die Kiwi, die doch wohl aus Neuseeland kommt und bei uns meist nur im Supermarkt zu finden ist.Die normalen, meist aus Neuseeland stammenden Früchte, die bei uns im Handel sind, können hier nicht angebaut werden, da die Pflanzen nicht frosthart sind. Es gibt jedoch eine Verwandte der großen Kiwi, die bei uns gut gedeiht und reichlich Früchte bringt. Der Name Kiwi wurde übrigens in Neuseeland erfunden und leitet sich vom Kiwi-Vogel ab. Er wurde als Markenzeichen eingeführt.

Männlein und Weiblein?!

Bevor man jedoch Früchte ernten kann, müssen die Blüten befruchtet werden. Dazu muss man wissen, dass Kiwis zweihäusig sind. Zweihäusig bedeutet, dass es rein männliche und rein weibliche Pflanzen gibt. Es sollten also mindestens zwei Pflanzen gesetzt werden, eine männliche und eine weibliche. Ist Platz für mehr Pflanzen, so reicht eine männliche Pflanze aus, um sechs weibliche erfolgreich zu bestäuben.

Tipp

Tipp vom Profi: Im Handel werden in den letzten Jahren vermehrt selbstfruchtbare Sorten angeboten, **sicherer jedoch für den Fruchtertrag sind zwei Pflanzen.**

Pflege der Exoten

Viel Pflege benötigen Kiwis nicht. Wichtig ist, dass der Kletterpflanze genügend Raum und Platz zum Ranken bleibt. Ein Maschendraht oder ein Holzspalier an der Hauswand sind ideale Kletterhilfen für die Kiwis. Wegen ihrer Wuchskraft sollte man die Pflanzen außerdem jedes Jahr kräftig zurückschneiden. Dabei werden die langen Kletterranken bis auf zwei Augen eingekürzt, an diesen Stellen entwickeln sich im Jahr darauf die Früchte. Drei bis vier Jahre nach dem Pflanzen setzen Kiwis die ersten Früchte an.

In regenreichen und kühlen Sommern reifen sie nur schlecht aus. Dann sind sie bei der Ernte noch steinhart und nicht genießbar. Lagert man die Früchte kühl und trocken, reifen sie allerdings nach und können dann verzehrt werden.

Einige Sorten die ich besonders empfehle:

Sorte	***besondere Eigenschaften***
Starella	Aromatische Frucht. Starkwachsend und an unser Klima angepasst, jedoch nur in Klimalagen, wo der Wein wächst
Matua	Befruchtersorte für Starella
Ambrosia	Russische Kiwi, gut winterharte Sorte, grüne und glattschalige Frucht
Maki	Russische Kiwi, gut winterharte Sorte, rote und glattschalige Frucht
Nostino	Winterharte Befruchtersorte für Russische Kiwi

Blumenwiese

Blumenwiese oder Rasen? Vor- und Nachteile

Viele Gartenbesitzer stehen vor der Frage, wie große oder kleine Flächen ansehnlich zu begrünen sind. Oft bieten sich die Alternativen Rasen oder Blumenwiese. Wer sich für eine Blumenwiese statt für einen grünen Rasen entscheidet, leistet aktiven Umweltschutz, denn sie bietet großzügigen Lebensraum für nützliche Insekten, Bienen, Schmetterlinge. Eine Blumenwiese lässt den Hobbygärtner an den Abläufen der Natur teilhaben und bereichert das Bild um zahlreiche Wildblumen, die sich auch als Schnittblumen eignen. Nur betreten werden kann eine solche Rasenalternative nicht.

Fertige Samenmischungen lassen sich nur auf mageren, stickstoffarmen und trockenen Böden aussäen, denn diese entsprechen dem natürlichen Standort vieler Wildblumen. Das Saatgut für derartige Wiesen ist auf die vielfältigen Ansprüche hin ausgerichtet. In jeweiligen Mischungen unterscheiden sich die Zusammensetzungen der Blumenarten. So gibt es je nach Bodenverhältnissen z.B. Mischungen für Feuchtwiesen, Fettwiesen oder Trockenrasen. Der Standort entscheidet über die Wahl zwischen Saatgut für sonnige oder halbschattige Flächen. Und schließlich ist es auch der Geschmack des Gartenbesitzers, der darüber

bestimmt, ob es eine Schmetterlingswiese, eine einjährige Ansaat oder eine Mischung mit besonders vielen Schnittblumen sein soll.

Vorbereitungen und Pflege für die Blumenwiese

Damit sich die Bodenverhältnisse im Laufe der Jahre nicht verändern, darf die Fläche nicht gedüngt werden. Auch das Schnittgut darf nach der Mahd nicht liegen bleiben. Die Bodenverhältnisse sind auf die jeweiligen Ansprüche des Saatgutes abzustimmen. Gegebenfalls muss der Boden mit Hilfsstoffen wie z.B. Sand verändert werden. Auch der pH-Wert spielt bei einigen Wiesen-Arten eine Rolle. Sollte ein pH-Test Werte unter pH 6,5 ergeben, muss die Erde mit Naturkalk behandelt werden.

Entschließen Sie sich dazu, eine Rasenfläche in eine Blumenwiese umzuwandeln, entfernen Sie neben den Grassoden auch konkurrenzstarke Wurzelunkräuter. Damit wirklich alle unerwünschten Konkurrenten absterben, kann die Fläche für etwa eine Woche mit schwarzer Mulchfolie abgedeckt werden. Um den Boden weiter abzumagern, bietet sich die Aussaat einjähriger Sommerblumen wie Calendula oder Tagetes auf der künftigen Blumenwiesenfläche.

Natürlich muss nicht der komplette Rasen durch eine nicht betretbare Blumenwiese ersetzt werden: Kleine und große Blüteninseln zwischen dem Grün wirken ebenso hübsch und lockern den Garten auf. Wird die gesamte Fläche nicht gedüngt, besteht sogar die Möglichkeit, dass sich die eine oder andere Wiesenblume ihr eigenes Reich erobert.

Aussaat

Bester Zeitpunkt für die Aussaat ist ab Mai bis Anfang Juni, wenn der Boden schon schön warm ist, oder Anfang September. Dann ist die Sommerhitze bereits vorbei und die Samen leiden nicht unter Trockenperioden, die aufmerksames Gießen erforderlich machen. Auf den vorbereiteten Boden wird das Saatgut möglichst gleichmäßig ausgebracht und angewalzt. Sobald das Saatgut dann durch Regen oder Gießen nass geworden ist, darf es nicht mehr austrocknen und muss nötigenfalls weiterhin bewässert werden.

Eine interessante Alternative zur Aussaat sind Wiesenmatten, auf denen die Blumen bereits vorgetrieben sind und die ähnlich dem Teppichprinzip des Rollrasens einfach auf dem vorbereiteten Boden verlegt werden.

Mähen

Doch ganz gleich ob Wiese oder Rasen - Pflege bedeutet bei beiden vor allem Mähen. Die Technik hängt dabei von der Höhe des Graswuchses ab. Die Blumenwiese wird im Allgemeinen ein- bis zweimal pro Jahr gemäht. Dabei wartet man ab, bis die Hauptblüte der Wiese überschritten ist, nicht zuletzt den Schmetterlingen zuliebe. Lässt man die Blumenwiese lange stehen, ist Mähen schließlich nur noch mit Sensen möglich - entweder per Hand oder mit der Motorsense. Moderne Motorsensen sind mit sogenannten Lenkergriffen ausgestattet und erlauben dadurch genauso weit ausladende Mähbewegungen wie bei der Handsense. Möchten Sie das abgemähte Gras als Mulchdecke für andere Beete verwenden, sollten Sie bedenken, dass eventuell noch Blumensamen darin sind.

Etwas mehr Pflege benötigt ein schöner, ebenmäßiger Rasen. Zwar muss man nicht gleich wie Englische Rasenliebhaber zweimal pro Woche zum Rasenmäher greifen, häufiges Schneiden jedoch ist immer besser als ein seltener Radikalrückschnitt.

Tipp

Tipp vom Profi: Die richtige Schnitthöhe liegt bei einem Zierrasen zwischen 2,5 u. 4 cm, bei einem viel begangenen Rasen können es 3 bis 5 cm sein.

Das abgemähte Gras kann im Garten noch wertvolle Dienste leisten: Einsetzbar ist es fast überall in den Gartenbeeten, als sogenannter Flächenmulch. Das leicht angewelkte Grün bedeckt die offene Bodenfläche, hält Feuchtigkeit und Wärme fest und trägt somit zur Steigerung des Fruchtertrags bei. Dabei sollte das Schnittgut auf jeden Fall vorher antrocknen, da es durch den hohen Feuch-

Gepflegter Rasen

tigkeitsgehalt sonst zu Fäulnis und unangenehmen Gerüchen kommen kann. Aus dem gleichen Grund sollte man es auch nur in dünnen Schichten auf den Kompost legen und eventuell zwischendurch mit trockenem Material mischen.

Rasen

Der Rasen mit seinem beruhigend einheitlichen Grün bietet Vorteile gegenüber der Blumenwiese vor allem durch seine Nutzbarkeit als Spiel- und Tollfläche.

Rasen braucht viel Licht und Luft. An schattigen Standorten ist kein schöner Rasen möglich, da fast alle Gräser sonnenhungrig sind. Und jeder Rasenbesitzer kennt Moose und Filze im Rasen, ein Problem vor allem an schattigen Stellen oder bei zu schwerem und dichtem Boden. Sie hindern die Rasengräser am Wachsen und müssen deswegen bekämpft werden. Am sinnvollsten ist stets die Vorbeugung. Schon vor der Ansaat sollte dem Boden viel Sand beigemischt werden, um den nötigen Luftgehalt zu erzielen. Zudem muss gewährleistet sein, dass es auf der künftigen Rasenfläche zu keinerlei Staunässe kommt; dort würde kein Gras wachsen, allenfalls Moos fühlt sich dort wohl. Kommt es dennoch im Rasen mit der Zeit zur Filz- oder Moosbildung, müssen diese aufgerissen und zerschnitten werden. Den Vorgang bezeichnet man als Vertikutieren, für das es extra Geräte gibt. Die beste Jahreszeit für diese Pflegemaßnahme ist der Frühling, und es ist ratsam, sie jährlich vorzunehmen. Kleinere Rasenflächen können statt mit den Vertikutierer auch mit einer Stachelwalze oder einer Grabgabel vorsichtig belüftet werden. Nach dem Vertikutieren kann die Rasenfläche neu besandet werden, um wiederum einen höheren Luftgehalt zu gewährleisten.

Düngung

Dem Rasen werden durch den Schnitt fortwährend Nährstoffe entzogen, so dass eine Düngung erforderlich wird, um diese zu ersetzen. Mineralische Rasendünger wirken schnell, und man sieht bald die Wirkung des Grünens und des Wachsens. Allerdings flacht der Effekt relativ schnell wieder ab, sodass nachgedüngt werden muss. Einen nachhaltigeren Effekt haben organische Rasendünger, die im Boden erst nach und nach umgesetzt werden. Sie sind eine umweltschonende Alternative und es erübrigt sich die häufige Nachdüngung. Empfehlenswert ist bei Rasenflächen eine Herbstdüngung, die bewirkt, dass das Gras gestärkt über den Winter kommt und im Frühjahr schneller starten kann.

Saatgut + Aussaat

Wie auch bei der Wiese gibt es verschiedene Rasenmischungen, die sich nach den Ansprüchen richten. Informieren Sie sich im Fachhandel über Zierrasen, Sportrasen und andere Varianten. Für den Hausgarten empfiehlt sich meist der sogenannte Gebrauchsrasen. Als Bodenvorbereitung wird die Fläche zunächst einmal spatentief umgegraben. Dabei ist es ratsam, gleich möglichst viel Unkraut einschließlich Wurzeln zu entfernen. Jetzt erfolgt die Einarbeitung des Bodenverbesserers wie z.B. Sand. Danach wird der Boden eingeebnet und die Oberfläche feinkrümelig gerecht. Große Steine werden entfernt. Dann wird das Saatgut ausgebracht, am gleichmäßigsten erfolgt das mit einem Säwagen. Mit einer Walze wird dann der Samen angedrückt und der Boden leicht rückverdichtet. Da zur Keimung Wasser benötigt wird, muss man nun bewässern, mit feinem Wasserstrahl (Rasensprenger), damit das Saatgut nicht weggespült wird. Dann darf die Fläche nicht wieder trocknen, d.h. man muss für die nächsten Wochen des Keimens und Aufwuchses ständig bewässern, falls es nicht regnet. Der erste Schnitt erfolgt, wenn die frischen Halme eine Höhe von ca.10cm aufweisen. Der Schnitt fördert die Verzweigung und damit die Ausbildung einer dichten Rasenmatte.

Eine Alternative zur Aussaat ist das Verlegen von Rollrasen, einer fertigen Rasenmatte, die man einfach auf die jeweilige Fläche verlegen kann.

Der Weg zum „Fussball EM-Rasen“ - Rollrasen

Ein schöner, dunkelgrüner und dicht gewachsener Rasen ist der Wunsch vieler Hobbygärtner. Pflegeleicht soll er sein und belastbar, damit Kinder und Enkelkinder sich austoben können. Viele Gräser überaltern mit der Zeit, Moos bildet sich und Unkräuter dominieren. Irgendwann kommt der Zeitpunkt, an dem der Rasen neu angelegt werden muss. Viele entscheiden sich nach wie vor für die Aussaat des Rasens; aber es gibt eine andere, schnellere Art, einen schönen Rasen zu bekommen - Rollrasen.

Der EM-Rasen im eigenen Garten

In wenigen Arbeitsschritten ist es geschafft und das Glanzstück des Gartens ist innerhalb von ein paar Wochen voll belastbar.

Vorteile des Rollrasens

Einer der größten Vorteile ist zweifellos die schnelle Begrünung und die fast sofortige Belastung der Rasenfläche. Innerhalb von nur wenigen Tagen kann der Rasen betreten werden, nach vier Wochen ist er voll belastbar. Fußballspielen im eigenen Garten ist also schnell wieder möglich. Ein weiterer Pluspunkt ist die einfachere Pflege des Rasens: Unkraut hat fast keine Chance wieder durchzukommen. Bei der Rasenaussaat gedeiht häufig das Unkraut genauso schnell wie die neuen Rasengräser; häufiges Jäten und Mähen ist unerlässlich. Die Kosten für einen Rollrasen sind zudem nicht besonders hoch, vor allem wenn man ihn selbst verlegt.

Fussballrasen

Abtragen oder Abfräsen der alten Grasnarbe

Die alte Grasnarbe kann auf verschiedene Weise abgetragen werden. Zum einen kann man sie mit dem Spaten abtragen und kompostieren oder einfach mit der Fräse umfräsen. Die Fräsvariante ist einfacher und hat den Vorteil, dass nicht zuviel Boden abgetragen werden muss. Allerdings sollte nicht zu tief gefräst werden, nur die oberen zehn Zentimeter, da sich der Boden sonst später zu stark setzt. Nach dem Fräsen einfach mit einem Kreil die Fläche nachbearbeiten, damit grobe Klumpen zerkleinert werden und die Grassoden herausgenommen werden können.

Planieren oder Einebnen der Fläche

Nachdem der Boden schon mit dem Kreil bearbeitet wurde und grobe Grassoden und Steine entfernt worden sind, erfolgt jetzt die Feinplanie mit dem Rechen, am besten mit einem Holzrechen. Die Zinken sind näher zusammen, dadurch werden auch kleinere Steine und Grasreste erfasst und können abgetragen werden. Auch ein nicht zu unterschätzender Vorteil des Holzrechens ist seine Breite, dadurch erreicht man schnell eine wirklich ebene Fläche. Am Schluss sollte eine gerade und fein krümelige Fläche zurück bleiben. Mit einer Walze kann jetzt der Boden wieder leicht verfestigt werden, damit er später nicht ungleichmäßig einsinkt. Nun ist der Untergrund fertig für den Rollrasen.

Legen des Rollrasens

Ganz wichtig ist die sofortige Verarbeitung des gelieferten Rollrasens. Innerhalb von 24 Stunden nach dem Liefern sollte der Rasen verlegt werden, sonst besteht die Gefahr, dass er austrocknet oder verpilzt. Deshalb am besten erst die Fläche vorbereiten und dann den Rasen holen, oder bestellen. Das Verlegen selbst ist ein Kinderspiel. Einfach auf die vorbereitete Fläche legen und die Nähte so andrücken, dass keine Spalten oder Lücken entstehen. Dazu die Kanten immer aneinander schieben und mit den Händen fest zusammendrücken. Aufpassen muss man auch bei den Rändern: Sie sollten ausreichend Kontakt zum Boden haben, um gut anwachsen zu können. Zuschneiden kann man den Rollrasen am besten mit einem Teppichmesser.

Gießen und pflegen: Ist die Fläche fertig verlegt, wird kräftig angegossen. Zehn bis zwanzig Liter pro Quadratmeter sollten es sein, damit der Untergrund und der Rollrasen gut durchfeuchtet sind. Nach dem Gießen wird noch gewalzt. Dabei sollte die ganze Fläche gleichmäßig verdichtet und angedrückt werden, das erleichtert und fördert das Anwachsen. Eine Woche nach dem Verlegen wird das erste Mal gemäht und nach weiteren drei Wochen kann der Rasen voll belastet werden.

Clematis

Clematis

Großblumige Kletterpflanzen

Die Clematis bringt von allen Kletterpflanzen im Garten die größten Blüten hervor. Diese leuchten in einem intensiven und vielfältigen Farbspektrum und einige Sorten verströmen sogar einen lieblichen Duft. Es gibt viele Clematis-Arten, unter ihnen sind sogar Stauden-Formen und Immergrüne. Herrlich ist die Kombination mit Rosen, ein englischer Klassiker, und besonders schön sieht der Blütenbewuchs mit Clematis in großen Sträuchern oder kleinen Bäumen aus. Dabei sind es nicht nur die Blüten, sondern auch die filigranen Samenstände, die hübsche Aspekte in den Garten bringen.

Schnittempfehlungen

Die Schnittmaßnahmen richten sich nach der jeweiligen Art der Clematis.

- Nicht zurückgeschnitten werden einige Wildarten und frühjahrsblühende Clematis wie alle Alpen-Waldreben, Clematis alpina und die Berg-Waldreben, Clematis montana und deren Sorten. Sollte bei Vergreisung dennoch ein Schnitt nötig sein, so ist dieser nach der Blüte vorzunehmen.
- Alle zweimal blühenden Hybriden (blühen im Frühjahr und später im Sommer) werden im November/Dezember nur leicht zurückgeschnitten. Der Schnitt erfolgt jährlich und wird allenfalls bei Vergreisung durch einen starken Rückschnitt (ca. alle 5 Jahre) ersetzt. Dieser beeinträchtigt die Frühjahrsblüte, verjüngt allerdings die Pflanze.
- Alle einmal bzw. sommerblühenden Clematis werden jährlich im November/Dezember kräftig zurückgeschnitten (auf 20-50cm über dem Boden). Zu dieser Gruppe gehören alle Italienischen Waldreben (Clematis-Viticella-Gruppe), bzw. die Jackmannii-Hybriden. Schneidet man die Pflanzen dieser Gruppe nicht, so verkahlen sie von unten oder bilden an dünnen Trieben weniger Blüten aus.

Clematiswelke

Viele Gartenbesitzer haben schon mit Entsetzen das Welken und Absterben ihrer Clematis-Pflanze beobachten müssen. Generell ist es eine immer wieder auftauchende Pilzkrankheit, die kurativ nicht behandelt werden kann. Zu erkennen ist die Clematiswelke an dem braun werdendem Laub und dem anschließenden Sterben der Triebe. Es kann dann zum Totalausfall der Kletterpflanze kommen.

Tipp

Tipps vom Profi: Gegen diese Krankheit muss man vorbeugend tätig werden, um weiterhin Freude an den großen Blüten zu haben. Im Folgenden sind einige Aspekte aufgeführt, die zu beachten sind:

- Auswahl von robusten Sorten, die weniger anfällig sind.
- Tiefe Pflanzung: die Clematis-Pflanze wird mit einem Augenpaar unter die Erde gesetzt, so dass sie nach oberirdischen Absterben von unten wieder austreiben kann.
- Sauberkeit: braune Blätter, altes Laub und abgestorbene Triebe sind regelmäßig abzuschneiden und über den Restmüll (nicht Kompost) zu entfernen.
- Der Pilz dringt über Verletzungen ein: einen windgeschützten Standort wählen und Triebe gut anbinden, um Bruch zu vermeiden; bei Rückschnitt scharfe und saubere Klingen verwenden, damit die Wunden schnell verheilen.
- Regelmäßige Wassergaben: vor allem bei Hitze den Boden nicht austrocknen lassen und beim Gießen die Pflanze nicht benetzen.
- Bodenvoraussetzungen: kühler, beschatteter Wurzelraum, gleichmäßig feucht, durchlässig und kalkhaltig.
- Bei Nachpflanzungen auf infizierte Standorte unbedingt Boden austauschen mindestens 50 x 50 x 50 cm.

Empfehlenswerte Sorten

Generell sind alle Sorten der Italienischen Waldrebe (Clematis-Viticella-Gruppe), sowie einige Wildarten (C. alpina, C. montana, C. tangutica) als sehr robust und wenig empfindlich auf die Welke einzustufen. Auch einige Sorten der großblumigen Hybriden haben in Untersuchungen hohe Widerstandskraft gezeigt.

Clematis im Kübel

Auch auf Balkon oder Terrasse lassen sich Clematis in Kübeln mit Erfolg kultivieren. Dabei ist zu beachten, dass der Kübel (am besten Holzgefäß) groß genug ist und dass er nicht zu hohen Temperaturschwankungen etwa durch starke Sonneneinstrahlung ausgesetzt ist. Die Wurzeln müssen kühl und gleichmäßig feucht bleiben. Geeignet sind verschiedene Sorten, wie z. B. „Fujimusume", „Mrs. George Jackman", „Niobe" oder „The President". Es gelten die sonstigen Ansprüche und Schnittregeln wie bei den ausgepflanzten Clematis.

Das Staudenbeet

Der April ist der wichtigste Pflanzmonat im Frühjahr.

Nun ist die beste Zeit, Staudenbeete neu anzulegen bzw. ältere Stauden zu teilen.

Viele Hobbygärtner können mit dem Begriff Staude nichts anfangen und denken meist an Sträucher.

Eine Staude ist aber etwas ganz anderes. Jeder kennt Lupinen, Rittersporn oder Pfingstrosen, das sind so die besten Beispiele für Stauden. Das Besondere an Stauden ist, dass der Wurzelstock dieser Pflanzen problemlos überwintert und im Frühjahr immer wieder aufs Neue austreibt. Die oberirdischen Teile frieren ab.

Es gibt Stauden in vielen Farben und Größen. Angeboten werden diese Stauden in kleinen Containertöpfen und diese können das ganze Jahr über gepflanzt werden. Doch die beste Pflanzzeit ist ohne Zweifel das Frühjahr. Um diese Zeit wachsen Stauden ohne Probleme an und erfreuen uns in kurzer Zeit mit ihrer Blüte.

Polsterstauden im Topf

Bei der Neuanlage eines Staudenbeetes sollte man auf Folgendes achten:

- Richtige Bodenvorbereitung – tiefgründig lockern.
- Den Boden penibel genau von Wurzelunkräutern säubern!
- Bodenverbesserung einbringen wie Kompost und Pflanzerde. Hornspäne als Langzeitdünger haben sich bewährt.
- Auswahl der Pflanzen nach Lichtansprüchen, Pflanzenhöhe und Blühtermin.
- Gestaltung mit den Staudenpflanzen in verschiedenen Wuchshöhen und nach Blühzeitpunkt.

Aufstellung einiger Stauden für sonnige Standorte nach Blühzeitpunkt und aufsteigend in Wuchshöhe:

April	Mai	Juni	Juli	August	September
Kugelprimel	Polsterphlox	Glockenblume	Johanniskraut	Sommerenzian	Rudbeckia
Narzisse	Herzerlstock	Storchschnabel	Lichtnelke	Ballonblume	Sonnenhut
Blaukissen	Wolfsmilch	Astilbe	Indianernessel	Fackellilie	Edeldistel
Kuhschelle	Akelei	Frauenmantel	Lysimachia	Sonnenauge	Sonnenbraut
Gänsekresse	Lupine	Lilienschweif	Schafgarbe	Phlox	Malve

Aufstellung einiger Stauden für halbschattige und schattige Standort nach Blühzeitpunkt und aufsteigend in Wuchshöhe:

April	Mai	Juni	Juli	August	September
Haselwurz	Maiglöckchen	Elfenblume	Pfennigkraut	Goldnessel	Duftveilchen
Schneerose	Immergrün	Schaumblüte	Steinbrech	Goldfunkie	Herbstenzian
Kugelprimel	Beinwell	Funkie	Günsel	Mädesüß	Windröschen
Primel	Trollblume	Astilbe	Schaublatt	Fingerhut	Lampionblume
Gedenkmein	Riesensteinbrech	Frauenmantel	Silberkerze	Kreuzkraut	Türkenbund

Stauden haben viele Vorteile:

Pflegeleicht, langlebig, frostunempfindlich, anspruchslos, große Vielfalt, schnellwüchsig, blütenreich, duftend, zierende Blätter, farbvielfältig

Ältere Stauden sollten geteilt werden, um sie wieder vital und vor allem blühfreudig zu erhalten.

Am besten ausgraben und mit scharfem Messer oder Spaten teilen, wieder neu auspflanzen.

Bodenvorbereitung jedoch wie bei Neuanlage.

Abschließend sollten Neubepflanzungen bzw. geteilte Pflanzen ausreichend bewässert werden.

Tipp

Tipp vom Profi: Pflanzen Sie immer 3 Stauden von einer Art oder Sorte zusammen, dies ergibt gestalterisch eine Gruppe und wirkt von der Optik viel besser als nur 1 Pflanze allein.

Staudenbeet

Einfassungen von Beeten

Einfassungen verleihen Wegen, Rasenflächen oder Staudenbeeten ein prägendes Gesicht. Der ordnende Rahmen hält die Pflanzen im Zaum und ist selbst ein wichtiges Mittel zur Gartengestaltung.

Beispiele von Einfassungen von Beeten.

Materialvielfalt

Beeteinfassungen gibt es in den unterschiedlichsten Materialien und Stilformen.

Beliebt sind Palisaden aus Holz. Die mit ungiftigen Imprägniersalzen getränkten, in der Mitte halbierten Hölzer werden mit einem Draht verbunden und lassen sich anschließend gut selbst verlegen. Sie sehen natürlich aus und haben eine Lebensdauer von etwa 10-15 Jahren. Holzpalisaden dürften zur Zeit das preiswerteste System unter den diversen Weg- und Beetabgrenzungen sein.

Tipp

Tipp vom Profi: Legt man die Holzpalisaden in ein Sandbett, halten die Hölzer dem Verrotten länger stand, da Wasser zügig ablaufen kann.

Beeteinfassungen aus Kunststoff sind zwar lange haltbar, sehen aber meist nicht so schön aus. Es gibt sie in vielen verschiedenen Farben, Größen und Formen aus stabilem Recyclingmaterial.

Langlebig und stabil

Am stabilsten sind Umrandungen, bei denen Steine in einem Betonbett liegen.

Wegbegrenzungen mit Großsteinpflaster aus Granit sind eine besonders attraktive, jedoch nicht ganz billige Lösung. Diese Art der Beeteinfassung ist am besten geeignet für eine dauerhafte Beetabgrenzung.

Kantensteine sind auch bei der Anlage eines Kiesweges wichtig. Sie verhindern, dass das Abstreumaterial ständig in die Beete und Grasflächen verschleppt wird. Die Kantensteine, z. B. aus Betonpflaster, sollen hochkant so in den Boden gebracht werden, dass sie mit dem benachbarten Rasen oben bündig abschließen. Das erleichtert später das Grasschneiden ganz erheblich. Liegt der fertige Kiesweg zwischen den beiden Kanten etwas tiefer, wird das Material bei Unwettern nicht seitlich abwandern.

Petunia hybrida Surfinia® Sky Blue.

Hängeampeln und Hanging Basket

Anfang April ist die beste Zeit Hängeampeln und Hanging Baskets auszupflanzen. Im April ist noch genügend Zeit zum Anwachsen der Pflanzen bis zu den Eismännern, wo sie dann ins Freie übersiedeln. Und jetzt bekommt man in den Gärtnereien auch noch kleinere Pflanzen, vor allem für die Hanging Baskets.

Triste Ecken im Garten unter der Treppe oder auf Balkon und Terrasse lassen sich mit Hilfe von hängenden Gefäßen schmücken und verzieren. Ein Haken in der Wand, ein Balkongeländer – es gibt viele Möglichkeiten, die hängenden Gärten zu befestigen. Sehr viele Hersteller bieten Ampeln aus Plastik oder Metall an, jedes System hat seine Vor- und Nachteile. Was die Beschaffenheit der Erde und die Pflanzenauswahl angeht, ist jedoch keine Unterscheidung zwischen den Systemen nötig.

Verbena hybrida Tukana® Scarlet.

Die passende Erde

Eine gute, strukturstabile Erde ist eine Grundvoraussetzung für gutes Wachstum auf begrenztem Raum. Hochwertige Erden versorgen die Pflanzen mit dem richtigen Luft-Wasser-Haushalt und fördern ein kräftiges Wurzelwachstum. Splitt, Ton oder Perlite sorgen dafür, dass die Erde nicht zusammenfällt und ausreichend Luft an die Wurzeln lässt.

Für den Anfang enthalten diese Substrate genügend Nährstoffe, nach sechs bis acht Wochen muss dann allerdings nachgedüngt werden. Dazu kann man Flüssigdünger oder einen Langzeitdünger verwenden. Flüssigdünger werden wöchentlich dem Gießwasser zugegeben und versorgen so die Pflanzen kontinuierlich mit allem, was sie brauchen. Diese Form der Düngung ist für die Hängeampeln ideal, da große Nährstoffschwankungen verhindert werden.

Hängeampeln aus Plastik

Hängeampeln aus Plastik

Die meisten im Handel angebotenen Hängeampeln sind aus Plastik und haben einen kleinen Untersetzer. Die Größe dieser Ampeln reicht von 10 bis zu 35 Zentimetern Durchmesser. Die Ampeln lassen sich einfach bepflanzen und halten meistens für mehrere Jahre. Einen Nachteil haben diese Blumenampeln jedoch: sie können fast kein Wasser speichern. Sind sie einmal ausgetrocknet, läuft das Wasser einfach durch die Erde, da der Untersetzer zu klein ist, um das Wasser effektiv zurückzuhalten. Es gibt auch hochwertigere Ampeln aus Plastik, die über einen Wasserspeicher verfügen.

Tipp

Tipp vom Profi: Ampelpflanzen am Balkon können am einfachsten durchdringend gewässert werden, indem man sie in einen Kübel mit Wasser taucht, bis keine Luftblasen mehr aufsteigen. Überhängende Pflanzenteile sollen nicht ins Wasser getaucht werden, daher vorsichtig anheben.

Hanging Basket

Hanging Baskets

So heißt die aus England stammende Version der Hängeampel. Die meisten dieser Ampeln haben ein grobes, Form gebendes Drahtgestell. In dieses Gestell wird ein Innenkorb gelegt, in den später die Erde gefüllt wird. Der Innenkorb kann aus Papier, Kokosfasern, Hanffasern oder auch Moos bestehen, wobei die beiden Letztgenannten am umweltfreundlichsten sind. Der Vorteil dieser Gefäße ist, dass auch aus der Seite und unten Pflanzen herauswachsen können, so entsteht ein einziger Blütenball. Der Innenkorb speichert je nach Material etwas Wasser und durch die umlaufende Bepflanzung wird die Verdunstung verringert. Bepflanzt werden die Hanging Baskets am einfachsten mit sehr jungen Pflanzen. Diese lassen sich leicht von der Seite in den Wurzelraum pflanzen und wachsen schnell an.

Eine reiche Pflanzenwahl

Geeignet für Ampelgefäße sind Pflanzen, die in der Natur flach wachsen, wie Torenia oder Männertreu, ein Glockenblumengewächs. Auch andere hängende Pflanzen können verwendet werden, zum Beispiel Geranien, Korallenglöckchen, Petunien und Fuchsien. Für jeden Standort gibt es gute und lang blühende Pflanzen, die bei ein wenig Pflege lange Freude schenken. Jedoch sollte das Düngen nicht vergessen werden. Setzt man viele Pflanzen auf sehr engem Wurzelraum, ist eine konstante und gleichmäßige Nahrstoffnachlieferung erforderlich.

Tipp

Tipp vom Profi: Bei Hängeampeln und Hanging Baskets ist es vorteilhaft, eine Bewässerungsdüngung zu wählen. Dabei wird bei jedem Gießen ein wenig Dünger mit zugegeben; das sichert den Pflanzen einen guten Wuchs und eine schöne Blüte.

Kräuterbeet

KRÄUTER

Kräuter kamen aus dem alten Griechenland über die Klöster später in Bauerngärten und jetzt in unsere Hausgärten.

Kräuter haben auch eine heilende Wirkung - gegen vieles ist ein Kraut gewachsen.

Sie sind sehr reich an Mineralstoffen, Spurenelementen z. B. Eisen - und man kann beim Würzen einiges an Salz einsparen.

Da Gewürzkräuter meist aus dem mediterranen Raum stammen verlangen diese besondere Wuchsbedingungen - daher Kräuter je nach Ansprüche auspflanzen - Fachmann fragen.

Beginnen wir in der Wohnung: Jetzt ist die beste Zeit in der Wohnung einige Kräuter in Töpfen zu ziehen.

Für die Zimmerkultur sind nach meinen Erfahrungen folgende Kräuter besonders geeignet: Basilikum, Schnittlauch, Kerbel, Kresse, Petersilie, Rosmarin und Zitronenmelisse.

- Kräuter in Töpfen - die Topfgröße soll der Wuchshöhe der Kräuter entsprechen
- Kräuter in Fensterkistchen - für einjährige Gewürze eventuell nur eine Art je Kistchen – Pflege
- Keine zu stark aufgedüngte Erde verwenden und wenig düngen!

Im Freien gibt es mehrere Möglichkeiten Kräuter zu ziehen:

- Kräutergärtchen - eigener Teil im Garten od. auch als Mischkultur.
- Kräuter Schachbrett - Kombination aus Erd- und Steinplatten-Quadraten.
- Kräuter in Töpfen – z. B. schöne Tontöpfe.
- Kräuterrondo – Kombination aus Betonringen unterschiedlicher Durchmesser und Höhen und diese exzentrisch kombiniert.
- Kräuterblock – Kombination kleiner Hochbeete in Holz – Blockbauweise in unterschiedlichen Höhen.
- Kräuterspirale - Durchmesser mindestens 2 Meter.

Feucht am Fuß - Estragon, Melisse, Liebstöckl, Basilikum
Trocken im oberen Bereich - Oregano, Thymian, Lavendel

Eine kleine Auswahl aus der riesigen Palette der Küchenkräuter

Schnittlauch

Schnittlauch

Der Schnittlauch gehört in die Familie der Liliengewächse. Er ist mit Zwiebeln und Knoblauch verwandt. Aus seinen dichtbewurzelten Ballen wachsen unzählige grüne, röhrenförmige Blätter. Von Juni bis August steht er in Blüte. Die blühende Staude erreicht etwa 30 cm Höhe. Wenn er friert, sterben alle Halme ab. Die grünen Röhren enthalten ätherische Öle, Vitamin C sowie verschiedene Mineralstoffe. Schnittlauch wirkt appetitanregend, er senkt den Bluthochdruck und hilft bei Blutarmut. Er kann von Frühjahr bis zum Herbst laufend geerntet werden, am würzigsten und saftigsten sind allerdings die Blätter des ersten Frühlingsaustriebs. Zum Konservieren eignet er sich nicht, er wird dadurch unansehnlich und fade.

Basilikum

Basilikum

Basilikum gehört in die Familie der Lippenblütler. Es hat aufrechte, stark verzweigte, kantige Stengel und weiche, gewölbte hellgrüne Blätter. Die Blätter können sehr verschiedenartig aussehen, je nachdem, unter welchen klimatischen Bedingungen das Kraut aufwächst. Auch die Höhe variiert, Basilikum kann zwischen 15 und 60 cm hoch werden. Im Handel sind hauptsächlich zwei für unser Klima geeignete Basilikumsorten: das Kleinblättrige Basilikum, das niedrige Büsche bildet und ein feines Aroma hat und das Großblättrige Basilikum, das in allen Pflanzenteilen größer wird, widerstandsfähiger ist und nicht so stark duftet. Inzwischen gibt es auch andere Arten mit vielfältigen Duftnoten und unterschiedlichen Wuchsformen, zum Beispiel: Anisbasilikum, Zimtbasilikum, Zitronenbasilikum, Mexikanisches Gewürzbasilikum, Thai-Basilikum oder Griechisches Strauchbasilikum. Basilikum ist sehr wärmebedürftig und darf erst in der zweiten Maihälfte in den Garten gepflanzt werden, am besten mit zum Salat, der durch Aluminiumbleche vor Schneckenfraß geschützt ist.

Tipp

Tipp vom Profi: auch Basilikum gehört zur Lieblingsspeise der Schnecken.

Oregano

Oregano

Oregano gehört in die Familie der Lippenblütler. Er bildet einen reich verzweigten Wurzelstock mit verholzten Ausläufern. Die Pflanze hat vierkantige, meist rötlich-braun gefärbte Stengel, die 30 - 50 cm hoch werden. Oregano, das klassische Pizzagewürz, befindet sich geschmacklich ungefähr zwischen Gartenmajoran und Thymian. Die Würzkraft des Wilden Majorans, wie das Kraut auch genannt wird, ist sehr davon abhängig, unter welchen Bodenverhältnissen und Klimabedingungen er aufwächst. Oregano aus Süditalien ist wesentlich aromatischer als seine deutschen Verwandten.

Tipp

Tipp vom Profi: Im Kräuterbeet bzw. im Garten braucht er den wärmsten Platz.

Melisse

Melisse, Zitronenmelisse

Die Melisse gehört in die Familie der Lippenblütler. Sie besitzt einen weitverzweigten Wurzelstock und treibt kurze Ausläufer am Boden. Die vierkantigen, behaarten Stengel wachsen aufrecht, sie verzweigen sich und werden 50-100 cm hoch. Das Kraut hat seinen Namen von dem lieblichen, intensiven Zitronenduft. Auch der würzige Geschmack erinnert an Zitrone.

Thymian

Der Gartenthymian gehört in die Familie der Lippenblütler. Er bildet 10 - 40 cm hohe Halbsträucher, die im Inneren stark verholzen. Die Zweige sind stark verästelt. Die Pflanze riecht und schmeckt stark würzig und enthält ein wenig beißende Schärfe. Der Thymian braucht einen trockenen, sonnigen Platz; auf feuchten oder nassen Böden gedeiht er schlecht und verliert stark an Würzkraft. Am besten ist es, man baut im Kräuterbeet einen kleinen steinigen Hügel für ihn.

Rosmarin

Rosmarin

Der Rosmarin gehört in die Familie der Lippenblütler. Er ist immergrün und bildet holzige Halbsträucher, die auch in unseren Breitengraden 50-150 cm hoch werden können. Die jungen, vierkantigen Triebe sind samtig behaart. Die schmalen, ledrigen Blätter wirken wie Nadeln. Die Pflanze riecht streng-würzig, etwa nach Kampfer, Weihrauch und Nadelholz. Rosmarin ist sehr wärmebedürftig und bei uns, mit Ausnahme des milden Weinbauklimas, nicht winterhart. Angenehm ist, dass er aufgrund seiner ätherischen Öle Schädlinge vertreibt.

Mischkultur

Eine wohl überlegte Mischkultur verschiedener Gewächse auf einem Beet soll sich sowohl überirdisch als auch unterirdisch ergänzen. Die Pflanzen müssen so ausgewählt sein, dass sie sich nicht mit ihren Blättern und Früchten bedrängen. Es muss immer genug Raum für Licht und Luft bleiben. Im Wurzelbereich ist eine harmonische Ergänzung besonders wichtig. Die Mischkulturen entnehmen dem Boden unterschiedliche Nährstoffmengen, geben aber auch selber verschiedene Substanzen aus ihrem Stoffwechsel ab. So entsteht ein Wechselspiel aus Geben und Nehmen.

Mischgarten

Gezielter Anbau fördert den Ertrag

Der erfolgreiche Gemüseanbau im Garten ist auf längere Sicht nicht ohne einen Fruchtwechsel von Pflanzenarten aus verschiedenen Pflanzenfamilien möglich. Der Fruchtwechsel ist eine der wirksamsten, vorbeugenden Pflanzenschutzmaßnahmen gegen viele Krankheitserreger und Schädlinge. Viele Gemüsearten können nicht mehrere Jahre nacheinander auf einem Beet stehen; es muss ein Fruchtwechsel stattfinden, um den Pflanzen ein gutes und gesundes Wachstum zu ermöglichen. Pflanzt man die Gemüsearten in Mischkultur auf ein Beet, findet keine Auslaugung des Bodens statt und die Beete werden bestmöglich genutzt.

Pflanzenfamilien

In ein Beet sollten verschiedene Vertreter aus den Pflanzenfamilien gesetzt werden. Zum Beispiel eine Kombination aus Möhren, Zwiebeln und Salat. Um dies durchführen zu können, muss man die Familien und die dazugehörenden Pflanzen kennen. Die Petersilie reagiert besonders empfindlich, wenn vorher Pflanzen aus derselben Familie an ihrem Platz gestanden sind. Sie wird dann oft - ohne erkennbare Ursache - gelb oder stirbt ganz ab.

Petersilie

Pflanzenfamilien und ihre Vertreter

- Doldenblütler: Möhre, Petersilie, Dill, Kerbel, Kümmel, Fenchel, Sellerie
- Liliengewächse: Zwiebel, Porree, Schnittlauch, Spargel, Knoblauch
- Nachtschattengewächse: Tomate, Paprika, Kartoffel, Aubergine
- Kreuzblütler: Kohlarten, Kohlrabi, Rettich, Radieschen, Meerrettich, Kresse
- Gänsefußgewächse: Rote Rübe, Spinat, Mangold
- Schmetterlingsblütler: Erbse, Bohne, Linse
- Korbblütler: Salat, Endivie, Chicoree, Löwenzahn, Schwarzwurzel

Passende Gesellschaft wählen

Viele Pflanzen lieben die Mischkultur, sie werden auch seltener von Schädlingen befallen. Erdbeeren zum Beispiel gedeihen gut in Gemeinschaft mit Borretsch, Buschbohnen, Knoblauch, Kopfsalat, Lauch, Radieschen, Schnittlauch, Spinat und Zwiebeln. Auch Zwiebeln und Knoblauch passen sehr gut zu Erdbeeren - vertreiben sie doch mit ihrem Geruch und ihren Wurzelausscheidungen sehr viele Schadorganismen. Wichtig ist immer, die Mischkultur so anzulegen, dass jede Pflanze genug Licht und Raum hat, um sich gut entwickeln zu können.

Salate in Mischkultur

Kopfsalat braucht kein eigenes Beet - er kann als Nebenkultur und in Lücken gepflanzt werden. Gute Nachbarn sind Bohnen, Erdbeeren, Kohl, Kohlrabi, Radieschen, Spinat, Tomaten und Zwiebeln. Durch das Nutzen der Lücken setzt man immer nur kleine Stückzahlen und ist so den ganzen Sommer über mit frischem Salat versorgt. Bei Salataussaat direkt ins Beet kann man schon beim Vereinzeln das erste Mal ernten und zwar Salat vom Feinsten. Überzählige Pflänzchen werden herausgezogen, die Wurzel entfernt, und fertig ist ein zarter Blattsalat.

Bodenpflege in der Mischkultur

Dem Boden geht es in Mischkulturpflanzungen besonders gut. Die Nährstoffressourcen werden gut genutzt und das Bodenleben gefördert. Da die Beetoberfläche die ganze Wachstumssaison durch bedeckt ist, trocknet der Boden nicht so schnell aus und bleibt lockerer. Regenwürmer fühlen sich hier wohl, vor allem auch durch die vielen verschiedenen Pflanzenreste, die auf den Beeten zurückbleiben. Eine weitere Bodenverbesserung kann man durch das regelmäßige Einbringen von Kompost erreichen. Der Boden wird lockerer und der Anteil an Humus steigt ebenfalls an; auf den Einsatz von mineralischen Volldüngern kann verzichtet werden. Für die Gartenbesitzer bringt die Mischkultur nicht nur einen guten Ertrag und gesunde Pflanzen, gleichzeitig ist es ein optisch ansprechender Anblick

Salat aus dem eigenen Garten

Salat

In der Salatzüchtung hat sich in den letzten Jahren einiges getan. Salate in unzähligen Formen und Farbnuancen, im Geschäft ebenso wie im Saatguthandel, zum selber Ziehen im Gewächshaus und im Garten. Will man die Pflänzchen nicht selber ziehen, erhält man in vielen Gärtnereien im Frühjahr fertige Jungpflanzen in bester Qualität.

Pflanzen von Salat

Salat braucht lockeren Boden. Beim Pflanzen des Salates kann etwas Kompost auf das Beet gestreut werden. Dieser muss gut abgelagert sein und wird nur oberflächlich eingearbeitet, damit die Wurzeln nicht verbrennen.

Grundsätzlich ist es immer gut bei jeder Ernte etwas Kompost auszubringen. Komposterde ist nicht nur ein Bodenverbesserer, sondern auch ein klassischer biologischer Dünger, in dem die meisten Nährstoffe und Spurenelemente in ausgeglichenem Verhältnis vorhanden sind. Das einzige, was nicht in ausreichender Menge vorhanden ist, ist Stickstoff.

Dieser kann in Form von Hornspänen ausgebracht werden. Hornspäne sind umweltfreundlich und wirken wie ein Langzeitdünger. Bei Regen wird also nichts ausgewaschen. Zudem beleben Hornspäne das Bodenleben.

Tipp

Tipp vom Profi: Bei Salat reichen 30 Gramm Hornspäne pro Quadratmeter aus.

Gepflanzt wird Salat genauso tief, wie er vorher im Saatkistchen stand. Setzt man ihn tiefer, fault er sehr schnell. Bei gekauften Jungpflanzen reicht es, wenn das halbe Torfpresstöpfchen in die Erde gesteckt wird. Diese Pflanzweise sorgt für eine gute Belüftung von unten und verhindert Pilzkrankheiten.

Salat in der Mischkultur

Kopfsalat braucht kein eigenes Beet, er kann als Nebenkultur und in Lücken gepflanzt werden. Gute Nachbarn sind Bohnen, Erdbeeren, Kohl, Kohlrabi, Radieschen, Spinat, Tomaten, Zwiebeln; ein ausgesprochen ungünstiger Nachbar ist Petersilie.

Tipp vom Profi: durch das Nutzen der Lücken setzt man immer nur kleine Stückzahlen und ist so den ganzen Sommer über mit frischem Salat versorgt. Viele der neuen Sorten sind blattlausresistent und erfreuen zudem mit buntem Laub, das in einem gemischten Salat auch optisch ansprechend ist. Das Problem mit dem Schießen (Blütenbildung) ist durch die Züchtung schoßfester Sorten ebenfalls kein großes Thema mehr.

Zu empfehlende Sorten:

Kopfsalat: Pia, Libusa
Eissalat: Eole, Argentinas
Endiviensalat: Kethel

Schädlinge und Nützlinge im Garten

Schnecke - Spanische Wegeschnecke:

Vorbeugung: Schneckenzäune, ab 15 Uhr nicht mehr gießen, regelmäßige Unkrautbekämpfung, natürliche Feinde fördern z.B. Igel, Maulwurf, Amsel, Frosch und Kröte, leichte Bodenbearbeitung im Winter bei Frost durchführen (auch den Kompost im Winter umsetzen) - Brut erfriert.

Tipp vom Profi: im Sommer sollte der Boden nur oberflächig gelockert werden, da sich sonst die Schnecken in tieferen Bodenschichten gut gegen Austrocknung schützen können.

Bekämpfung:

- Einsammeln
- Laufenten einsetzen
- „Bierfalle“: Tasse in Erde ebenerdig einlassen und mit Bier füllen. Bier zieht Schnecken wie ein Magnet an und sie ertrinken in Bier.
- Kalkring: Die zu schützenden Kulturen werden mit einem Ring aus Kalk umgeben. Jede Schnecke, die über diesen Kalkring muss, verliert dann zu viel Wasser. Nachteil dieser Methode ist die Tatsache, dass der Kalkring immer nach einem Regen erneuert werden muss.

- Im Notfall Schneckenkorn (Ferromol) - jedoch Boden unbedingt feucht halten, sonst wirkt es nicht.

Blattläuse:

Vorbeugung: Überdüngung vermeiden, ausreichend gießen, windoffene Lage bevorzugen, Nützlinge fördern.

Bekämpfung:

- mit scharfem Wasserstrahl absprühen
- stark befallene Triebe entfernen
- spezielle Pflanzenschutzmittel z.B. Auszug aus afrikanischer Margerite - Pyretroide
- Schmierseifenlösung

Rezept für Schmierseifenlösung: 1 l heißes Wasser + 1 EL Schmierseife einrühren, abkühlen lassen + 1 Spritzer Spiritus. Direkt auf die befallenen Triebe aufsprühen - wirkt bereits nach einigen Stunden.

Wichtig: Bitte nicht vorbeugend anwenden - wirkt nur bei vorhandenen Schädlingen. Nicht bei voller Sonne aufsprühen – Verbrennungen!

Schildlaus:

Besonders am Oleander und an Grünpflanzen

Schildlaus

Bekämpfung:

Gründliche Benetzung mit Sommeröl - Paramaag Sommer. Dies bewirkt einen ölartigen Überzug des Chitinpanzers des Schädlings und dieser kann nicht mehr atmen und erstickt. Dies ist eine völlig ungiftige Bekämpfung, da es sich um ein Paraffinöl handelt.

Weiße Fliege

Weiße Fliege:

- Fängt man leicht mit beleimten Gelbtafeln - im Fachhandel erhältlich als Gelbsticker.
- Spritzen mit „Schädlingsfrei Naturen", ist auf Rapsölbasis

Ameisen:

Können nur indirekt schädigen - meist in Verbindung mit einem anderem Schädling.

Ameise

Bekämpfung:

- Nester mit Salbeitee angießen,
- Backpulver streuen - da Ameisen leicht d. Orientierung verlieren
- Blumentopf über Nester stülpen. Nach einiger Zeit sammeln sich die Ameisen darunter, und dann übersiedeln.

Drahtwürmer:

Bekämfpung:

- Halbierte Kartoffel mit Schnittstelle nach unten als Köder auslegen - nach einigen Tagen einsammeln - Drahtwürmer sind meist an der Kartoffel „festgefressen".

Wühlmaus:

Oft mit Maulwurf verwechselt. Unterschied - Maulwurf setzt Erde direkt über seinem Gang ab - Wühlmaus setzt flachen Erdhaufen neben seinem Gang ab.

Bekämfpung:

- Vertreibung mit Aromastoffen wie Knoblauch
- Mottenkugeln
- die Pflanze Thulbagia „Wühlmausschreck" einsetzen (nur in sandigen Böden gute Wirkung)
- fangen der Mäuse mit speziellen Plastikfallen - die erwischt wirklich jeden der lästigen Schädlinge.
- Katzen sind – auch wenn von Dosenfutter oft zu sehr verwöhnt – noch immer die besten Mäusefänger.

Tipp

Tipp vom Profi:

1. Falle nicht mit bloßen Händen angreifen
2. Falle vor Gebrauch einige Tage in Erde eingraben, damit sie keine Fremdgerüche aufweist
3. Keine Blumenwiesen anlegen, denn dort sind sie nicht zu bekämpfen.

Einige Gedanken zu Schädling und Nützling

Blattlaus und Schnecke. Warum sie hassen? Wo sie doch faszinierende Lebewesen sind. Gleich ob Nützling, Schädling oder Lästling: Ich begegne Ihnen alle auf gleiche Weise, indem ich sie einfach mal frage: Wer bist du, woher kommst du, wohin gehst du, was frisst du, von wem wirst du gefressen? Die Antworten auf diese Fragen sagen mir, was ich tun muss, um Freund oder Feind in Schach zu halten.

Zum Beispiel natürliche Feinde, Nützlinge: Die Blattläuse kommen erst anmarschiert, wenn es warm wird. Bei 12 Grad ist es ihnen noch zu kalt, um sich zu vermehren. Ähnliches gilt für Blattlausfeinde wie die Schlupfwespe und den Marienkäfer. Blattläuse werden rasch mehr, wenn die Temperaturen ein bisschen steigen. Schlupfwespe, Florfliege und Marienkäfer sind da noch nicht ganz wach. Erst wenn das Futter, sprich die Blattlaus, so richtig am Wachsen ist, wacht der Nützling auf und bedient sich am gedeckten Tisch. Dann bilden sie eine richtige Lebensgemeinschaft, die Schädlinge und die Nützlinge. Sie sind aufeinander angewiesen. Marienkäfer und Raubmilbe brauchen Blattläuse.

Nützlinge

Maulwurf:

Ist reiner Fleischfresser - Nahrung sind Insektenlarven, dezimiert Schädlinge und lockert den Boden. Lieferant ausgezeichneter Anzuchterde. Will man das brave Tier loswerden, dann nur mit Aromastoffen oder Thulbagia „Maulwurfschreck" einsetzen.

Maulwurf

Igel:

Nachtaktiver Bewohner des Gartens, Nahrung besteht aus Schnecken, Würmern usw. Außer Autos hat er keine Feinde - er braucht Gärten ohne Gift.

Florfliege: gegen Blattläuse, Spinnmilben.

Ohrwurm: gegen Blattläuse

Gemüsegarten

Schwebfliege:
gegen Spinnmilbe und Weiße Fliege.

Marienkäfer u. deren Larven:
gegen Blattläuse - eine Larve vertilgt bis zu 800 Läuse!

Laufkäfer:
gegen Kartoffelkäfer sowie Raupen

Wichtig für alle Nützlinge - im Garten Lebensraum für sie schaffen z.B. Biotop, altes Holz, Komposthaufen, Laubhaufen, Steinhaufen, „wilde Ecke", usw.

Tipps für den Gemüse- und Kräutergarten

Die Fruchtfolge

Fruchtfolge ist die zeitliche Aufeinanderfolge verschiedener Kulturpflanzen auf ein und demselben Beet.

Kulturpflanzen, die lange Zeit auf demselben Standort stehen, entziehen dem Boden über Jahre hinweg die gleichen wichtigen Pflanzennährstoffe und laugen den Boden aus.

Der Boden ist müde und es breiten sich tierische Schädlinge, Pilze und Krankheitserreger aus. Die Verunkrautung nimmt zu.

Also denken Sie an:

- größtmögliche Vielseitigkeit bei der Auswahl der Pflanzen
- Trennung des Anbaus unverträglicher Früchte durch möglichst lange Zeiträume
- Zwischenanbau von Gesundungsfrüchten
- Fruchtwechsel vermindert die Übertragungsgefahr von Schädlingen und Krankheiten

Meine Empfehlung: eine 3-jährige Fruchtfolge.

3-jähriger Fruchtwechsel:

Unterteilen Sie Ihre Gartenbeete in 4 Quartiere.

Im 1. Jahr :

1. **Quartier** gehört den nahrungshungrigen Starkzehrern
2. **Quartier** den Mittelzehrern
3. **Quartier** den bescheidenen Schwachzehrern.
4. **Quartier** den „Stammgästen"

3. Quartier (Schwachzehrer)	4. Quartier („Stammgäste", die längere Zeit am gleichen Platz bleiben)
1. Quartier (Starkzehrer)	2. Quartier (Mittelzehrer)

Mischgarten

Im 2. Jahr :

Die Mittelzehrer wandern auf das frühere Beet der Starkzehrer, die Schwachzehrer wandern ins Quartier der Mittelzehrer, die Starkzehrer wechseln auf das frühere Beet der Schwachzehrer.

Im 3. Jahr:

Alle wandern noch einmal ein Beet weiter

Zeichnen Sie sich einen Plan Ihres Gartens, auf dem Sie die drei Quartiere einzeichnen, die angepflanzten Kulturen und die Jahreszahl. So verwechseln Sie nicht die Beete im nächsten Jahr.

4-jähriger Fruchtwechsel

Der Garten wird in 4 Quartiere eingeteilt, drei werden mit Stark-, Mittel und Schwachzehrer bepflanzt und das 4. Quartier wird mit Gründüngung eingesät.

Im 2. Jahr stehen die Starkzehrer dann auf dem fruchtbaren Gründüngungs-Beet.

Beispiele aus der Praxis:

Fruchtfolgen liegen ganz bestimmte Naturbeobachtungen zugrunde, wie z.B. die Ansprüche an Nährstoffangebote.

Gemüsepflanzen entziehen dem Boden unterschiedliche Nährstoffmengen, so dass man sie in Starkzehrer, Mittelzehrer und Schwachzehrer einteilt und die Fruchtfolge darauf abstimmt.

STARKZEHRER	MITTELZEHRER	SCHWACHZEHRER
Kohlarten wie	Zwiebeln	Bohnen, Leguminosen
Rot-, Weißkohl,	Knoblauch	Erbsen, Leguminosen
Wirsing	Möhren	Kräuter
Karfiol	Rote Rübe	
Sprossenkohl	Fenchel	
Chinakohl	Salatarten	
Gurken	Spinat	
Kartoffeln	Schwarzwurzeln	
Lauch	Radieschen	
Sellerie	Kohlrabi	
Kürbis	Paprika	
Zucchini	Melonen	
Tomaten		
Rhabarber		

Ausnahmen

- Tomaten können 2 Jahre hintereinander auf demselben Beet stehen, außer bei Auftreten der Braunfäule.
- Erdbeeren bleiben 3 Jahre auf dem gleichen Beet stehen.
- Grünspargel beansprucht sein Quartier 8-10 Jahre.
- Rhabarber steht jahrelang an demselben Standort.

Düngung von starkzehrenden Gemüsepflanzen

Diese benötigen einen gut versorgten Boden. Kräftige Grunddüngung mit Stallmist und Kompost bereits im Herbst des Vorjahres vornehmen. Während der Wachstumsphase zusätzlich geeignet biologische Dünger wie Hornspäne und Knochenmehl, Mulchdüngung oder Komposttee anwenden. Eine Düngung während der Wachstumsphase ist unbedingt erforderlich.

TIPP

Tipp vom Profi: Rezept für Komposttee: Ca. 10 l Kompost mit 30 l Wasser vermischen, warten bis sich feste Teile abgesetzt haben. Wenn die Lösung wie schwarzer Tee aussieht, ist diese gebrauchsfertig und wird dann abgeschöpft und anschließend wird der Gemüsegarten damit gegossen.

Beim Auftreten von Krankheiten und Schädlingen:

Der häufige Anbau der gleichen Pflanzenfamilie auf demselben Beet kann bestimmte Krankheiten und Schädlinge fördern.

3-jährige Fruchtfolge ist daher besonders wichtig bei:

Kohlgewächsen - Lauch - Zwiebeln - Karotten - Erbsen - Kartoffeln - Petersilie.

Beim Auftreten bestimmter Krankheiten ist eine längere Anbaupause nötig, da die Schaderreger im Boden jahrelang überdauern können.

Kohlarten: Bei Befall mehrjähriger Fruchtfolge (unter Umständen mehr als 7 Jahre) keine Kreuzblütler:

Kräuter sind gute Nachbarn und Gartenhelfer im Gemüsegarten.

- Kräuter kann man in der Mischkultur verwenden, da ihr aromatischer Duft Schadinsekten fern hält und ihr Wurzelsystem bodenverbessernd wirkt.
- Basilikum zwischen Tomaten und Gurken lockt Bienen an und beugt Schädlingsbefall vor.
- Bohnenkraut wirkt positiv auf Bohnen und Zwiebeln.
- Dill und Sellerie bei Kohl wirkt vorbeugend gegen Kohlweißling.
- Knoblauch hilft Erdbeeren, Gurken und Rosen gut zu gedeihen.
- Lavendel bei Rosen wirkt vorbeugend gegen Blattläuse.
- Minze bei Obstbäumen in Baumscheiben pflanzen wirkt vorbeugend gegen Pilzerkrankung.

Grundsätzlich kann man sagen, dass bei allen Gemüsen und Kräutern Folgendes gilt:

Das Elternhaus der Pflanzen ist der erste Schritt zu Erfolg oder Misserfolg.

Trendpflanze für den April

Clivie

Ihre Heimat ist Südafrika, und wie so viele Blumen und Pflanzen fand sie ihren Weg zu uns über England, wo sie erstmals 1854 in Kultur genommen wurde. Im Laufe der Jahre wurden einige bewährte Sorten ausgelesen. In verschiedener Hinsicht ist die Clivie beachtlich: Richtig gepflegt blüht sie nicht nur zuverlässig und üppig, sie wird nach wenigen Jahren so groß, dass sie kaum noch auf einer normalen Fensterbank Platz hat. Die fleischigen Wurzeln entfalten sich ähnlich stark wie die grünen riemenförmigen Blätter. Bisweilen hebt das stark gewachsene Wurzelwerk die Pflanze aus dem Topf. Dann ist es höchste Zeit zum Umtopfen in ein größeres Gefäß.

Man kann sich Enttäuschungen ersparen, wenn man einige wenige Regeln beachtet: Wenn man die Pflanzen das ganze Jahr am gleichen, womöglich recht warmen Standort hält, dann kann die Blüte durchaus ausfallen oder auf halber Höhe mitten im Laub sitzen bleiben.

Dem kann man vorbeugen, wenn man der Clivie im Winter einen kühlen Platz gibt. Gebildet werden die Anlagen zur Blüte bereits im Vorjahr. Entfalten können

Clivie

sie sich nur nach der Einwirkung von Kälte. Trockene Luft verträgt die Clivie durchaus, aber dafür ist sie empfindlich gegen stauende Nässe.

Im Sommer mag es die Clivie hell. Direkte Sonne verträgt sie höchstens am frühen Morgen oder am späten Nachmittag. Sie mag es luftig; von Mai bis September kann man sie ohne weiteres in den Garten, auf die Terrasse oder auf den Balkon stellen. Auch im Winter mag es die Clivie, wenn man sie an einem hellen Fenster platziert. Die Blütezeit der Pflanze kann man steuern: Stellt man sie nach der zweimonatigen Kälteeinwirkung ab Januar warm, blüht sie im Februar. Verlegt man die Wärmeperiode auf Februar, dann kann man im März mit der Blüte rechnen.

TIPP

Tipp vom Profi: auch wenn die Clivie recht genügsam ist, so sollte man sie dennoch nie austrocknen lassen. In der Blütezeit tun ihr gleichmäßige Feuchtigkeit und kontinuierliches Gießen gut.

Wühlmäuse – fast jeden Winter aktiv

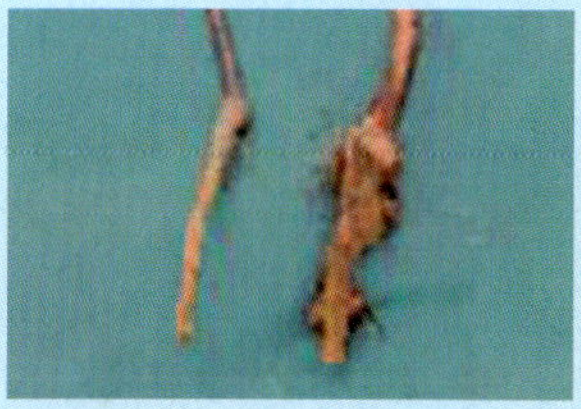

Wurzelschaden von Wühlmaus

Im Herbst gepflanzte Obstbäume, Blumenzwiebeln und gepflegter Rasen - hier fühlt sich Arvicola terrestris, die Wühlmaus, so richtig wohl. Gerade die jungen Obstbäume scheinen genau den Geschmack der Wühlmaus zu treffen. Wenn sie im Garten heimisch geworden ist, ist kein Baum mehr vor ihr sicher. Will man die lästigen Plagegeister wieder loswerden, ist das mühsam und nicht immer erfolgreich. Der Handel bietet unzählige Wühlmausfallen und Köder - nur wenige davon funktionieren zuverlässig. Wie man des kleinen Nagers erfolgreich Herr wird, darüber erfahren Sie jetzt mehr.

Verwechslungsgefahr

Nicht nur Wühlmäuse legen Gänge im Garten an, sondern auch Maulwürfe. Letztere schädigen jedoch keine Pflanzen, sondern ernähren sich von Würmern, Maden und Co. Zudem ist der Maulwurf geschützt und darf nicht gefangen oder getötet werden. Die Unterscheidung der Gänge ist nicht leicht; es gilt jedoch:

Wühlmaus-Haufen

Die Gänge des Maulwurfes sind rund und relativ klein und das Gangende liegt in der Mitte eines Erdhaufens. Die Gänge der Wühlmäuse hingegen sind oval-länglich und mindestens vier Finger breit.

Fallen stellen, aber richtig.

Es gibt verschiedene Typen von Fallen, um der Wühlmaus zu Leibe zu rücken. Ein Grundproblem gibt es jedoch bei allen Modellen:

Tipp

Tipp vom Profi: Je neuer die Fallen, desto geringer ist der Fangerfolg . Neue Fallen riechen unnatürlich und schrecken daher die Nager zunächst ab. Es kann helfen, neue Fallen für einige Zeit zu vergraben. Außerdem sollte man die Fallen so wenig wie möglich und nur mit erdigen Händen anfassen. Als Köder eignen sich Selleriestücke, Möhren und Löwenzahnwurzeln.

Vorbeugen ist besser als heilen!

- Katzen sind – auch wenn von Dosenfutter oft zu sehr verwöhnt – noch immer die besten Mäusefänger.
- Seit kurzem gibt es Pflanzen, durch deren Geruch die lästigen Nager von Kulturpflanzen ferngehalten werden, z.B. Thulbagia Maulwurf- u. Wühlmausschreck
- Knoblauchzehen zerdrücken und in die Gänge stecken, vertreibt ebenfalls Wühlmäuse.
- Es gibt für alle Pflanzgrößen so genannte Wühlmauskörbe. Diese bestehen aus Draht und werden beim Pflanzen mit der Pflanze in den Boden gesetzt. Sie sind besonders für Sträucher und Bäume geeignet.
- Bei größeren Pflanzen oder Hecken hat sich das Einlegen von Hasenstallgitter, das in Rollen erhältlich ist, bewährt.

Gärtner Tipps für den Mai

„Mai warm und trocken, lässt das Wachstum stocken. Mai kühl und nass, füllt den Bauern Scheun und Fass.“

Garten allgemein

Zusatzbewässerung

Wenn der Mai nicht kühl und nass ist, kann schon eine Bewässerung für die Pflanzen notwendig werden. Hierbei sollten Sie beachten, dass ein tägliches abendliches kurzes Übersprengen der Pflanzen eher schädlich als nützlich ist. Wasser ist nicht nur lebensnotwendig für die Pflanzen, sondern kann auch eine Infektionsvorbedingung für Pilzkrankheiten sein. Deshalb müssen Sie die Bewässerung so gestalten, dass Sie nicht krankheitsfördernd ist. Dazu gehört:

- Nicht zu häufig gießen, nur in kleinen Wassermengen.
- Den Sprühschlauch oder Regner nicht stundenlang laufen lassen.
- Pflanzen nach 15.00 Uhr nicht mehr bewässern.
- Wo es zweckmäßig ist, eine Furchenbewässerung (z. B. Erdbeeren, Kartoffeln) bzw. die Wassergabe direkt am Fuß der Pflanze (z. B. bei Tomaten verabreichen).

Gemüsegarten

Gemüse im Freiland

Beim Gemüseanbau im Freiland kommt es darauf an, die empfindlichen Pflanzen vor Frösten während der Eisheiligen zu schützen. So sind an spätfrostgefährdeten Tagen die Beete mit Vlies oder anderen Materialien zu bedecken.

Tipp

> **Tipp vom Profi:** Auf keinen Fall mit Plastikfolie abdecken, denn unter der Folie sinkt die Temperatur oft tiefer ab als im Freien, sodass ein Kleinklima entsteht.

Das gilt z. B. für Kartoffeln, die bei einem frühen Legetermin schon kräftig aus der Erde schauen. Andere Kulturen, wie Bohnen oder Tomaten, Paprika, Sellerie, Gurken, Zucchini, werden so gelegt bzw. so gepflanzt, dass sie erst nach diesen kalten Tagen ins Freie kommen.

Vorbeugung gegen die Braunfäule an Tomaten

Vorbeugende Maßnahmen gegen die Braunfäule der Tomaten sind schon bei der Auswahl des Standortes und der Pflanzung zu bedenken. Voraussetzung für einen erfolgreichen Tomatenanbau sind ein vollsonniger, luftiger Standort und ausreichend große Pflanzabstände. Dadurch wird ein schnelles Abtrocknen der

Pflanzen nach Niederschlägen gewährleistet. Das ist deshalb von Bedeutung, weil der pilzliche Krankheitserreger zur Infektion unter anderem feuchte Pflanzenoberflächen benötigt.

Tomatenpflanzen sollten aus diesem Grunde möglichst nicht und auf gar keinen Fall in den Abendstunden von oben beregnet werden. Am besten ist es, die Pflanzen am „Fuß", gegebenenfalls als Furchenbewässerung, zu gießen, um keine unnötige Feuchtigkeit auf Blätter und Früchte zu bringen.

Braunfäule an Tomaten.

Tipp

Tipp vom Profi: Bei stark entwickelten oder zu dicht stehenden Pflanzen können, wenn die Infektionsgefahr gegeben ist, die unteren Blätter entfernt werden. So wird ein schnelleres Abtrocknen der Bestände nach Niederschlägen ermöglicht.

Schließlich sollten Sie gegen Braunfäule tolerante Sorten wie Mountvavet F1, Vedetta F1, Barbados F1 bevorzugen. Die Erfahrungen zeigen, dass diese Sorten später weniger empfindlich sind und in der Regel nicht so stark befallen werden.

Probleme mit Petersilie

Bei Petersilienaussaaten muss eine Bodenlockerung vorgenommen werden, wenn der Boden verschlämmt und nass ist. Sonst kommt zu wenig Luft an die Wurzeln, und diese können sogar absterben. Auch bodenbürtige pilzliche Erreger von Umfallkrankheiten finden dann zusätzlich günstige Infektionsbedingungen, wodurch der Schaden des Gelbwerdens und Umfallens von jungen Pflanzen verstärkt wird.

Anzuraten sind auch Folge- oder Spätsaaten, da nicht alle Folgesätze davon betroffen werden.

Obstgarten

Erdbeere

Bei Erdbeeren sind die vorbeugenden Maßnahmen gegen die Botrytis-Grauschimmelfäule nicht zu vernachlässigen. Dabei ist dafür zu sorgen, dass die Pflanzenbestände vor allem nach einer Bewässerung immer schnell abtrocknen können.

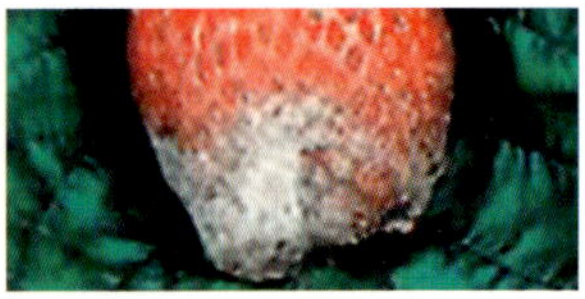

Botrytis-Grauschimmelfäule an Erdbeeren.

Deshalb darf nicht in den Abendstunden bewässert werden, weil die Pflanzen dann die ganze Nacht über nass bleiben und so dem pilzlichen Erreger günstige Infektionsbedingungen bieten.

Tipp vom Profi: Während der Reifeperiode wird mit dem Auslegen von Holzwolle oder Stroh erreicht, dass die Früchte nicht auf dem Erdboden liegen und so nach Regenfällen schneller abtrocknen können.

Johannisbeeren

An den Blättern von Johannisbeeren ist auf die Schadsymptome der Johannisbeerenblasenlaus zu achten. Die Blätter sind durch die Saugtätigkeit der Läuse blasenartig aufgetrieben und teils rötlich verfärbt. Bei geringem Befall ist ein Entfernen und Vernichten der befallenen Blätter ausreichend. Andernfalls ist eine Bekämpfung mit Schmierseifenlösung anzuraten.

Ziergarten und Zimmerpflanzen

Legen von Blumenknollen

Bereits Anfang Mai kann man Dahlien, Indisches Blumenrohr und auch noch Montbretien legen. Sie treiben erst dann aus, wenn die Eisheiligen vorbei sind. Sollten die Pflanzen allerdings in Töpfen bereits vorgetrieben sein, muss selbstverständlich abgewartet werden, bis die Nachtfrostperiode vorbei ist.

In letzter Zeit ist besonders aktuell die Rosenblattrollwespe

Rosenblattrollwespe

An Rosen kann es bereits zu einem stärkeren Befall durch die Rosenblattrollwespe kommen, der sich durch eingerollte Fiederblätter bemerkbar macht. Die glänzend schwarze, 3-4 mm große Blattwespe legt ihre Eier von Mai bis Juni in die Unterseite der Blattränder ab. Die Blätter rollen sich dann nach unten ein. In diesen Blattrollen sind die Larven gut geschützt. Sie verlassen diese bereits im Juli, überwintern im Boden und verpuppen sich dort im nächsten Frühjahr. Befallene Blätter werden am besten sofort nach Erkennen des Schadbildes entfernt und vernichtet.

Wacholderrost – Birnengitterrost

Am Wacholder brechen bei einem Befall mit dem Wacholderrost aus angeschwollenen Zweigen besonders in Regenperioden bräunliche oder hellorangefarbene, längliche, warzige, gelatineartige Auswüchse hervor.

Bei trockenem Wetter sind sie eigeschrumpft und können über längere Zeit erhalten bleiben. Die von diesen Fruchtkörpern der Rostpilze gebildeten Sporen wechseln nun den Wirt und gehen auf Weißdorn, Ebereschen und Birnen.

Birnengitterrost

Tipp

> **Tipp vom Profi:** Es ist ratsam betroffene Zweigteile bei den Wacholderbüschen gleich beim Sichtbarwerden der Fruchtkörper herauszuschneiden.

Blattläuse, der Schädling Nr. 1 im Mai

In der nächsten Zeit muss an vielen Gartenpflanzen mit einem Höhepunkt des Auftretens von Blattläusen gerechnet werden. Bevor es zu einer Übervermehrung kommt, sollten Sie die Pflanzen regelmäßig auf einen Befall kontrollieren. Der anfänglichen Besiedelung kann in vielen Fällen bereits durch mechanische Maßnahmen Einhalt geboten werden. So kann man die Läuse von besiedelten Pflanzenteilen mit der Hand abstreifen, stark befallene Pflanzenteile abschneiden oder die Blattläuse mit einem scharfen Wasserstrahl herunterspülen. Im Laufe des Frühjahrs werden sich dann auch die natürlichen Feinde der Blattläuse vermehren und später deren Ausbreitung begrenzen können.

Wer seinen Garten genau beobachtet, dem wird auch nicht entgehen, dass selbst einige Vögel die Pflanzen systematisch nach Blattläusen absuchen, um damit ihre Jungen zu füttern.

Blattläuse

Rindenläuse an Fichte und Tanne

An den Stämmen von Fichten und Tannen sind auffällig große schwarze Läuse, teilweise in Massen auftretend, zu finden. Es handelt sich hier um Rindenläuse, die jedoch die Gehölze kaum beeinträchtigen und nicht zu Schäden führen. Unangenehm können sie lediglich durch ihre klebrigen Honigtauausscheidungen werden.

Rindenläuse

Gartenbeitrag für Willkommen Österreich.

Alles über richtiges Gießen

In der heißen Jahreszeit benötigen die geschätzten und gehüteten Gartenpflanzen in der Tat viel Wasser. Doch nicht einfach drauflosgießen. Angesagt ist intelligentes Gießen.

Frei nach dem Motto „viel hilft viel", wird meist munter Wasser gesprengt, auch um die Mittagsstunden. Dies schadet nicht nur den Trinkwasserreserven, sondern auch den Pflanzen!

Tipp

Tipp vom Profi: Einmal angewachsene Pflanzen, Gehölze, mehrjährige Stauden, aber auch Rosen, Clematis und sonstige Kletterpflanzen halten eine lange Durststrecke aus. Bei beginnender Trockenheit entwickeln sie Abwehrkräfte, das Wurzelwachstum wird angeregt, sie schicken ihre Wurzeln in tiefere, noch feuchte Schichten. Gießt man sie häufig, werden sie faul, die Wurzeln konzentrieren sich auf den Feuchtigkeitsnachschub in den oberen Bodenschichten. Bleibt das Wasser aus, erleiden sie rasch Trockenschäden.

Was im letzten Herbst oder erst vor kurzem im Frühjahr gepflanzt wurde, muss bei fehlendem Regen auf jeden Fall gegossen werden. Aber auch hier gilt: nicht rumtröpfeln, lieber einmal pro Woche kräftig und durchdringend wässern. Gleiches gilt für bereits ausgepflanzte Sämlinge oder Jungpflanzen im Blumen- und Gemüsebeet. Rasen hält ebenfalls weit mehr aus als gemeinhin angenommen wird. Ruhig etwas leiden lassen, auch wenn die Gräser an der Oberfläche etwas gelb und braun werden. Die Wurzeln sind zäh und treiben beim nächsten Regen wieder aus. Äußerst schädlich ist es, jetzt zu düngen, ohne regelmäßig zu wässern, das führt zu Verbrennungsschäden.

Grundkenntnisse zum richtigen Gießen

Wenn die Sonne brennt und die Temperaturen stark ansteigen, verbrauchen die Pflanzen viel Wasser. In dieser heißen Tageszeit zu gießen wäre jedoch falsch! Wenn kaltes Wasser auf die Blätter kommt, bekommt die Pflanze einen Schock und nimmt Schaden. Es bleiben zudem Kalkflecken auf den Blättern zurück. Bis das Wasser den Boden erreicht und versickern kann, ist ein Teil bereits verdunstet und damit für die Pflanzen nicht mehr verfügbar. Grundsätzlich sollte nicht großflächig gewässert werden, sondern gezielt der Wurzelbereich der einzelnen Pflanzen. Ein großzügiger Gießrand erleichtert die Arbeit.

Gießen mit der Kanne

Für die meisten ist das Gießen mit der Gießkanne die beste Möglichkeit, Kübelpflanzen und Balkonkästen zu wässern. Auch das Angießen von frisch gesetzten Gemüsepflanzen wird häufig mit der Kanne erledigt. Denn das flächige Gießen hat zur Folge, dass Unkräuter zwischen den Pflanzen teils schneller gedeihen als die Kulturpflanzen. Zudem kann in der Kanne gleich Dünger mit angesetzt und ausgebracht werden. Gießkannen gibt es aus Plastik und aus verzinktem Blech, beide erfüllen gleichermaßen ihren Zweck, die Kannen aus Plastik sind jedoch um einiges leichter.

Tipp vom Profi: Das Wässern mit der Gießkanne hat den Vorteil, dass nur bestimmte Pflanzen Wasser bekommen und nicht der ganze Boden befeuchtet wird.

Wasser marsch mit dem Gartenschlauch

Mit dem Gartenschlauch entfällt das lästige Kannenschleppen und der Rücken hat es leichter. Das Auf und Abrollen des Schlauches wird mit Hilfe von Schlauchtrommeln vereinfacht und kostet nicht viel Zeit. Wer jedoch mit dem Gartenschlauch gießt, weiß häufig nicht, wie viel Wasser die Pflanze wirklich bekommt. Häufiges, kurzes Sprühen mit dem Schlauch tut den Pflanzen nicht gut, da die Wurzeln eher nach oben wachsen. Wird das Wässern einmal vergessen, leiden die Pflanzen und können absterben. Besser mit dem Schlauch einmal in der Woche kräftig wässern und zwar 20 Liter auf den Quadratmeter. Dann ist der Boden auch in den tiefern Schichten nass und die Feuchtigkeit hält einige Tage an.

Tipp vom Profi: Um ein Gefühl für den Wasserdurchfluss zu bekommen, kann man die Sekunden zählen, bis ein Zehn-Liter-Kübel mit Wasser voll ist. Dieser Wert doppelt ergibt die Bewässerungsdauer auf einen Quadratmeter.

Sprinkler und andere Flächen-Beregner

Sie sind nur für große Rasenflächen geeignet, die gleichmäßig bewässert werden sollen. Für Staudenpflanzungen, Rosen und Gemüsekulturen ist diese Art der Beregnung nicht geeignet, da Pilzkrankheiten begünstigt werden. Mit großflächigen Beregnern sollte nur in den frühen Morgenstunden gegossen werden, sonst verdunstet zuviel des kostbaren Wassers. Auch hier gilt: lieber einmal richtig wässern als jeden Tag ein paar Tropfen. Den Rasen deshalb ein- bis zweimal in der Woche mit 15 bis 20 Litern pro Quadratmeter versorgen. Außerdem sollte der Rasen bei Trockenheit nicht zu kurz gemäht werden, damit der Boden beschattet ist und weniger Wasser verdunstet.

Tropfbewässerung

Gerade für den Balkon und die Terrasse gibt es preiswerte und gute Tropfsysteme. Dabei stecken in jedem Topf einzelne Tropfer, die täglich eine vorher eingestellte Wassermenge abgeben. Je nach Topfgröße und Wasserbedarf der Pflanze kann der Wasserdurchfluss eingestellt werden - eine optimale Bewässerung für alle Kübelpflanzen also, die allerdings am Anfang etwas Aufmerksamkeit benötigt. Die Tropfschläuche müssen regelmäßig kontrolliert werden, damit beschädigte und verstopfte Tropfschläuche rechtzeitig ausgetauscht werden können. Im Herbst müssen die Systeme entleert und frostfrei überwintert werden.

Automatische Bewässerung

Immer mehr Firmen bieten elektronische, automatische Bewässerungssysteme an. Bei genauer Planung kann unter Umständen durch ihren Einsatz der Wasserverbrauch gesenkt werden. Diese Anlagen werden meist an die Trinkwasserleitung angeschlossen, Brunnenwasser ist nicht sauber genug und der Wasserdruck meist zu gering. Der Einsatz dieser Systeme verringert den Zeitaufwand für das Gießen. Installiert werden diese Systeme allerdings von Fachleuten. Gesteuert werden die Gießsysteme durch Zeitschaltuhren und Computer.

Die Eisheiligen

- ***Termin***

Vom 12. bis 14. Mai können die Eisheiligen Pankratius, Servatius, Bonifatius und die nasse Sophie noch einmal Kälte und Frost vor dem Sommer bescheren.

Traditioneller weise soll vor den Eisheiligen im Garten nicht gesät und nichts gepflanzt werden, was nicht frostfest ist, in vielen Gegenden wird erst nach den Eisheiligen das Vieh auf die Weide getrieben.

- ***Auszug aus der Literatur***

„So zum Exempel hat uns der heurige Winter unter der Maske des Frühlings mal wieder recht gründlich zum Besten gehabt. Auch ich Trottel deckte natürlich die Rosen auf. Sofort über Nacht kam der eisige Ostwind daher und zersauste sie.

Dermaßen, dass ihnen die Ohren herunterhingen wie alter Tabak. Zum Glück be-

sitzt all das Zeug eine notwendige Hartnäckigkeit, die, mit einigen wehleidigen Ausnahmen, auf das Schlimmste gefasst und gerüstet ist."
(Wilhelm Busch)

- ***... schon gewusst?***

Die Eisheiligen sind seit Jahrhunderten bekannt und viele Gartenfreunde richten ihre Arbeiten danach aus. Langjährige Wetterbeobachtungen zeigen jedoch, dass ein Temperatursturz häufig erst um den 20. Mai auftritt. Stimmen etwa die „Eisheiligen" nicht mehr?

Des Rätsels Lösung findet sich in der Geschichte unseres Kalendersystems: 1582 hat Papst Gregor VIII. eine Kalenderreform veranlasst, wodurch die Unterschiede des Julianischen Kalenders zum Sonnenjahr weitgehend korrigiert werden konnten. Der Tag der „Kalten Sophie" (15. Mai) lag vor der Reform auf dem Tag, der heute dem 22. Mai entspricht.

Mit Auswirkungen der „Eisheiligen" ist deshalb in der Zeit vom 19. bis zum 22. Mai zu rechnen.

Empfindliche Pflanzen sollten erst dann ins Freie gebracht werden.

Tipp

Tipp vom Profi: Diese Tabelle soll Ihnen helfen, die Wahrscheinlichkeit der Eismänner und vor allem der „Schafskälte" Anfang Juni besser einzuschätzen.

Auch den Zeitpunkt zum Einräumen ins Winterquartier (ob September oder Oktober) kann man hier gut ablesen. Sollte Ihre Heimatgemeinde (angrenzende Bundesländer) hier nicht aufscheinen so ist die Ortschaft mit etwa derselben Seehöhe als Richtwert heranzuziehen.

Klimadaten von der ZAMG – Wien, Minimawerte der Temperaturen von 1971 – 2000

Ort	Seehöhe	Mai	Juni	September	Oktober
Amstetten	318	x	-	-	xx
Altenmarkt/Tr.	347	xx	x	x	xxx
Aspang	498	xx	-	x	xxx
Baden	260	x	-	-	xx
Gr. Enzersdorf	153	x	-	-	xx
Gumpoldsk.	218	x	-	-	xx
Hollabrunn	245	xx	-	x	xxx

Ort	Seehöhe	Mai	Juni	September	Oktober
Joching	212	x	-	-	xxx
Krems	207	x	-	-	xxx
Laa/Thaya	187	x	-	x	xx
Martinsberg	810	xxx	xx	x	xxx
Melk	240	x	-	-	xx
Mönichkirchen	980	xx	x	x	xxx
Poysdorf	209	x	-	x	xx
Puchberg/Schneeb.	580	xxx	x	xx	xxx
Reichenau/Rax	486	xx	x	xx	xxx
Retz	242	x	-	-	xxx
Schwarzau/Geb.	612	xxx	xx	xx	xxx
Schwarzenau	500	xx	xx	xxx	xxx
Schwechat	184	xx	-	-	xx
St. Pölten	272	x	-	-	xxx
Zwettl	505	xx	x	x	xxx
Waidh./Ybbs	421	xx	-	-	xxx
Weitra	580	xx	xx	xx	xxx
Wr. Neustadt	270	xx	-	x	xxx
Ybbs/Presenbeug	231	xx	-	x	xx

Legende: x = geringe Frostgefahr
xx = häufige Frostgefahr
xxx = hohe Frostgefahr

Tipp

Tipp vom Profi: Wann ist der erste Nachtfrost bzw. kommen die Eismänner? Man merkt es leicht, wenn es am Abend bei Sonnenuntergang (unter + 8° C) besonders kühl und nicht bewölkt ist. Ferner wird im **ORF Radio-NÖ** Wetter darauf hingewiesen!

Die Maulwurfsgrille (Werre)

Ein Gartenbewohner mit zunehmender Bedeutung

In den Monaten Mai und Juni treten gehäuft Maulwurfsgrillen in Gärten und Grünanlagen auf, wo sie durch ihre Wühl- und Fraßtätigkeit mitunter deutliche Schäden verursachen.

Maulwurfsgrille

Schadbild

Falle für Maulwurfsgrille.

Das Schadbild

Mit ihren auffälligen Schaufelbeinen graben sich die nachtaktiven Tiere dicht unterhalb der Bodenoberfläche ein ausgedehntes Gangsystem aus ungefähr fingerdicken Gängen. Durch diese Wühltätigkeit werden viele Kulturpflanzen, besonders aber Jungpflanzen, geschädigt. Oft fressen die Tiere auch die Wurzeln und Sprosse der über den Gängen stehenden Pflanzen. Im Allgemeinen bevorzugt die Maulwurfsgrille jedoch tierische Kost. Neben Regenwürmern stehen eine Vielzahl von Insektenlarven auf ihrem Speiseplan. Bei Böden mit überreichlichem Nahrungsangebot kann es zu Massenvermehrungen kommen. Nach solchen Massenvermehrungen mit beginnendem Futtermangel ist auch Kannibalismus, insbesondere der Weibchen an den Männchen, beobachtet worden.

Bekämpfung

Die einfachste Methode zur Bekämpfung ist das Zerstören der Brutkammern bis Ende Juni.

Gute Erfolge werden auch erzielt durch das ebenerdige Eingraben von steilwandigen Behältern, z.B. Einmachgläser oder Dosen. Die während der Nacht oberflächenaktiven Tiere fallen in diese Gefäße, an deren Wänden sie nicht mehr hochklettern können. Sternförmig auf die Fallen zulaufende Latten leiten die Tiere in die Fallen. Diese Fallen sollten täglich geleert werden.

Tipp

Tipp vom Profi: Auch kann lauwarmes und mit Salatöl aufgeschütteltes Wasser in die Gänge gegossen werden, es treibt die Tiere nach oben. Diese müssen dann eingefangen werden.

Die schönsten Blumen für Balkone und Terrasse

Die Erde

Ist das Fundament für den „blühenden Erfolg". Die Wahl der geeigneten Blumenerde ist besonders wichtig.

Eine gute, strukturstabile Erde ist eine Grundvoraussetzung

für gutes Wachstum auf begrenztem Raum. Hochwertige Erden versorgen die Pflanzen mit dem richtigen Luft-Wasser-Haushalt und fördern das kräftige Wurzelwachstum. Splitt, Ton oder Perlite sorgen dafür, dass die Erde nicht zusammenfällt und ausreichend Luft an die Wurzeln lässt. Für die erste Zeit enthalten diese Substrate schon genügend Nährstoffe, nach sechs bis acht Wochen muss dann allerdings nachgedüngt werden.

Der Balkonkasten

Das typische Beispiel für hängende Gärten ist der Balkonkasten. In ihm lassen sich viele verschiedene Pflanzen kultivieren, und begrünen so Balkon und Terrasse. Es gibt eine große Auswahl an Balkonkästen, von Wasserspeicherkästen bis zu einfachen Plastikkästen von vielen verschiedenen Herstellern. Bei der Auswahl sollte man darauf achten, dass der Kasten stabil ist, genügend Volumen hat und gut verankert werden kann. Stabilisatoren, die in die Mitte eingehakt werden, verhindern, dass der Kasten auseinander gedrückt wird. Je heller der Kasten ist, desto weniger heizt er sich im Sommer auf und erleichtert somit den Pflanzen das Wachstum. Breite Kästen haben den Vorteil, dass sie den Pflanzen viel Wurzelraum lassen und vielfältiger bepflanzt werden können. Der Nachteil dieser Kästen ist das Gewicht. Sie wiegen leicht das Doppelte und müssen daher sorgfältig montiert werden.

Tipp

Tipp vom Profi: Tragen Sie unbedingt dafür Sorge, dass in Kübeln, Balkonkästen oder anderen Gefäßen die Wasserabzugslöcher im Boden des Gefäßes frei bleiben, z.B. durch das Einlegen einer Tontopfscherbe über dem Abzugsloch.

Der Dünger

Nach dem Einwurzeln, d. h. ca. 3 Wochen nach dem Einpflanzen, ein- bis zweimal wöchentlich düngen.

Tipp

Tipp vom Profi: Nie trockene Pflanzen düngen, unbedingt vorher gießen - Verbrennungsgefahr der Wurzeln!

Noch einfacher, gleich mit Langzeitdünger arbeiten, ca. 10 dag je lfm. Hier gibt es diese Probleme nicht. Außerdem hat der Langzeitdünger eine temperaturgesteuerte Nährstofffreisetzung und ist aus diesem Grund eine umweltfreundliche Düngung. Diese Form der Düngung ist für die Balkonkästen ideal, da große Nährstoffschwankungen verhindert werden.

Das Gießen

Nach dem Auspflanzen durchdringend eingießen. In der Folge immer zeitgerecht gießen. Stauende Nässe vermeiden. **Gießen Sie Ihre Balkonblumen am Besten immer vormittags!**

Sollte das Gießen Mühe bereiten, so gibt es bereits als Erleichterung automatische Bewässerungen.

Spätfröste

Können noch bis zu den „Eisheiligen", 12. bis15. Mai, auftreten und ihre Pflanzen erfrieren lassen.

Schützen Sie die Pflanzen rechtzeitig davor.

Schutzmöglichkeiten die man in jedem Haushalt finden kann, sind z.B. Papier, Abdeckvlies, Jute. Bitte keine Folie verwenden - Verdunstungskälte entsteht!

Auswahl der geeigneten Pflanzen

Hier gilt „Qualität statt Quantität"

Ausschließlich kräftige, gesunde Pflanzen aussuchen, die bis zum Verkauf optimal gepflegt wurden.

Gute Qualität erkennt man an folgenden Merkmalen:

- Kompakter Aufbau
- Kräftige Triebe
- Gute Verzweigung
- Angemessene Topfgröße
- Normale Blütenfarbe - nicht ausgeblichen
- Keine gelben Blätter

Generell kann gesagt werden, dass man mit Fertigware gegenüber Jungpflanzen und Halbfertigware bares Geld spart!

Neuheiten - Fluch oder Segen

Probieren Sie von attraktiven Neuheiten erst einmal einige wenige Pflanzen aus, um zu sehen, wie sie auf Ihrem speziellen Standort und mit Ihren Pflegegewohnheiten gedeihen.

Standort der Pflanzen

Die Lichtansprüche der verwendeten Pflanzen sollten dem Standort entsprechen.

Wirkung der Farben und Formen

Pflanzen mit hellen, großen Blüten sorgen für eine gute Fernwirkung.

Pflanzen mit filigranen und dunklen Blüten, z. B. Fuchsia, wirken gut aus der Nähe.

Wichtig bei der Auswahl der Pflanzen sind folgende Kriterien:

- Lage - sonnig, halbschattig oder schattig
- Windig - windgeschützt

- Wuchskraft beachten
- Pflegeansprüche - besonders wichtig bei bunten Bepflanzungen
- Charakter der Bepflanzung - wild oder regelmäßig
- Einzelner Kasten oder Gefäß
- Lange Balkonfront
- Fassaden- , Balkonfarbe

Balkonblumen für schattige Lagen:

- Bacopa - Schneeflocke
- Knollenbegonie
- Fuchsie
- Fleißiges Lieschen - ist auch bei voller Sonne verwendbar, jedoch benötigt es dann mehr Wasser.

Balkonblumen für sonnige u. halbschattige Lagen:

- Pelargonien - stehend, hängend u. halbhängend. Letztere sind besonders beliebt wegen ihrer Farben- u. Artenvielfalt.
- Surfinia u. Minisurfinia - die Superpetunien - jetzt auch gefüllt blühend
- Petunien - ein langjähriger Balkonblumenhit
- Fächerblume - gleiche Pflege wie Pelargonie
- Australisches Gänseblümchen
- Diascia - Korallenglöckchen
- Oenothera - Sonne von Afrika, sehr interessant gelb blühende Hängepflanze
- Bidens - jetzt gibt es schon kompakt wachsende Sorten
- Tapien u. Temari - die neuen Verbenen
- Torenia - das Blaumäulchen
- Lobelia Temtaion - ist blühfreudiger als die herkömmliche Lobelia
- Hawaii Lieschen- auch hier gibt es kompakt wachsendere Sorten
- Lantane - das Wandelröschen
- Nemesia
- Euphorbia – „Diamond Frost"

Strukturpflanzen sind Pflanzen ohne Blüte, nur mit grünen oder bunten Blättern:

- Elfengold - wirkt gegen Insekten
- Glechoma - wirkt gegen Insekten
- Impomea - Blätter mit zartrosa Rand
- Sommerefeu - der Schlinger am Balkon schlechthin

Außergewöhnliche Kombination

Außergewöhnliche Arrangements können mit Gemüsepflanzen und auch Kräutern erreicht werden. Viele wärmeliebende Gemüsepflanzen schätzen den Platz auf einem Südbalkon. Sind sie doch geschützter als im Garten, zudem strahlt die Hauswand nachts viel Wärme ab und sorgt so für ein optimales Klima.

Cocktailtomaten zum Bespiel wachsen bis zu 2,5 Meter hoch und tragen überreich kleine, aromatische Früchte.

Bei Paprika gibt es ebenfalls viele Sorten, die nicht nur schmecken, sondern auch schön aussehen. Kleinfruchtige Typen bringen mehr Früchte hervor als die großen Gemüsepaprika. Auberginen und Artischocken lieben einen sonnigen Balkon ebenfalls und belohnen den Gärtner mit vielen Früchten.

Neuheiten der letzten Jahre die ich besonders empfehle

Molimba®
Argyranthemum

MAGELANA®
Verbena hybrida

Hochstämme für Balkon & Terrasse

Hochstamm

Auf Balkon, Terrasse und in kleinen Gärten haben Hochstämme den Vorteil, dass der Platz in die Höhe genutzt werden kann. Hochstämme werden nicht speziell gezüchtet, es sind vielmehr ein- oder mehrjährig gezogene Sommerblumen, die nach oben getrimmt und zu Kugeln geschnitten werden.

Das kann man auch selber machen:

- Einen Stab in einen mit Substrat gefüllten Topf stecken und einen jungen Strauch mit einem geraden, kräftigen Stamm einpflanzen.
- Die untersten Äste des Stammes wegschneiden, sodass er glatt und frei von Seitentrieben ist.
- Am Stab befestigen.
- Sobald der Strauch die gewünschte Höhe erreicht hat, entspitzen und mit einer Gartenschere zu einer Kugel formieren. Alle Knospen und Zweige, die am Stamm austreiben, entfernen.

Für den Sommer gibt es in den Gärtnereien eine reiche Auswahl an Hochstämmen:

- Strauchmargerite, Argyrantheum frutescens, weiß, rosa, gelb und cremefarben
- Blauer Kartoffelstrauch, Lycianthes rantonettii
- Eisenkraut, Verbena
- Fuchsien
- Wandelröschen, Lantanen (lieben die volle Sonne). Ihr Name bezieht sich auf den Wechsel der Blütenfarbe von Gelb bis Rot, bei bestimmten Sorten auch von Weiß bis Rosa.
- Veilchenstrauch, lochroma cyaneum

Schönmalve, Abutilon, in Gelb, Rosa, Rot und Weiß. Neu auf dem Markt sind Schönmalven mit kleinen, glockenförmigen Blüten, Abutilon megapotamicum.

Lantane

Trendpflanze für den Mai

Hortensie wieder sehr beliebt für Zimmer und Garten

Saison: März - Juni

Herkunft: Japan

Standort: Hell, gern volles Sonnenlicht, Zimmertemperatur oder etwas kühler, nach der Blüte im Garten auspflanzbar.

Düngung: Während der Blütezeit nicht erforderlich.

Gießen: Reichlich, darf während der Blütezeit nicht austrocknen.

Verwendung: Als Topfpflanze und in weiterer Folge als dekorative Gartenpflanze

Tipp

Tipp vom Profi: Rückschnitt dieser wunderschönen Blütensträucher. Meistens werden diese falsch geschnitten und bringen so manchen Gartenbesitzer zum Verzweifeln, weil nun nicht blühen.
Hier gilt, nur die verblühten Blüten bis zum 2. Blattpaar zu entfernen. Triebe ohne Blüte sollten keinesfalls geschnitten werden, da man hiermit die Blühanlagen für das kommende Jahr abschneidet!

Die Verpiss-dich-Pflanze gegen Katzen, Hunde und Marder

Vom Harfenstrauch, botanisch Plectranthus, sind etwa 350 Arten in Asien, Afrika und Australien bekannt. Es handelt sich um nicht winterharte Stauden, aber auch um Sträucher und einjährige Pflanzen. Sie wachsen aufrecht, kompakt und ausladend mit mattgrünen, fleischigen Laubblättern, in denen sie ätherische Öle produzieren. Der Duft ist für die menschliche Nase wahrnehmbar, wenn man an den Blättern reibt. Tiere besitzen jedoch sensiblere Riechorgane. Mit der Zeit meiden sie den Duftumkreis der Pflanzen. Die abwehrende Wirkung der Pflanzen auf Tiere wie Katzen,

Hunde und Marder ergibt sich nicht sofort, sondern stellt sich etwa nach 14 Tagen ein.

Schutzzone aus Pflanzen

Die Pflanzen sollten im Abstand von einem Meter um die zu schützenden Beete und Grünflächen gepflanzt werden. Sie stellen keine besonderen Ansprüche an den Boden. Ideal sind halbschattige und sonnige Standorte, da viel Licht das Wachstum und die Blütenbildung fördert. Nach dem Pflanzen kräftig angießen. Alternativ zum Auspflanzen können die „Verpiss-dich-Pflanzen" auch in Gefäßen um die zu schützenden Stellen aufgestellt werden (z.B. bei Carports und Parkplätzen); dies erleichtert das Wegräumen im Herbst. Ideal für eine Pflanze ist eine Topfgröße mit einem Durchmesser von 18-20 cm.

Jungpflanzen von Verpiss-dich-Pflanze

Tipp

Tipp vom Profi: Für ein zügiges Wachstum empfiehlt es sich, die Pflanzen gleichmäßig feucht zu halten und regelmäßig zu düngen. Sie dürfen aber auch nicht zu nass gehalten werden, Staunässe ist zu vermeiden. Da die Stauden nicht winterhart sind, müssen sie vor den ersten Frösten ausgegraben werden. An einem hellen Standort können sie bei 10 Grad überwintern. Die Pflanzen im Winter nicht düngen und, um Fäulnis zu vermeiden, trocken halten. Nach den Eisheiligen können die Pflanzen wieder ins Freie gebracht werden.

Wühlmaus- und Maulwurfschreck

Wühlmaus- und Maulwurfschreck-ein origineller Name für eine vielleicht noch originellere Pflanze, botanisch heißt Sie Thulbaghia violacea. Vielfältiger kann der Nutzen einer Pflanze wohl kaum sein. Für den einen gilt Tulbaghia kleingehackt in Salaten, Tsatsiki oder anderen Saucen als fantastischer Knoblauchersatz. Eine Blüte ist dabei so scharf wie eine echte Knoblauchzehe, aber nach dem Verzehr ist kaum Mundgeruch wahrzunehmen! Für den anderen ist die Tulbaghia im Garten ein Allroundmittel gegen Wühlmäuse und Maulwürfe. Die Wirkung der Pflanze beruht

Maulwurfschreck

auf den ätherischen Ölen, die sich in den dicken fleischigen Wurzeln befinden. Diesen Geruch mögen die gewieften Tunnelbauer überhaupt nicht und suchen schnell wieder das Weite.

Pflege der gestreiften Schönheit

Im Sommer wächst und gedeiht der Wühlmaus- und Maulwurfschreck am Besten an einem sonnigen bis halbschattigen Platz. Im Schatten wächst die Tulbaghia nicht ganz so gut und der Geschmack lässt ebenfalls etwas nach. Die Pflanze sollte regelmäßig gegossen und gedüngt werden. Als Dünger eignet sich ein Flüssigdünger, der dem Gießwasser beigemischt wird, oder auch ein Langzeitdünger.

Alle zwei Jahre ist es empfehlenswert, den Wühlmaus- und Maulwurfschreck umzutopfen oder zu teilen, damit er wüchsig und gesund bleibt. Beim teilen wird der Topfballen einfach mit einem Messer in der Mitte durchgeschnitten und die Teile in frischen Boden eingesetzt. Als Substrat kann eine Mischung aus jeweils einem Drittel Gartenboden, Pflanzerde und Sand verwendet werden.

Wie überwintern?

Leider ist der Wühlmaus- und Maulwurfschreck nicht winterhart und muss deshalb im Haus überwintert werden. Allerdings ist die Pflanze auch hier äußerst pflegeleicht. Am wohlsten fühlt sich die Tulbaghia in einem hellen Zimmer bei 15 bis 18 Grad. Niedrigere Temperaturen sind kein Problem, allerdings sollte es nicht wärmer sein. Ist der Standort okay, bringt sie über den ganzen Winter hinweg viele Blüten und neue Blätter hervor. Es kann also ganzjährig geerntet werden.

Verwendung des Zimmerknoblauchs

Die Tulbaghia ist sehr vielseitig verwendbar. Sie eignet sich wunderbar für Kräuterbutter und Frischkäseaufstriche. Schneidet man die Blätter klein, können sie unter Salate gemischt werden und verleihen diesem einen guten würzigen Geschmack. Die Blüten sind ebenfalls essbar und können als Dekoration von Gerichten und Salaten verwendet werden. Auch als Würzmittel für Suppen und andere Gerichte kann der Wühlmaus- und Maulwurfschreck eingesetzt werden.

Gärtner Tipps für den Juni

„Reif in der Juninacht dem Bauern viel Sorgen macht“.

Kartoffelkäfer

Gemüsegarten

Kartoffelkäfer

Örtlich kann es verstärkt zu einem Auftreten von Kartoffelkäfern kommen, die nicht nur an Kartoffeln sondern auch an Tomaten fressen. Bei einem geringen Anbauumfang im Garten sollte die Reduzierung der Käfer und Larven ausschließlich durch Absammeln erfolgen. In größeren Gärten können direkte Behandlungen mit Neem - Präparaten sinnvoll sein. Die neuen Neem – Präparate werden aus dem Samen des in Burma beheimateten Neem-Baumes hergestellt. Schon wenige Stunden nach der Anwendung stellen die Schädlinge ihre Fraßtätigkeit ein. Außerdem wird ihre Entwicklung und Vermehrung behindert. Das Mittel ist nützlingsschonend und wird biologisch abgebaut.

Spinnmilben

Spinnmilben an Gurken im Kleingewächshaus

Gegen Spinnmilben (rote Spinne) an Gurken im Kleingewächshaus setzen Sie am besten Raubmilben ein. Unter günstigen Bedingungen werden von einer Raubmilbe täglich 20 Eier oder 5 ausgewachsene Spinnmilben vertilgt. Die Raubmilben können sich im Temperaturbereich von 17 bis 28° C bei einer gleichzeitig vorhandenen Luftfeuchte von mehr als 60% besonders gut entwickeln.

Raubmilben können Sie beziehen bei:
Biohelp GmbH, 1110 Wien, Kapleigasse 16
Tel. 01/7699769-0

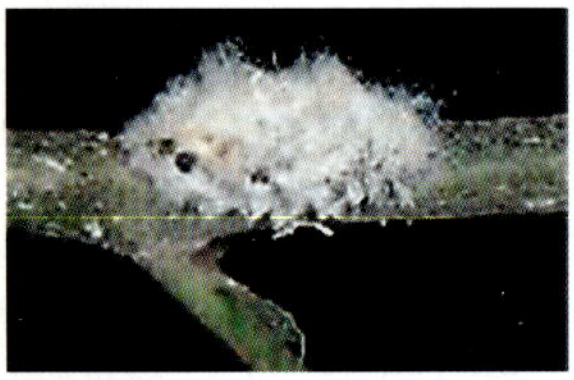

Blutläuse

Obstgarten

Blutläuse

Weißlicher Flaum mit darunter rötlichbraunen Blutläusen sind vornehmlich an jungen Zweigen bzw. Wasserschossen und Schnittwunden von Apfelbäumen zu finden. Durch die Saugtätigkeit entstehen an den Bäumen knotige, krebsartige Anschwellungen („Blutlauskrebs"). Das Auftreten ist im Juni/Juli und Herbst besonders stark. Bei häufigem Befall werden die Bäume erheblich geschwächt und jüngere Zweige sterben teilweise oder gänzlich ab. Sie sollten die befallenen Pflanzenteile herausschneiden bzw. die Tiere von den Befallsstellen abbürsten.

Früchtefall im Juni

Nach einer herrlichen, üppigen Blüte der Obstbäume kann es zu dem typischen Junifrüchtefall kommen. Apfelfrüchte sind zu diesem Zeitpunkt bereits haselnußgroß und Kirschen zeigen eine blasse gelb-rötliche Fruchtfarbe.

Eine wesentliche Ursache dafür ist bei der Befruchtung zu suchen. Es fallen alle Früchte ab, deren Blüten nicht oder nur mangelhaft befruchtet wurden. Sie erhalten folglich keine entwicklungsfähigen Samenanlagen. Die mangelnde Befruchtung kann damit zusammenhängen, dass bei selbst unfruchtbaren Sorten keine geeignete Befruchtersorte in unmittelbarer Umgebung vorhanden ist.

Die Befruchtung kann aber auch durch das Ausbleiben des Insektenflugs, vor allem der Bienen, infolge eines sehr nasskalten Wetters während der Blütezeit verursacht sein.

Verkrüppelte Erdbeerfrüchte

Verkrüppelte, deformierte Erdbeerfrüchte sind die Folge von wechselhaften und meist sehr niedrigen Temperaturen während der Erdbeerblüte. Solche Früchte können unbedenklich verwertet werden.

Ziergarten und Zimmerpflanzen

Sternrußtau an Rosen

Der Sternrußtau an Rosen verursacht auf den Blättern unregelmäßig geformte, oft strahlig ausgefranste dunkle Flecken. Erkrankte Blätter vergilben und fallen ab, sodass manche Rosen im Sommer schon kahl sind. Die Pflanzen treiben dann zwar wieder aus, doch sie sind geschwächt und der Blütenflor ist mangelhaft. Das Auftreten ist besonders in eingeschlossenen Lagen vor schattigen Hauswänden, dichtem Gebüsch oder in Rasennähe zu beobachten. Die sich hier länger haltende Feuchtigkeit begünstigt die Pilzinfektion. Es gibt aber auch starke Sortenunterschiede in der Krankheitsanfälligkeit.

Sternrußtau an Rosen

Tipp

Tipp vom Profi: Für Rosen sind Standorte zu wählen, die kein feuchtes Microklima ermöglichen.

Die wichtigsten Gegenmaßnahmen sind vorbeugender Natur.

- Beim Gießen die Blätter nicht benetzen.
- So bewässern, dass die Pflanzen bis zum Abend abtrocknen können.
- Krankes, abgefallenes Laub sofort penibel genau entfernen.
- Keine Stickstoffüberdüngung (vor allem mit Mineraldüngern möglich).

Bei sehr starkem Befall gibt es geeignete Pflanzenschutzmittel z. B. Rosen – Kombispritzmittel oder Saprol.

Echter Mehltau

Rosenmehltau

Weißer mehlartiger Belag auf den Blättern, an Blütenkelchen und Trieben weist auf den Rosenmehltau hin. Bei einem starken Befall mit diesem Echtem Mehltaupilz werden die Blätter missfarben, verkrüppeln und vertrocknen schließlich. Stickstoffüberdüngung und Temperaturschwankungen, vor allem bei einem zeitweisen Ansteigen über 24° C fördern die Krankheit. Vorbeugende Maßnahmen sind eine ausgeglichene Pflanzenernährung und das regelmäßige Ausschneiden befallener Triebe.

Da die Mehltauanfälligkeit der einzelnen Sorten an den verschiedenen Standorten unterschiedlich ist, sollte man sich in der Baumschule oder Gärtnerei über die jeweils geeigneten Sorten beraten lassen. Von Sorten, die aufgrund der besonderen mikroklimatischen Bedingungen im Garten regelmäßig vom echten Mehltau befallen werden, trennt man sich zweckmäßigerweise, auch wenn der Verzicht schwer fällt.

Tipp

Tipp vom Profi: Als erste Maßnahme gilt, Abspritzen mit scharfem Wasserstrahl - der Mehltau kann damit deutlich zurück gedrängt werden. Erst später Einsatz von geeigneten Mitteln.

Blattwanzen

Bei einem Befall von Blattwanzen an Chrysanthemen, Zinnien, Engeltrompeten u. a. Beet- und Kübelpflanzen entstehen auf den Blättern punktförmige, erst helle, später bräunliche eingesunkene Saugstellen. Das Gewebe wächst hier nicht weiter, sodass es zu Löchern und Verkrüppelungen von Blättern und Triebspitzen kommt. Angestochene Blüten entwickeln sich dann nur einseitig weiter. Zur Bekämpfung können Präparate gegen saugende Insekten verwendet werden.

Das Rosenbeet

Jetzt beginnt die schönste Zeit im Garten! Der erste Blütenflor bei den Rosen ist jetzt voll im Gange. Also gilt es, bereits verblühte Blüten zu entfernen, keine Samenbildung dulden, die kostet der Pflanze Energie bzw. hemmt den nächsten Blütenflor. Daher gilt: im Sommer kein radikaler Rückschnitt. Das würde zu Lasten der Blüte gehen.

Rückschnitt im Sommer:

Verblühte Blüten sind nach dem Abblühen zu entfernen, da es sonst zu einer unerwünschten Samenbildung (Hagebutten) kommt und dies der Pflanze viel unnötige Kraft kostet. Der Rückschnitt erfolgt auf ein Außenauge beim ersten voll entwickelten Blatt unmittelbar nach dem Abblühen der Blüte.

Tipp

Tipp vom Profi: Voll entwickelt ist ein Blatt, wenn es aus fünf Teilblättern besteht.

- Auch sollte man jetzt die zweite Düngergabe in dieser Saison den Pflanzen verabreichen, am besten in Form eines organischen Düngers wie Kompost, Pferdemist oder spezielle Rosenlangzeitdünger.
- Abgestorbene alte Rosenstöcke kann man jetzt immer noch durch neue Pflanzen ersetzen. Doch sollte man darauf achten, dass diese in Containertöpfen gezogen wurden, also keine wurzelnackte Ware.

Auch durch wechselhafte und feuchte Witterung gibt es einige Probleme bei den Rosen im Garten.

1. **Sternrußtau** - er verursacht auf den Blättern unregelmäßig geformte, oft strahlig ausgefranste, dunkle Flecken. Erkrankte Blätter vergilben und fallen ab, sodass manche Rosen im Sommer bereits kahl sind. Die Pflanzen treiben zwar wieder aus, doch sind sie geschwächt und der gewünschte Blütenflor ist dann sehr mangelhaft. Das Auftreten ist besonders in

eingeschlossenen Lagen, vor schattigen Hauswänden, bei dichtem Gebüsch oder in Rasennähe zu beobachten. Die sich hier haltende längere Feuchtigkeit begünstigt die Pilzinfektion. Es gibt auch bei den Sorten Unterschiede in der Krankheitsanfälligkeit.

Bekämpfung und Vorbeugung:
Nicht mehr in den Nachmittagsstunden gießen, weil sonst die Blätter über Nacht feucht bleiben. Abgefallene Blätter müssen sorgfältig aus dem Rosenbeet entfernt werden! Bitte diese nicht auf dem Kompost geben wenn dieser als Humusdünger im Garten wieder verwendet werden soll!
Keine Stickstoffüberdüngung. Bei sehr starkem Befall gibt es geeignete Spritzmittel.

2. **Rosenmehltau** - Ist ein weißlicher Belag an Blättern, Blütenhälsen und Trieben. Auslöser dafür sind Stickstoffüberdüngung und Temperaturschwankungen. Vor allem kurzzeitiges Ansteigen der Temperatur über 24° C fördert diese Krankheit. Als erste Maßnahme gilt, Abspritzen mit starkem Wasserstrahl, der Mehltau kann damit deutlich zurück gedrängt werden. Auch das besprühen mit Ackerschachtelhalmbrühe kann den Mehltau zurückdrängen. Erst später Einsatz von geeigneten chemischen Mitteln.

3. **Rosenblattrollwespe** - Einrollen der Blätter. Dieser Schädling ist sehr stark verbreitet. Bekämpfung mit Auszug aus afrikanischer Margerite: Pyretroide.

4. **Blattlaus** - Auch hier gilt erste Maßnahme abspritzen mit starkem Wasserstrahl. Als nächste Maßnahme Schmierseifenlösung anwenden.

Rezept für Schmierseifenlösung:
1 l heißes Wasser + 1 EL Schmierseife einrühren, abkühlen lassen + 1 Spritzer Spiritus. Direkt auf die befallenen Triebe aufsprühen - wirkt bereits nach einigen Stunden.

Wichtig - bitte nicht vorbeugend anwenden - wirkt sonst nicht!

Rezept für Ackerschachtelhalmbrühe:
1/2 kg frisches Schachtelhalmkraut in 5l Wasser 24 Stunden auslaugen, dann 30 Minuten kochen, abkühlen lassen und dann 1:5 verdünnt mit Wasser anwenden.

Mulche

Mulchen - Ökokur für die Gartenbeete

Beete mit schöner schwarzer, humusreicher Erde, auf denen alles wächst und gedeiht, sind der Traum eines jeden Freizeitgärtners. Mulchen ist eine Möglichkeit, diesen Traum zu verwirklichen. Was aber ist genau mit dem Wort Mulchen gemeint?

Mulchen ist das Abdecken von Beeten mit abgestorbenen Pflanzenteilen, Laub, welkem Rasenschnitt, Rindenmulch, Holzdekor oder auch Stroh.

Je nach Gartenbereich werden verschiedene Mulchmaterialien eingesetzt. So werden im Gemüsegarten die Beete gerne mit Rasenschnitt, Laub oder anderen Pflanzenteilen abgedeckt, Erdbeeren hingegen werden mit Stroh gemulcht. Auch Stauden- und Gehölzpflanzungen können problemlos gemulcht werden. Das bekannteste Material ist hier der Rindenmulch oder Holzdekor, es kommen aber auch Rasenschnitt, Laub und Stroh in Frage.

Wieso mulchen?

Mulchen hat sehr viele Vorteile, viele sind nicht auf den ersten Blick erkennbar. Es lohnt sich also, sich etwas genauer mit dem Thema zu beschäftigen. Der größte Vorteil ist, dass das Mulchen sehr einfach und schnell vonstatten geht, nichts kostet und auf längere Sicht noch Zeit spart! Mit Mulchmaterial abgedeckte Beete verdunsten weniger Wasser, es muss also nicht so häufig gegossen werden. Zudem verhindert es das Aufkommen von Unkräutern im Beet, denn viele Samenunkräuter sind Lichtkeimer, auf abgedeckten, dunklen Böden können sie also nicht keimen. Durch die geschlossene Mulchdecke wird das Verschlämmen des Bodens bei Starkregen verhindert, und auch die Abtragung des Bodens durch Sturm und Wind wird vermieden. Würmer, Mikroorganismen und Nützlinge finden im Mulchmaterial genügend Nahrung und Unterschlupf. Die Würmer und Bodenlebewesen zersetzen das Mulchmaterial nach und nach und reichern so den Boden mit organischem Material an. Ein ausgeglichenes Wachstum mit offensichtlich gesunden und schmackhaften Pflanzen ist die Folge.

Tipp

Tipp vom Profi: Die Schicht sollte aber nur 2-3 cm dick sein, damit sich keine Mäuse einquartieren!

Mulchen im Gemüsegarten

Im Gemüsegarten kann mit fast allen Mulchmaterialien gearbeitet werden, wichtig ist nur, dass um die Gemüsepflanzen genügend Luft bleibt. Besonders leicht und schnell ist Rasenschnitt ausgebracht. Nach dem Mähen bleibt der Rasen noch ein bis zwei Tage liegen, trocknet leicht an und kann dann als Mulchmaterial verwendet werden. Rasenschnitt hat viele Nährstoffe und zersetzt sich sehr schnell, deshalb kann er auch besonders gut bei Kulturen eingesetzt werden, die eine kurze bis mittlere Standzeit haben. Stroh kann im Gemüsegarten ebenfalls eingesetzt werden.

Tipp

Tipp vom Profi: Bei Tomaten und Paprika hält Stroh den Boden feucht und es verdunstet nicht so viel Wasser. Nur darauf achten, dass die Schichten nicht zu dick sind. Bei zu dick aufgebrachten Mulchschichten kann es zu Fäulnis kommen.

Mulchen von Bäumen und Sträuchern

Die Baumscheiben von Obstbäumen und Sträuchern sollten immer frei von Rasen und Unkräutern gehalten werden, eine Mulchschicht ist erwünscht. Auch hier kann Rasenschnitt, Grünabfall oder auch Laub verwendet werden. Allerdings sollte die Schicht nicht zu dick sein, maximal 2 bis 4 Zentimeter, damit sich keine Mäuse darin einrichten können. Auch sollte direkt am Stamm kein Mulch ausgebracht werden, ein Abstand von fünf Zentimetern ist ratsam. Auch Beerenobst kann gemulcht werden, gerade Himbeeren und Johannisbeeren sind äußerst dankbar für eine Schicht aus Stroh, Laub oder Grünabfällen.

Staudenpflanzungen mulchen?

Im professionellen Garten- und Landschaftsbau werden alle Staudenflächen nach der Pflanzung gemulcht. Vier bis sechs Zentimeter dick wird der Rindenmulch ausgebracht.

Der Vorteil: Mulch verhindert das Aufkommen von Unkräutern und hält die Feuchtigkeit im Boden. Dadurch müssen weniger Pflegeintervalle stattfinden und es wird Wasser gespart. Auch im Freizeitgarten ist eine Mulchschicht bei Staudenpflanzungen aus diesen Gründen eine gute Wahl. Rindenmulch hat den Vorteil, dass eine einheitliche Fläche entsteht, die optisch durchaus ansprechend wirkt. Sind die Stauden schon eingewachsen, kann auch hier auf Grasschnitt oder Laub zurückgegriffen werden.

Tipp

Tipp vom Profi: Stülpt man Töpfe umgekehrt über die neuen Pflanzen, kann man den Rindenmulch leichter ausbringen und es kommt kein Mulch direkt auf die Pflanzen. Hinterher einfach die Töpfe abziehen und dabei nach Bedarf die Pflanzen noch etwas freilegen.

Achtung Stickstoffmangel!

Holziger, strohiger Mulch wie Rindenmulch, Stroh oder Gehölzhäcksel entzieht dem Boden Stickstoff, deshalb sollte man etwas Hornspäne untermischen, etwa 30 g je Quadratmeter!

Ohne Stickstoffbeigabe wird dem Boden der zur Verrottung nötige Stickstoff entzogen und fehlt somit den Pflanzen. Das gilt besonders für Flachwurzler wie Gemüse, Johannisbeeren, Sommerblumen und Stauden. Strohmulch sollte immer etwas angefeuchtet sein. **Üblicherweise wird Stroh auch als Unterlage für die Erdbeeren genutzt. Will man keinen Stickstoffdünger einsetzen, kann man auch regelmäßig Brennnesseljauche über den Mulch gießen, sie enthält ebenfalls ausreichend Stickstoff, um den Bodenentzug zu mindern.**

Rezept für Brennnesseljauche: 1/2 kg Brennnessellaub mit 50l Wasser ansetzten und 2-4 Esslöffel Urgesteinsmehl dazugeben, dies verhindert den unangenehmen Geruch. Nach 10-14 Tagen ist die Jauche fertig.

Anwendung: direkt auf den Boden 1:20 verdünnen (nicht auf die Pflanzen) als Blattdünger 1:50 verdünnen (direkt auf die Pflanzen).

Krautige, grüne Gartenabfälle wie Grasschnitt, Salatblätter oder Unkräuter bedürfen keines Stickstoffzusatzes, hier ist es sogar besser, mit etwas holzigem Material zu mischen, um die Stickstoffwirkung abzumildern.
Einfach vielseitig...

Das Mulchen im Garten ist also genauso einfach wie vielseitig und bringt, richtig angewandt, nur Vorteile. Schwere Böden werden gelockert, mit Humus angereichert und brauchen in der Regel nach wenigen Jahren nicht mehr mühsam umgegraben werden. Sandige, durchlässige Böden werden humoser, speichern besser Wasser und müssen nicht mehr so häufig gedüngt werden. Vielleicht sollten Sie es einfach einmal ausprobieren. Sie werden überrascht sein, wie einfach und nützlich das Mulchen ist!

Oleanderkrebs

Beschreibung

Krebsartige Wucherungen und dunkle, aufgerissene Stellen treten an den Zweigen auf. Auf den Blättern entstehen hellgrüne, wässrige Flecken. Später werden diese Stellen schwarz und wölben sich.

Der Oleanderkrebs wird durch ein Bakterium verursacht.

Oleanderkrebs

Vorbeugung

Die Bakterien verbreiten sich mit Spritzwasser auf der Pflanze, daher beim Wässern die Blätter möglichst nicht benetzen.

Oleander sind Starkzehrer, daher regelmäßig flüssig düngen oder mit Langzeitdünger wie Osmocote versorgen, da geschwächte Pflanzen anfälliger sind.

Bekämpfung

- Erkrankte Triebe und Zweige gründlich herausschneiden und entsorgen. Schere z.B. mit Spiritus desinfizieren.
- Stark befallene Pflanzen sollten Sie vernichten, da die Ansteckungsgefahr für andere Oleander sehr groß ist.
  Eine Bekämpfung dieser Krankheit mit Pflanzenschutzmitteln ist leider nicht möglich.

Rhododendren und deren Probleme

Rhododendren

Rhododendren brauchen humusreiche, saure Erde. Am besten erreicht man das durch regelmäßigen Nachschub mit speziellem

Rhododendron-Substrat. Ebenso wichtig für die Pflanzen ist die richtige Nährstoffversorgung. Deshalb auch nur speziellen Rhododendrondünger verwenden. Er enthält verschiedene Formen von Stickstoff und wenig Phosphat. Der Dünger wird ins Gießwasser gegeben.

Drei Dinge sind es, die im Umgang mit Rhododendren häufig falsch gemacht werden:

1. Es wird zuviel gedüngt.

Düngen sollte man nur, wenn der Boden ausgemagert ist oder die Blätter durch Eisen- oder Magnesiummangel gelb werden.

2. Es wird zuviel gegossen.

Rhododendren sollten nur nach dem Pflanzen und bei großer Trockenheit gegossen werden.

3. Hacken

Rhododendren wurzeln oberflächlich, deshalb darf nicht gehackt werden

4. Helle Blätter und braune Flecken

auf Rhododendron weisen darauf hin, dass der Boden nicht sauer genug ist. Rhododendren gedeihen optimal bei einem pH-Wert von ca. 4,5. Im Sommer bei trockenem Wetter wird durch ständiges Gießen mit Wasser von hoher Carbonathärte (Kalk) der pH-Wert drastisch erhöht. Besonders in Niederösterreich und Wien hat das Leitung- bzw. Brunnenwasser oft eine hohe Carbonathärte, deshalb kommt es oft zu diesem anstieg des pH-Wertes.

Nun muss man versuchen den pH-Wert rund um die Pflanze zu senken. Dafür gibt es mehrere Methoden:

1. Bei jüngeren Pflanzen das Moorbeet erneuern - frische Moorbeeterde einbringen.
2. Bei größeren Pflanzen - Mulchschicht aus Kiefern- oder Fichtennadeln aufbringen.
3. Mulchschicht aus Torf oder Moorerde ca. 5 cm hoch.
4. Ausbringung von schwefelsaurem Ammoniak, jeweils 10 g pro Meter Pflanzenhöhe bis Mitte Juli ausbringen.
5. Blattdüngung mit Eisendünger hilft schneller die Blätter wieder grün zu „färben", behebt aber nicht die Ursache.
6. Nur sauer wirkenden Dünger verwenden.

Wichtig ist, dass bis Herbstbeginn die Blattaufhellungen sich wieder normalisiert haben.

Thujenminiermotte

Thujenminiermotte

An den Zweigen der Thuje treten jetzt oft braune Spitzen auf, die häufig als Frost oder Trockenschaden gehalten werden.

Auffällig ist, dass diese Schäden vor allem an Pflanzen. die in wärmeren und geschützteren Lagen stehen, stärker auftreten.

Befinden sich bei der Betrachtung der braunen Triebspitzen im durchscheinenden Licht Fraßgänge mit kleinen Räupchen oder Puppen, so handelt es sich um den Befall mit der Thujenminiermotte.

Zur Einschränkung des Befalls mit diesem Schädling reicht es meist aus, die befallenen Triebe zurückzuschneiden und das Schnittgut zu vernichten.

Tipp

Tipp vom Profi: Bei sehr starkem Befall muss man zu einem späteren Zeitpunkt den Entwicklungshemmer Dimilin zum Einsatz bringen. Die beste Zeit dafür ist im Juni, wo die Tag- und Nachttemperatur relativ hoch ist. Denn da schwärmen die Motten am meisten aus und man hat die Möglichkeit, viele von ihnen mit dem Mittel zu benetzen.

Tipps für klare und schöne Teiche

Trübes Wasser, Algen und Schädlinge an Teichpflanzen schmälern die Freude am Gartenteich. Was man dagegen tun kann, erfahren Sie hier.

Gegen Schweb- und Faden-Algen sollten Sie nur im Notfall Algenmittel einsetzen. Hauptgrund für starkes Algenwachstum ist ein Nährstoffüberschuss durch zu viele Fische und zu wenig Pflanzen. Setzen Sie daher sauerstoffbildende Unterwasserpflanzen wie Hornkraut (Cerastium) oder Tausendblatt (Myriophyllum) ein.

Tipp

Tipps vom Profi:

- Vor dem Einsetzen von Fischen sollten Sie Algen, Wasserlinsen, tote Pflanzenteile und Schadinsekten im und am Teich entfernen. Wasserpflanzen nicht düngen und die Fische wenig füttern.
- Kontrollieren Sie Wasserhärte, pH-Wert, Nitrat- und Sauerstoffgehalt regelmäßig mit Hilfe eines Analyse-Sets, z. B. von Tetra Pond (im Fachhandel), und regulieren Sie die Werte, falls nötig.
- Ist der pH-Wert zu hoch, lässt er sich senken, indem man einen Jutesack mit Schwarztorf einlegt oder Regenwasser zugibt.
- Auch ein Bündel Gerstenstroh ins Wasser legen hilft hier. Das Stroh bindet den überschüssigen Stickstoff im Wasser, der zum Algenwachstum führt. Gerstenstroh in alte Strumpfhose füllen, so erspart man sich eine Verschmutzung des Teiches durch das Stroh.
- Bei sehr heißem Sommerwetter sollte unbedingt auf ausreichende Beschattung des Gartenteichs geachtet werden!!!! Wenn kein Schattenspender (Baum, Strauch usw.) vorhanden ist, empfiehlt sich eine Abdeckung mit Schattiergewebe (Schilf oder Kunststoff).
- Den Sauerstoffgehalt erhöhen Sie durch Beschattung und Wasserbewegung, z. B. Quellstein. Zu viel Nitrat deutet klar auf Nährstoffüberschuss hin.
- Blattläuse an Teichpflanzen spritzen Sie am besten mit einem scharfen Wasserstrahl ab. Pflanzenschutzmittel am Teich sind das absolute NO, NO!!!
- Die pilzliche Knollenfäule an Seerosen verursacht gelbe Blätter, die später absterben. Entfernen Sie kranke Pflanzen so bald wie möglich.
- Die braunen Larven des Seerosenblattkäfers fressen an Seerose, Seekanne und Froschbiss. Sie sind aber nur ein kleiner optischer Missstand, jedoch für die Pflanzen nicht als unmittelbare Gefahr anzusehen.
- Die Raupe des Seerosenzünslers frisst an den Blatträndern. Sammeln Sie die Schädlinge nach Möglichkeit ab und entfernen Sie befallene Pflanzenteile. Auch Fische wie die rot-gelben Goldorfen können hilfreich sein.
- Die Große Spitzschlammschnecke frisst gerne junge Blätter und Triebe. Wenn Sie sie mit Fischfutter anlocken, lässt sich die Schnecke leichter entfernen.

Von Bepflanzung, Wasserqualität u. wucherndem Grün bis Eis im Winter – so bekommen Sie die häufigsten Teichprobleme in den Griff

1. Bepflanzung

Pflanztaschen aus Kokosmaterial helfen beim Bepflanzen steiler Uferzonen. Die Matten werden mit den Pflanzen ins Wasser gehängt und außerhalb des Teichufers mit Steinen oder Haken befestigt. Bei flacher Randausbildung können Sie die Wasserpflanzen direkt in die Teicherde oder in perforierte Kunststoffkörbe und Gefäße aus Naturmaterial setzen. Wuchernde Arten wie Teichsimse, Rohr- oder Igelkolben sollten Sie jedoch in geschlossene Gefäße pflanzen.

2. Wucherndes Grün

Algen und Wasserlinsen stehen auf der Liste der Teichprobleme ganz oben. Um ihre Ausbreitung zu verhindern, muss man sie regelmäßig mit langstieligen Gartengeräten abfischen. Außerdem sollten Sie keine humose Pflanzerde verwenden, besser sind lehmige und sandige Substrate. Schwimm- und Unterwasserpflanzen, z.B. Seekanne, Laichkraut, Horn- und Tausendblatt, sind ebenfalls hilfreich. Als Nahrungskonkurrenten der Algen entziehen sie dem Wasser Nährstoffe und reichern es mit Sauerstoff an.

3. Kindersicherung

Sicherheit für kleine Gartenbesucher muss oberste Priorität haben. Eine einfache Maßnahme ist der Zaun um den Gartenteich. Sicherheitsnetze, Maschendraht oder Baustahlmatten mit geringer Maschenweite, über die Wasserfläche gespannt, erfüllen ebenfalls ihren Zweck. Vermeiden Sie steile und glatte Teichränder. Sie stellen für Kinder und Tiere eine zusätzliche Gefahr dar. Da Wasser Kinder naturgemäß anzieht, können für sie kleine Spielteiche angelegt werden. In sehr flachem Wasser können sie dann im Sommer nach Herzenslust plantschen und spielen.

2. Kapillarsperre

Eine Kapillarsperre grenzt feuchte von trockenen Bereichen ab. Fehlt diese hochgezogene Folie am Teichrand, wird das Wasser vom umliegenden Gartenboden aus dem Becken gesaugt – an warmen Tagen so viel, dass man ein Leck als Ursache vermuten könnte. Sollte ein Folienteich tatsächlich ein Loch haben, lässt er sich mit Spezialkleber flicken. Achten Sie darauf, ob es PE- oder PVC-Folie ist.

Tipp

> ***Tipp vom Profi:*** Ein Vlies und eine ca. 5 cm starke Sandschicht unterhalb der Folie verhindern Schäden.

5. Fische

Fische bringen Leben und Farbe in den Gartenteich. Als Faustregel gilt: Pro Fisch mit einer Körperlänge von 10 cm sollten etwa 50 Liter Wasser zur Verfügung stehen. Außerdem muss der Teich tiefer als 80 cm sein, wenn die Tiere draußen überwintern sollen. Wildfarbene Fischarten sind im Wasser nur schwer zu erkennen, deshalb erfreuen sich bunte Exemplare wie Goldfische oder Farbkarpfen (Kois) besonderer Beliebtheit. Nachteil der Fischhaltung ist häufig eine Trübung des Wassers.

6. Fischreiher und Enten

Fischreiher sind wenig beliebte Gäste im Wassergarten. Da Frösche und Fische auf ihrem Speiseplan stehen, nutzen sie private Teichanlagen häufig als Jagdrevier. Diese geschützten Vögel dürfen nicht gejagt werden. Abhilfe schaffen Reiher-Attrappen sowie kreuz und quer über das Wasser gespannte Schnüre oder grobmaschige Netze. Die Netze sind auch ein wirksamer Schutz gegen Enten, die gerne Wasserpflanzen abfressen.

7. Wasserqualität

Die Wasserqualität richtet sich nach den Säure- und Härtegraden sowie nach dem Nährstoffgehalt des Wassers. Der pH-Wert für den Gartenteich sollte sich im neutralen Bereich – zwischen 6,8 und 7,5 – bewegen. Viele Fische oder starke Erwärmungen können zu Wassertrübungen und Algenwuchs führen. Mit Analyse-Sets können Sie Ihr Teichwasser untersuchen. Bei verbesserter Wasserqualität gehen Algen meist von selbst zurück.

8. Elektrizität

Strom und Wasser sind eine gefährliche Kombination. Deshalb werden Systeme angeboten, bei denen ein Transformator den Netzstrom (230 Volt) in eine ungefährliche 12-Volt-Niederspannung umwandelt. Schwimmleuchten, Fontänen, Unterwasserscheinwerfer und ähnliches Zubehör werden über spezielle Anschlüsse mit dem Trafo verbunden. Wege und Plätze am Teichrand müssen aus Sicherheitsgründen ebenfalls ausreichend beleuchtet werden. Auch hier gibt es ungefährliche 12-Volt-Systeme für den Hobbygärtner.

9. Laubfall

Ein Laubschutznetz verhindert, dass im Herbst Blätter und Äste in den Teich fallen. Diese Maßnahme ist vor allem dann empfehlenswert, wenn sich in der Nähe ein großer Baum befindet. Gelangt zu viel organisches Material ins Wasser, bildet sich auf dem Grund eine Schlammschicht. Durch Umwandlungsprozesse können giftige Faulgase entstehen, die den Teichbewohnern schaden. Im Wasser treibende Pflanzenteile sollten Sie daher regelmäßig abfischen. Je weniger Pflanzenreste den Winter über abgebaut werden müssen, desto besser ist dies für das biologische Gleichgewicht!

Tipp

Tipp vom Profi: Viele Schwimmpflanzen entwickeln Winterformen (sogenannte Hibernakeln), die in die Tiefe absinken und erhalten bleiben müssen!

10. Eis im Winter

Den Winter über ruht zwar das Leben im Gartenteich, aber dennoch vollziehen sich durch die Kleinlebewesen Umsetzungsprozesse, die Sauerstoff erfordern.

Ein ungehemmter Gasaustausch durch Schilfstengel, Simsen, Pflanzenstiele oder in den Teich gesteckte Strohbündel ist daher nötig.

Auch Eisfreihalter gewährleisten auch während der kalten Jahreszeit den notwendigen Austausch von Gasen. Durch die offene Fläche kann Faulgas entweichen und Sauerstoff zugeführt werden. Das ist vor allem dann wichtig, wenn Tiere im Teich überwintern.

Abgestorbene Halme und Blütenstiele, die in der Eisfläche stehen, sind beim Gasaustausch ebenfalls hilfreich. Viele Ziergräser und Fruchtstände (z.B. Froschlöffel) wirken bei Raureif oder unter

Schneelast besonders filigran, sie bleiben bis zum März stehen. Schneiden Sie diese deshalb erst nach dem Winter zurück.

Luftpumpen, Umwälzpumpen und Teichheizungen lässt man weg, weil sie die natürliche Wasserschichtung mit relativ warmen Zonen in der Tiefe verändern.

Tipp

Tipp vom Profi: Auch das Aufhacken der Eisfläche erschreckt die Fische und kann ihre Schwimmblase zerstören. Ohnehin sind Fische gegen jeglichen Lärm sehr empfindlich. Er reißt sie aus dem Winterschlaf und veranlasst sie zu häufigem Atmen. Sauerstoff ist aber unter der Eisdecke knapp.

Abspannung mit Laubschutznetz

Trendpflanze für den Juni

Topfgerbera

Herkunft: Südafrika

Standort: Hell ohne direktes starkes Sonnenlicht. An geschützten Lagen auch über den Sommer im Freien möglich.

Düngen: Während der Blüte alle 14 Tage einmal oder Langzeitdünger verwenden.

Gießen: Häufig, aber in der Menge wenig, darf nie trocken werden und keinen „nassen Fuß" bekommen!

Saison: Februar bis Oktober

Tipp

Tipp vom Profi: **Abgeblühte Blüten** und **gelbe Blätter** sind mit einer drehenden Bewegung aus der Pflanzenbasis zu entfernen. Wenn man die Blätter oder Blütenstiele abschneidet, bekommt man Faulstellen.

Trogbepflanzung

Jetzt ist die beste Zeit, einen Trog zu bepflanzen. Dauerbepflanzungen aus Gehölzen und Stauden in Holz- und Steintrögen eignen sich für Balkon und Terrasse, als attraktive Gestaltungselemente im Garten (auch zur Abtrennung von Gartenräumen) oder auch zum Sammeln nicht alltäglicher Kleingehölze.

Gepflanzt werden können zum Beispiel:

- Muschelzypressen
- Koreatannen
- Mädchenkiefer
- Zwergblaufichten
- Zwergwacholder „Blue Star"

Tipp

Tipp vom Profi: Der Trog sollte mindestens einen Querschnitt von 50 x 50 x50 cm haben, dann haben auch die Pflanzen eine Chance, den nächsten Winter zu überleben.

Die Pflanzzeit für Tröge ist von Frühjahr bis Herbst. Bei der Gehölzauswahl darauf achten, dass es sich um klein bleibende Exemplare handelt.

Der zu befüllende Steintrog sollte Abflusslöcher haben. Auf diese legt man ein paar Tonscherben und schüttet etwas Kies darauf. Der Kies garantiert, dass die Pflanzen nicht unter stauender Nässe leiden.

In den im Handel erhältlichen Kübelpflanzenerden befinden sich bereits Langzeitdünger und stabilisierende Elemente, dennoch sollte man das Substrat bei Dauerbepflanzungen zusätzlich mit etwas Quarzsand anreichern. Nicht zu tief pflanzen und die Gehölze so platzieren, dass sie sich im Lauf der Zeit über den Trograd hinaus ausbreiten können. Die Erde nach und nach auffüllen und dabei aufpassen, dass keine Hohlräume entstehen. Um das Aufkommen von Unkraut zu verhindern, werden die offenen Stellen an der Oberfläche mit grobkörnigem Kies abgedeckt.

Trogbepflanzung mit winterharten Gräsern

Auch im Winter stellen immergrüne Gehölze ihre Verdunstung nicht ein. Sie benötigen Wasser, das sie aus der zugefrorenen Erde nicht aufnehmen können. Deshalb müssen sie zum Winteranfang und in frostfreien Perioden unbedingt durchdringend gewässert werden.

Es dauert einige Jahre, bis die Pflanzen voll eingewachsen sind und den Trog voll ausfüllen. Als Pflegemaßnahmen reichen hin und wieder ausputzen und etwas auslichten. Wichtig bei Mini-Nadelgehölzen: Die frischen Triebe müssen regelmäßig gestutzt werden, damit die Form klein und zierlich bleibt.

Tipp

Tipp vom Profi für Anfänger: Nicht gleich große Tröge mit teuren Pflanzen bestücken, sondern erst mit kleineren Gefäßen experimentieren.

Unkraut, die lebende Opposition des Gärtners

Gibt es überhaupt Unkraut? Wildkräuter, Beikräuter, Kulturschädlinge, usw. Es gibt viele Namen für die unerwünschten Pflanzen, die sich in unseren Gartenbeeten breit machen.

Eine wichtige Unterscheidung muss man jedoch kennen, um die Pflanzen nicht selbst ungewollt zu vermehren: Wurzelunkräuter und Samenunkräuter. Die Einen vermehren sich in erster Linie über Samen, die Anderen schieben lange Wurzelausläufer durch den Boden und sprießen plötzlich überall im Garten.

Samenunkräuter

Als Samenunkräuter sind vor allem **Vogelmiere, Franzosenkraut, Löwenzahn und Hirtentäschel** bekannt. Die Pflanzen bilden sehr viele Blüten aus und eine Unmenge von Samen. **So kann eine Vogelmiere bis zu 10.000 Samen verbreiten;** gerade deshalb ist es wichtig, die Pflanzen rechtzeitig zu jäten. Es reicht oftmals aus, die Pflanzen aus der Erde zu ziehen und zum Trocknen liegen zu lassen. Die meisten der Samenunkräuter lassen sich auf diese Weise leicht vernichten. Sind schon Samen ausgebildet, muss vorsichtig gearbeitet werden, wenn die Samenhülsen platzen, ist eine weite Verbreitung gewiss. Zudem können die Samen jahrzehntelang im Boden liegen, ohne zu keimen. Die meisten sind Lichtkeimer; bearbeitet man den Boden und ein kleiner Lichtstrahl kommt an die Samen, spriessen überall neue Pflanzen.

Wurzelunkräuter

Bei Wurzelunkräutern wie **Giersch, Ackerwinde und Brennnessel** ist es besonders wichtig, die Pflanzen mit den Wurzeln ganz aus der Erde zu ziehen. Bleibt ein Teil der Wurzel im Boden, entstehen sehr schnell neue Pflanzen. Gerade beim Fräsen kann dies zum Problem werden.

Bekämpfung der unerwünschten Gewächse

Auch Unkräuter brauchen wie jede andere Pflanze Licht, Nährstoffe und Wasser - fehlt einer dieser Faktoren, kann die Pflanze nicht mehr wachsen und geht ein. **Mulchen** ist eine Möglichkeit, Unkräuter zu unterdrücken. Grasschnitt, Gehölzhäcksel, **Mulchfolie** oder Kies eignen sich für viele Gartenbereiche. Staudenbeete, Sommerflor und Steingärten können mit diesen Materialien, frei von Wild- und Beikräutern gehalten werden. Vor dem Aufbringen sollten die Beete frei von Unkräutern sein.

Hacken von Beeten

Es gibt verschiedene Unkrauthacken im Fachhandel zu kaufen. Hochwertige Geräte haben eine Klinge, die ausgewechselt werden kann, wenn sie abgenutzt ist. Je schärfer die Hacke, desto leichter fällt das Arbeiten mit diesem Gartengerät.

Wirklich ein Unkraut?

Viele Kräuter, die mit dem Wort Unkraut bezeichnet werden, haben auch eine wichtige Funktion für das Leben von Schmetterlingen (z.B. Brennnesseln, Disteln), Nützlingen wie Schwebfliegen (z.B. Acker-Kratzdisteln) oder auch Vögeln (z.B. Breitwegerich). Sie sollten deshalb immer einen Platz im Garten bekommen. Ein Eckchen findet sich überall.

Franz Gabesam mit seinem Gärtnerteam in Pottenstein.

Gärtner Tipps für den Juli

„Was Juli und August nicht braten, lässt der September ungeraten“.

Gemüsegarten

Gurkenwelke

An Gewächshausgurken kann die Sklerotinia – Stängelfäule und Welke große Schäden verursachen. Einzelne Triebe oder ganze Gurkenpflanzen welken. Unterhalb der welkenden Teile sind zunächst kleine graubraune Faulstellen zu finden. Diese sind meist von weißem, seltener grauweißem, lockerem, watteartigem Pilzmyzel umgeben. Darin befinden sich häufig schwarze, 3 – 5 mm große bohnenförmige Gebilde, die Dauerkörper des pilzlichen Erregers. Zur Bekämpfung sollten Sie sofort die befallenen Pflanzen vorsichtig entfernen und über den Hausmüll entsorgen.

Tomaten werden rissig und platzen auf

Wenn die Tomaten im Freiland zu reifen beginnen, ist manchmal zu beobachten, dass die Fruchtschale rissig wird und die Früchte regelrecht aufplatzen. Bis zur vollständigen Fruchtreife dringen dann nicht selten an diesen Stellen Fäulniserreger ein und die ganze Freude an schönen Tomaten ist dahin. Die aus Spannung in der Fruchtschale entstehenden Risse haben vor allen Dingen drei Ursachen.

1. So kann das Einreißen der Fruchtschale in der Zeit des höchsten Wasserbedarfs der Früchte im Juli/August die Folge einer unregelmäßigen Wasserversorgung sein. In Trockenperioden wird die Fruchtschale härter. Wenn es dann plötzlich stark regnet oder gewässert wird, treten hier Spannungen auf und die Fruchtschale reißt ein. Durch einen gleichmäßig feuchten Boden, gegebenenfalls auch durch Mulchen der Flächen kann dieser Ursache vorgebeugt werden.
2. Trotz gleichmäßiger Wasserversorgung kann es zum Patzen der Früchte kommen, wenn die Pflanzen während eines starken Wachstums plötzlich kräftig „zurückgeschnitten" werden. Dies ist der Fall, wenn es beispielsweise versäumt wurde, die Seitentriebe rechtzeitig auszugeizen und diese nun sehr lang gewordenen Geiztriebe alle gleichzeitig entfernt werden. Auch nach dem Stutzen der Pflanzen muss mit solchen Erscheinungen gerechnet werden. Die Ursache liegt hier darin, dass zu viel Wasser in der Pflanze vorhanden ist, welches nicht abgegeben werden kann, weil die Verdunstungsfläche drastisch reduziert wurde.
3. Schließlich sind noch starke Tag-Nacht Temperaturschwankungen Auslöser für ein Platzen von Tomatenfrüchten. In diesem Fall kommt es vor allem in den Morgenstunden bei sehr niedrigen Temperaturen zur verstärkten Taubildung auf der Fruchtoberfläche.

Tomatenpflege im Sommer

Die Tomatenpflanzen blühen. Von jetzt an müssen die hohen Sorten regelmäßig angebunden und ausgegeizt werden: Am besten lässt man zwei, höchstens drei Haupttriebe wachsen, die laufend mit Bast festgebunden werden. Den ganzen Sommer über bricht man regelmäßig die Seitentriebe aus den Blattachseln heraus. Die Blätter kann man klein geschnitten als Dünger verwenden. Eine zusätzliche Gabe von klein geschnittenen Beinwellblättern wirkt sich ebenfalls positiv aus.

Eine einfache Düngemethode ist auch Langzeitdünger wie Osmocote oder Basacote, der sich besonders gut für Tomaten in Kübeln und Töpfen eignet. Die Wurzeln nehmen genau das auf, was die Pflanze gerade braucht.

Ausgeizen von Tomaten.

Obstgarten

Hagelschäden

Hagel tritt im Sommer oft örtlich begrenzt infolge von Sommergewittern und in letzter Zeit sehr häufig auf.

Durch das Auf-, An-, Durch- und Zerschlagen von Rindenteilen, Stängeln, Blättern oder Früchten entstehen mechanische Verletzungen, die Eintrittspforten für Krankheitserreger sein können. Auf Früchten wie Äpfeln sind verschieden große, meist flächige Anschlagstellen der Hagelkörner vor allem an einer Fruchtseite, zu finden. Beim Hagel im Frühsommer verbräunen und verkorken oft die Anschlagstellen. Bei empfindlichen Sorten oder bei einsetzendem Reifeprozess besteht eine erhöhte Moniliagefahr.

Stark verletzte Rindenpartien sind mit Baumwachs, am besten mit künstlicher Rinde, z.B. Lac- Balsam, zu verschmieren!

Sturmschäden

Bei Bäumen sollte man unbedingt abgebrochene oder eingerissene Äste entfernen. Beim Entfernen von größeren Ästen ist besondere Vorsicht geboten, da die Rinde beim Schneiden leicht einreißen kann.

Tipp vom Profi: Dafür gilt: den Ast von unten bis zur Hälfte einschneiden und dann von oben abschneiden. Anschließend wird die Wunde mit Baumwachs bestrichen. Dies verhindert ein Eindringen von Feuchtigkeit und Schädlingen.

Sonnenbrand

Sonnenbrand- oder Hitzeschäden kommen an Apfel-, Johannisbeer- und Stachelbeerfrüchten vor, wenn nach einer feuchtkühlen Periode plötzlich Hochsommertemperaturen mit intensiver Sonneneinstrahlung auftreten. Durch die intensive Bestrahlung der Früchte, besonders der Teile auf der Sonnenseite, werden hier die Zellpartien derart geschädigt, dass sie absterben. An Äpfeln zeigen sich je nach Intensität und Dauer der Sonneneinstrahlung entweder großflächige helle Flecke oder Verbrennungen, die bei manchen Sorten von einem rötlichen Rand umgeben sind. Die Schädigungen reichen oft tiefer in das Fruchtfleisch.

Beim Beerenobst sind die betroffenen Fruchtteile milchigrosa bis milchigweiß verfärbt, weich und sehen wie „gekocht" aus. Betroffene Früchte sind in ihrer Haltbarkeit gemindert und beim Beerenobst oft nicht mehr verwertbar.

Rückschnitt von Stachel- und Johannisbeeren

Abgeerntete Stachel- und Johannisbeeren können nun ausgelichtet werden. Dabei ist vor allem altes Holz bis auf einen kräftigen Jungtrieb oder bis zum Erdboden zurückzuschneiden.

Rückschnitt von Kirschen und Weichseln

Unmittelbar nach der Ernte erfolgt der allgemeine Auslichtungsschnitt. Er kann in Einzelfällen auch mit einem leichten Fruchtholzschnitt verbunden werden. Durch sachgemäßen Schnitt wird ein lockerer Kronenaufbau erzielt, der die Anfälligkeit der Bäume gegenüber Krankheiten mindert. Außerdem führt das regelmäßige Auslichten zu einer ausreichenden Bildung von Neutrieben, die für den Ertrag von entscheidender Bedeutung sind.

Ziergarten und Zimmerpflanzen

Hagelschaden:

Auch Blumenbeete und Balkon- und Kübelpflanzen bleiben oft vom Hagel nicht verschont.

Pflanzen werden oft durchlöchert oder ganz zerstört. Hier gilt es, die zu stark geschädigten Pflanzenteile zu entfernen, denn die feuchtwarme Witterung fördert sehr schnell den Fäulnisprozess. Dies sollte so rasch wie möglich geschehen, um wenig geschädigte Pflanzen zu erhalten. Ferner kommt es auch vor, dass sich am Boden die Eiskörner sammeln und längere Zeit dort liegen. Die Strahlungskälte im Wurzelbereich der Pflanzen fördert oft Bodenpilze und Bakterien, die dann die Pflanzen zum Absterben bringen. Hier ist es wichtig, wenn möglich, die Hagelschloßen so rasch wie möglich zu entfernen. Besonders empfindlich auf diese Strahlungskälte sind die meisten Sommer- und Balkonblumen.

Tipp

Tipp vom Profi: Es ist zu empfehlen nach einem Hagelunwetter mit dem Gießen sehr vorsichtig zu agieren. Die Düngung, sofern man flüssig düngt, ist einzustellen, bis sich die Pflanzen zu erholen beginnen.

Knollenbegonien sind bei Hagel besonders gefährdet (Bild: Begonia tuberhybrida Tenella F1 Mix)

Bambus – die Modepflanze im Garten

Bambus - das Gras der Superlative. Halme, die in 24 Stunden einen Meter zulegen und in der Natur in wenigen Monaten 40 Meter in den Himmel wachsen. Stark wie ein Baum und dabei so biegsam wie eine Gerte. China und Bambus, das gehört seit über 4000 Jahren zusammen. Die Chinesen nennen den Bambus „Freund Chinas", die Pflanze darf in keinem chinesischen Garten fehlen. Es gibt rund hundert Gattungen und weit mehr als 1000 Arten. Die Bandbreite des Bambus reicht vom winzigen, kriechenden Gras (im Garten als Bodendecker, Rasenersatz oder Beeteinfassung nutzbar) bis zum baumgroßen Giganten, der auch als Solitär stehen kann.

Immergrüner oder auch nicht?

Bambus ist in einigen Gattungen immergrün. Manche Bambusarten sind zwar bei uns winterhart, das Laub allerdings erfriert und das Riesengras treibt aus den Wurzeln neu aus. Einzig und allein Fargesia murieliae und Fargesia nitida haben gezeigt, dass sie auch ungeschützt und völlig frei ausgepflanzt die niederösterreichischen Winter gut überstehen. Bei den verschiedenen Phyllostachys-, Sasa-, Pleioblastus- und anderen Arten aber ist ein gewisser Schutz erforderlich, damit die aparten Pflanzen den Winter gut überstehen. Mit Blattschäden muss bei Temperaturen um 18 Grad Minus, gleichzeitiger Trockenheit, Sonneneinstrahlung und Wind immer gerechnet werden. Die robusten Knospenanlagen des großen Grases überleben allerdings und gleichen den Verlust im Frühjahr schnell wieder aus.

Ein Standort zum Wachsen und Wohlfühlen

Im Garten mag es der Bambus warm und sonnig. Einen möglichst geschützten Platz an einer Hauswand oder gar in einem Innenhof dankt der Bambus mit schnellem Wuchs und elegantem Erscheinungsbild. Fühlt er sich wohl, kann man im Sommer beim Wachsen zuschauen. 30 Zentimeter und mehr am Tag sind möglich. Er verträgt keine Staunässe, allerdings sollte der Bambus auch nicht zu trocken gehalten werden. Gerade nach dem

Pflanzen muss regelmäßig gewässert werden, um das Anwachsen zu fördern. Starken Wind verträgt die asiatische Pflanze nicht, dies merkt man schnell an mangelndem Wachstum und braunen Blatträndern. Bambus braucht also zum Wachsen einen geschützten und windstillen Ort. Ist er erst mal angewachsen, dankt er die anfängliche Pflege mit seinem ausdrucksstarken Profil.

Ein bisschen Winterschutz muss sein

Auch wenn der Standort stimmt, sollte in den ersten Jahren nach dem Pflanzen ein Winterschutz angebracht werden. Eine Möglichkeit ist das Umwickeln der gesamten Pflanzen mit Jute- oder Kokosmatten. Diese schützen vor dem eisigen und austrocknenden Wind und halten einige Minusgrade ab. Auf den Wurzelballen sollte eine dicke Laubschicht aufgebracht werden, damit er nicht durchfriert. Eine weitere Winterschutzvariante ist ein Maschendrahtring, der um den Bambus herum aufgestellt wird. Anschließend wird trockenes Laub in den Ring und zwischen die Bambustriebe gesteckt und bis zum Rand aufgefüllt. Auf diese Weise überstehen die Pflanzen auch starke Fröste. Nach drei bis vier Jahren haben sich die Pflanzen etabliert und brauchen keinen großen Schutz mehr.

Phyllostachys und andere Wildlinge

Bambus ist unbändig im Wachstum, besonders Phyllostachys - Arten bilden lange und zähe Ausläufer. Wenn es ihm an einem Platz gefällt, expandiert er leicht. Besonders Bodendeckerbambusse bilden oft starke Ausläufer. Man kann die unterirdischen Ausläufer abstechen oder eine Wurzelsperre aus Beton oder Kunststoff anbringen. Die 1-2 mm dicken Kunststofffolien (sog. Bautenschutzfolien; erhältlich in Baumärkten) oder Bändchengewebe sind wasserdurchlässig. Man gräbt sie 40-60 cm tief in den Boden ein. Neu auf dem Markt ist die 70 cm tiefe Plantex-Wurzelsperre aus Kunststoff.

Tipp

Tipp vom Profi: Beim Kauf eines Bambus immer fragen, wie es sich mit den Ausläufern verhält. Wählt man einen stark Ausläufer treibenden Bambus, sollte man ihn nicht in die Nähe von Abwasserrohren und Ähnlichem setzen. Ungeheure Kräfte stecken in den Wurzelspitzen der Bambustriebe, schon manch ein Rohr oder Fundament hat da nicht standgehalten.

Hecken und Baumschnitt im Sommer

Hecken als Kunstwerke

Im 16. und 17. Jahrhundert wurde die Landschaftsgestaltung in England zu einer Kunst, in der Hecken ein wichtiges Element darstellten. Sie dienten nicht nur mehr dazu, Gärten einzusäumen, sondern sie wurden auch als dekorative Parterre-Anlagen und Gartenlabyrinthe gestaltet. Da es nicht leicht ist, Hecken nach einem bestimmten Muster wachsen zu lassen, ließen sich die Gärtner damals unter anderem eine originelle Methode einfallen: Man gab Samen in einen Topf mit Honig und schmierte die Masse anschließend auf ein Seil, das man nach der gewünschten Form in den Boden legte. Die Hecken wuchsen dann so, wie die Gärtner sie haben wollten.

Heckenschnitt

Die richtige Zeit zum Schneiden ist dann, wenn die **neu gewachsenen Triebe ausgereift sind. Für Nadelholzhecken ist von Ende Juli bis Mitte September** die beste Zeit. Je nachdem, ob die Hecke noch wachsen soll oder nicht, schneidet man einen kleinen oder größeren Anteil des Neuzuwachses weg. Wenn man immer den ganzen Jahresaustrieb abschneidet, bleibt die Hecke schöner grün und behält dieselbe Größe.

Tipp

Tipp vom Profi: Breitet man beim Schneiden ein altes Laken oder eine Plastikfolie dicht an der Hecke aus, lässt sich der Abfall leichter entsorgen.

Sommerschnitt von Laubhecken - jetzt kann bereits mit dem Sommerschnitt an Laubhecken (Liguster, Hainbuchen, bunte Blütenhecken) begonnen werden. **Nach dem Schnitt ist gründlich zu wässern und zu düngen, damit die Schnittwunden schnell abheilen können.** Bei Laubhecken kann auch bis ins alte Holz zurückgeschnitten werden.

Oft wird mit dem Schnitt zu lange gewartet. Um eine möglichst hohe Hecke zu erreichen, wird meist erst nach Erreichen der gewünschten Höhe geschnitten.

Richtig ist es aber, regelmäßig nach der Pflanzung diese Schnittmaßnahmen vorzunehmen. Vor allem auch seitlich sollten die Triebe nicht zu lange gelassen werden. So verzweigen sich die Pflanzen vor allem im unteren Bereich viel besser.

Bester Schnittzeitpunkt für immergrüne Hecken ist von Juli bis August. Laubabwerfende Hecken können zweimal geschnitten werden: Ende Juli nach dem Schlupf der Jungvögel und im Herbst nach dem Laubfall. Für einen exakten Schnitt helfen Latten und gespannte Schnüre. Ein guter Schnitt führt dazu, dass ins Innere der Hecke und an die Basis genügend Licht gelangt, damit sie nicht verkahlt.

Tipp

TIPP vom Profi: Hecke leicht konisch schneiden, d.h. oben schmäler und unten etwas breiter; dadurch erreicht man im unteren Bereich eine verstärkte Wuchskraft. Bei diesem regelmäßigen Schnitt wird die Hecke auch im unteren Bereich einen blickdichten Wuchs aufweisen.

Heckenschnitt – drei Heckenformen

Trapez:

Die optimale Heckenform mit einer Neigung von mindestens 5 bis 10 %. Das heißt bei einer 2 m hohen Hecke mit 1 m breiter Basis ist die Krone bei 5 % iger Neigung nur 80 cm breit. Für fast alle Pflanzen geeignet.

Rundbogen:

Wirkt am ansprechendsten, weil es natürlich wirkt. Erfordert jedoch viel Erfahrung und Präzision beim Schnitt.

Kastenform:

Nur für besonders schattenverträgliche Gehölze wie Hainbuche oder Eibe geeignet, da bei dieser Form nur wenig Licht in den unteren Bereich gelangt.

Schneiden von Buchsformen

Buchskugeln schneidet man am besten mit der Handhecken-

Schneiden von Buchsformen.

schere; so bekommt man die Rundungen besser hin. Nicht zu viel auf einmal wegschneiden, weil sich dadurch das Wachstum der Pflanze stark verlangsamen kann.

Sommerschnitt von Obstbäumen

Mit dem Schneiden und Auslichten von Obstbäumen im Sommer kann man die Triebentwicklung günstig beeinflussen und den Winterschnitt stark entlasten. Zugleich bedeutet der Schnitt im Sommer auch eine Entlastung des Baumes, weil er in die Zweige und Äste keine Energie mehr stecken muss. Entscheidend für den Sommerschnitt ist, dass man dem Obstbaum eine ganze Generation von Jahrestriebbildungen erspart, die dann beim Winterschnitt entfernt werden.

Überall, wo an einem Baum im Winter geschnitten wird, führt dies zu einem starken Neutrieb, zur Holz- und Astbildung, die auf Kosten des Fruchtertrags gehen und zum großen Teil wieder entfernt werden müssen. Schneidet man im Sommer, führt dies zu einer Wuchshemmung des ganzen Baumes und letztlich zu einer Förderung der Blütenknospenbildung.

Tipp

Tipp vom Profi: Der Sommerschnitt ist dort am ehesten geboten, wo junge Bäume im besten Wachstum sind, und bei Verjüngungen. Auch wenn ein Baum nicht trägt, sollte man den Sommerschnitt besonders kräftig durchführen, um den Fruchtansatz zu verbessern.

Rosenbeet im Sommer

Der Rosenschnitt im Sommer

Hier werden oft große Fehler gemacht. Rosen sind kleine Sträucher und sollen es auch bleiben.

Daher gilt im Sommer - keinen radikalen Rückschnitt, das würde zu Lasten der Blüte gehen.

Rückschnitt im Sommer: Verblühte Blüten sind nach dem Abblühen zu entfernen, da es sonst zu einer unerwünschten Samenbildung (Hagebutten) kommt und dies der Pflanze viel unnötige Kraft kostet. Der Rückschnitt erfolgt auf ein Außenauge beim ersten voll entwickelten Blatt unmittelbar nach dem Abblühen der Blüte.

Tipp

Tipp vom Profi: Voll entwickelt ist ein Blatt, wenn es aus fünf Teilblättern besteht.

Düngung:

Jetzt ist es an der Zeit, die Rosenstöcke noch einmal zu düngen.

Am besten mit einem Rosenlangzeitdünger oder gut kompostierten Rinder- oder Pferdemist. Es ist dies die letzte Düngung für diese Saison.

Pflanzung im Sommer

Rosen können nahezu das ganze Jahr über gepflanzt werden.

Möglich ist es durch die Rose im Containertopf. So können sie auch im Sommer bedenkenlos gepflanzt werden.

Spezieller Pflanzenschutz im Sommer

Sternrußtau - die spezielle Krankheit im Sommer - führt dazu, dass die Rosen im Juli schon ohne Blätter dastehen. Das Schadbild - anfangs vereinzelt schwarze Flecken, die meist rundlich sind. Mit zunehmender Krankheit fließen die Flecken ineinander. Die Blätter vergilben, werden gelb und fallen ab. Die Rosenstöcke werden oft völlig kahl, doch sie treiben erneut wieder aus, doch zeigen sich bald wieder dieselben Symptome. Die wichtigsten Gegenmaßnahmen sind vorbeugender Natur.

- Beim Gießen die Blätter nicht benetzen.
- So bewässern, dass die Pflanzen bis zum Abend abtrocknen können.
- Krankes, abgefallenes Laub sofort penibel genau entfernen.
- Keine Stickstoffüberdüngung (vor allem mit Mineraldüngern möglich).
- Bei sehr starkem Befall gibt es geeignete Pflanzenschutzmittel.

Rosenmehltau - Ist ein weißlicher Belag an Blättern, Blütenhälsen und Trieben. Auslöser dafür sind Stickstoffüberdüngung und Temperaturschwankungen. Vor allem kurzzeitiges Ansteigen der Temperatur über 24° C fördert diese Krankheit. Als erste Maßnahme gilt abwaschen - der Mehltau kann damit deutlich zurückgedrängt werden. Erst später Einsatz von geeigneten Mitteln. Vorbeugend kann man die Rosen wöchentlich mit einer selbst hergestellten Spritzbrühe aus Magermilch besprühen.

Rezept für Magermilchlösung:

1/4l Magermilch mit 2l Wasser gut vermischen und unverdünnt aufsprühen, aber unbedingt wöchentlich anwenden.

Blattlaus - Erste Maßnahme: das Abspritzen mit starkem Wasserstrahl. Als nächste Maßnahme Schmierseifenlösung anwenden.

Rezept für Schmierseifenlösung:

1 l heißes Wasser + 1 EL Schmierseife einrühren, abkühlen lassen + 1 Spritzer Spiritus. Direkt auf die befallenen Triebe aufsprühen - wirkt bereits nach einigen Stunden.

Tipp

Tipp vom Profi: Bitte nicht vorbeugend anwenden – wirkt nicht vorbeugend. Nicht bei voller Sonne anwenden - Blattverbrennungen!

Stauden pflegen im Sommer

Viele Stauden bieten nach dem Abblühen keinen schönen Anblick mehr. Samenstände ragen über die Blätter hinaus und erste Vergilbungen treten auf. Nun ist es an der Zeit, die Pflanzen kräftig zurückzuschneiden. Der Rückschnitt fördert den Wiederaustrieb und bei manchen Pflanzen einen zweiten Blütenflor. Zudem verhindert der zeitige Schnitt, dass die Pflanzen sich selbst aussäen und die Sorten mit der Zeit überwachsen.

Rittersporn und Co

Gerade der beliebte Rittersporn braucht nach dem Abblühen einen starken Schnitt. Die Pflanzen setzen immer reichlich Samen an; schneidet man diese zurück, blüht der Rittersporn im Herbst noch ein zweites Mal. Auch Phlox und Frauenmantel wissen diese Behandlung zu schätzen und bedanken sich mit einer reichen Nachblüte. Alle diese Pflanzen werden bis auf eine Handbreit über dem Boden abgeschnitten.

Tipp

Tipp vom Profi: Düngt man die Pflanze jetzt noch einmal leicht, ist schon bald ein Austrieb zu sehen.

Teilen von Stauden

Wenn Rittersporn und Co nicht mehr ganz so vital sind und in der Blühfreudigkeit nachlassen, sollte man eine Verjüngungskur vornehmen. Der günstigste Zeitpunkt dafür ist unmittelbar nach der Blüte.

Dazu den Wurzelballen mit dem Spaten heraus nehmen und mit diesem teilen, das heißt, in die Mitte des Wurzelballens stechen und beide Teile vorsichtig auseinander drücken. Den Boden an der ursprünglichen Pflanzstelle im Beet mit Kompost aufbessern. Die verjüngten Wurzelstöcke dürfen nicht tiefer gesetzt werden, da die meisten Stauden Flachwurzler sind. Wird er etwas höher gesetzt, erleichtert ihm dies das Anwachsen.

Tipp

Tipp vom Profi: Stauden sollten grundsätzlich alle 3 Jahre geteilt werden, um Blühfreudigkeit und Vitalität zu erhalten.

Sommerliches Staudenbeet.

Trendpflanze für den Juli

Topfrosen

Saison: Februar – November, jedoch Hauptsaison Frühjahr und Sommer

Herkunft: verschiedene Kreuzungen

Standort: Sehr hell, lieben gerne direktes Sonnenlicht, Zimmertemperatur im Frühjahr und Sommer, im Herbst und Winter gerne kühler. Platzierung direkt in der Nähe von Heizkörpern vermeiden.

Nach der Blüte brauchen sie einen leichten Rückschnitt, um wieder blühen zu können. Nach der Blüte brauchen sie einen leichten Rückschnitt um wieder blühen zu können. Eine ideale Pflanze auch für den Wintergarten.

Können im Frühjahr oder Sommer ins Freie gepflanzt werden, jedoch ist ein leichter Winterschutz wie bei allen Rosen erforderlich.

Düngung: Ist regelmäßig erforderlich, damit sie vital zu bleiben.

Gießen: Während der Bütezeit häufig, verträgt nicht auszutrocknen. Nach der Blüte nur mäßig gießen, am besten von unten und nicht das Laub benetzen.

Verwendung: für Schalen, Tröge, Fensterkistchen, Beete und Rabatten.

Betreuung des Gartens und der Balkonblumen während des Urlaubs

- Die Urlaubsbetreuung sollte etwa die gleichen Pflegegewohnheiten einhalten, wie sie auch der Besitzer anwendet !
- Richtig gießen, am besten vormittags. Pflanzen sollen noch bis zum Abend abtrocknen können.
- Wenn unbedingt am Abend gegossen werden muss, dann nur mit entsprechend temperiertem Wasser. (Temperaturunterschied Pflanze Gießwasser sonst zu hoch!)
- Rasenflächen ausreichend bewässern – nicht jeden Tag sondern einmal in der Woche, aber mind. 10 – 20l je m^2
- Tiefwurzelnde Pflanzen wie Obstbäume, Sträucher, Rosen und Stauden nur nach längerer Trockenheit ausreichend bewässern.
- Auf Düngung bei Balkonblumen und Kübelpflanzen nicht vergessen – sonst entsteht nach einiger Zeit ein „Blühloch" bzw. bei Surfinien bildet sich Chlorose – Gelbsucht. Am besten Langzeitdünger, wie Bascote, Osmocote verwenden. Diese haben außerdem eine temperaturgesteuerte Nährstofffreisetzung.
- Bei Flüssigdüngung nie trockene Pflanzen flüssig düngen – Verbrennungsgefahr der feinen Wurzeln. Daher vorher leicht gießen, sozusagen als „Aperitif", und dann erst düngen.
- Kleinere Topf und Ampelpflanzen am Balkon oder in der Wohnung können am einfachsten durchdringend gewässert werden, indem man sie in einen Kübel mit Wasser taucht, bis keine Luftblasen mehr aufsteigen.
- Balkonkästen mit Wasserspeicher – diese bis zum Überlauf mit Wasser füllen. So erspart man sich einiges an Gießarbeit.

- Automatische Gießanlagen ersparen viel an Aufwand – Blumat, das System mit dem Tonkegel, oder Microtripsysteme.
- Im Haus bei der Hydrokultur ist es möglich, den Wasserstand bis Maximum aufzufüllen.

Tipp

Mein Tipp für Urlauber - wenn Sie niemanden zum Gießen haben:
Graben Sie Ihre Kübelpflanzen bis über den Rand in einem schattigen, feuchten Beet ein; eine Mulchschicht aus angefeuchtetem Rindenmulch oder Erdsubstrat aus dem Sack hält die Feuchtigkeit. Kleine Topfpflanzen stellen Sie in große Übertöpfe, die Sie mit feuchtem Sand oder Hydrokultur-Substrat wie Blähton oder Seramis füllen.

Wintergemüse anbauen

Jetzt, zur Lindenblüte, ist der richtige Zeitpunkt zur Aussaat von Herbst- und Wintergemüse. Zur Sommer-Aussaat eignen sich vor allem Winterendivien, Grünkohl, Brokkoli, Kohlrabi und Winterporree.

Viele Saatguthersteller haben spezielle Sorten für eine späte Aussaat gezüchtet, die erst kurz vor Wintereinbruch reif werden. Einige Arten vertragen sogar Frost, wie z.B. bei Winterendivien die Zuchtsorte `Eros`.

Die Aussaat im Sommer hat den Vorteil, dass die Samen schneller keimen als im Frühjahr und der größte Schädlingsansturm schon vorüber ist.

Ausgesät wird bis Ende Juli direkt ins Beet oder, wer seine Sämlinge vor Schnecken besser schützen mag, zum Vorziehen in die Saatkiste. Das Saatgut in Reihen säen, leicht andrücken und anschließend gut angießen.

Nach einigen Wochen können Sie die Keimlinge in Einzeltöpfe oder in Reihen pikieren. Die Jungpflanzen sollten bis spätestens Mitte August ausgepflanzt werden.

Tipp

Tipp vom Profi: Saatbeet nach der Aussaat mit dünner Styroporplatte abdecken. Sie ist einerseits ein Lichtschutz und anderseits eine Isolierung bei größerer Hitze.

Gärtner Tipps für den August

„Der August muss Hitze haben, sonst wird des Obstbaums Segen begraben“.

Gemüsegarten

Blattflecken auf Sellerie

An Sellerie ist auf die Septoria – Blattfleckenkrankheit zu achten. Hier entstehen auf den Blättern zunächst kleinere gelbliche oder dunkelbraune Flecken. Diese nehmen ständig an Größe zu. Das erkrankte Gewebe trocknet ein, die Blätter vergilben und vertrocknen oder verfaulen. Die Knollenbildung wird stark beeinträchtigt. Ab Sichtbarwerden erster Symptome können entsprechende Fungizide angewendet werden. (z.B. Dithane M45)

Grünkragen an Tomaten

Grünkragen

Während der Fruchtreife von Tomaten bilden sich sogenannte Grünkragen aus. Hier verbleiben um den Stielansatz grüne oder gelbliche Zonen zurück, die sich trotz fortschreitender Reife nicht rot färben. In diesem Bereich ist das Fruchtfleisch verhärtet. Neben Stickstoffüberdüngung, Magnesium- oder Kaliummangel, vor allem auf kalkhältigen Böden, kann auch eine abnorm starke Belichtung zu solchen Symptomen führen.

Viele Gartenfreunde entfernen die schattenwerfenden Blätter in der Hoffnung, dass die Früchte schneller reifen. Allerdings besteht dann die Gefahr, wenn diese plötzlich dem vollen Licht ausgesetzt werden, dass sich physiologische Störungen in Form von Grünkragen äußern.

Obstgarten

Walnüsse schneiden

Sofern Walnüsse viel trockenes Holz aufweisen, kann dies jetzt problemlos herausgeschnitten werden. Gleichzeitig sollte diese Maßnahme, wenn erforderlich, mit einem Auslichtungsschnitt verbunden werden. Im August ist die beste Zeit für den Walnussschnitt.

Birnengitterrost

An Birnen sind im August örtlich verstärkt die Symptome des Birnengitterrostes festzustellen. Sie geben auf Grund ihrer Auffälligkeit Anlass zur Besorgnis.

Ein starker Befall, bei dem größere Teile der Blattfläche mit Rostflecken bedeckt sind, kann sogar zum Absterben von Blättern oder Blattteilen führen. Die wirtswechselnde Pilzart befällt im Herbst noch den Wacholder und kehrt von dort im Frühjahr zur Birne zurück.

Hier können in Ausnahmefällen bei starkem Befall Bekämpfungsmaßnahmen nötig werden.

Tipp

Tipp vom Profi: Hier empfehle ich ein Pflanzenschutzmittel mit Tiefenwirkung, z.B. Baycor. Dieses Mittel ist sehr gut pflanzenverträglich und hat nur eine Wartezeit von 21 Tagen.

Erdbeeren Neubepflanzung

Bei der Erdbeeren Neubepflanzung sind einige Gesichtspunkte zu beachten, um einem späteren Auftreten von Krankheiten und Schädlingen vorzubeugen.

Grundsätzlich ist mindestens eine dreijährige Anbaupause einzuhalten. Dadurch beugt man einer schnellen Ausbreitung von bodenbürtigen Schaderregern vor. Nasse und kalte Standorte sowie Schattenlagen sind als Standort für Erdbeeren nicht geeignet. Neben den bereits genannten bodenbürtigen Erregern kommen dann noch Frucht- und Blattfleckenkrankheiten, wie Grauschimmel, Lederfäule, Erdbeermehltau oder Rotfleckenkrankheit hinzu.

Die Jungpflanzen (Ausläufer) aus eigenen Beständen sind unbedingt nur von gesunden Mutterpflanzen zu entnehmen. Von Pflanzen, die ein anormales Wachstum aufweisen bzw. kümmern, dürfen keine Jungpflanzen gewonnen werden. Am besten entfernt man solche Pflanzen gleich, auch ohne Kenntnis der genauen Ursache, von den Beeten. Je nach dem Gesundheitszustand und dem Ertragsverhalten der vorhandenen Erdbeerbestände ist zu entscheiden, ob es überhaupt noch lohnt, Jungpflanzen zu entnehmen, oder ob man sich besser einen neuen „Stamm" durch Zukauf aus der Gärtnerei aufbaut.

Himbeerrutenkrankheit

Zur Bekämpfung der Himbeerrutenkrankheit sollte nach der Himbeerernte sofort an den Rückschnitt abgetragener Ruten gedacht werden. Auch Jungruten können jetzt schon auf etwa 8 – 10 mittelstarke Exemplare je laufenden Meter ausgelichtet werden. Dabei ist auf fleckig rötlich bis violett verfärbte Ruten zu achten, was auf einen Befall mit pilzlichen Erregern hindeutet. Bei starker Infektion platzt die Rinde auf, wodurch die Ruten absterben. Diese Krankheit wird begünstigt durch Spätfröste, Schwankungen in der Wasserversorgung, Überdüngung

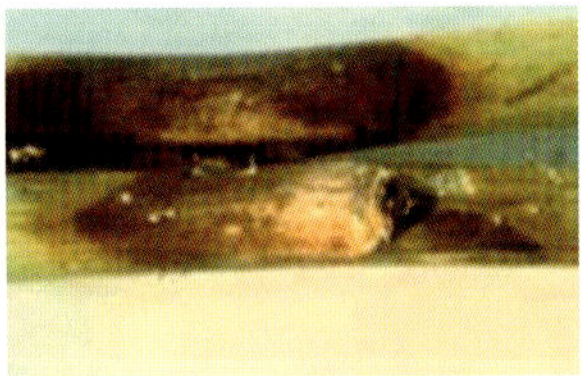

Rutenkrankheit an Himbeeren.

und ungenügende Humusversorgung des Standortes. Es sollte weitgehend auf eine Bodenbearbeitung verzichtet werden. Stattdessen wird durch mehrmaliges Aufbringen von organischem Mulchmaterial das Unkraut unterdrückt und eine gleichmäßige Bodenfeuchte erzielt. Die Düngung muss zwar ausreichend, aber ausgeglichen vorgenommen werden. So kann der Befall vorbeugend in Grenzen gehalten werden.

Tipp vom Profi: In Gärten, in denen die Rutenkrankheit alljährlich die Triebe regelrecht dahinrafft, sollten keine herkömmlichen Himbeersorten gepflanzt werden. Versuchen Sie Sorten, die nicht zur Rutenkrankheit neigen, wie z.B. die Sorte „Autumn Bliss". Die Ernte beginnt zwar erst im August, dauert aber bis zum Oktober. Durch die späte Blüte ist diese Sorte auch madenfrei! Diese Herbsthimbeere ist robust und pflegeleicht, denn alle Äste werden im Spätherbst bis zum Boden abgeschnitten.

Ziergarten und Zimmerpflanzen

Knospenfäule

Knospenfäule an Rhododendren

Bei der Knospenfäule an Rhododendren verfärben sich vor allem die Blütenknospen grau bis braun und sterben ab. Sie verbleiben in diesem Zustand jedoch oft noch einige Jahre!! an der Pflanze. Aus ihnen treten dann schwarze stecknadelförmige Gebilde hervor, die Fruchtkörper des pilzlichen Erregers. Dadurch bekommen die befallenen Knospen ein stachelig, schwarzes Aussehen. Der Pilz infiziert im Sommer die sich entwickelnden Knospen. Er wächst darin auch im Winter und verhindert so die Blütenentwicklung im Frühjahr. Der Erreger ist auch fähig, die Zweige zu infizieren und sie ebenfalls zum Absterben zu bringen. Infektionen an den Blättern führen zu großen braunen Flecken.

Tipp vom Profi: Tiefenwirkendes Fungizid einsetzen wie z.B. Saprol

Gelbe Blätter an Oleander

Gelbe Blätter an Oleander.

Wenn der Oleander gelbe Blätter bekommt und diese abwirft ist sicher eine Beeinträchtigung der Wurzeltätigkeit oder direkter Wassermangel die Ursache. So kann es passieren, dass große Pflanzen in zu kleinen Gefäßen diese derart durchwurzelt haben, dass kaum noch Erde vorhanden ist, die entsprechend Wasser speichern kann. Dunkle Pflanzkübel z.B. aus Plastik, die in der prallen Sonne stehen, können zu einer Überhitzung der Wurzel führen. Wurzelschäden können auftreten, wenn Mineraldüngergaben auf einen trockenen Wurzelballen verabreicht wurden.

Schließlich kann zu saure Topferde (oft zu alt und aufgebraucht) die Wurzeltätigkeit beeinträchtigen.

Mit dem Vergilben und Abwerfen der Blätter im Sommer will sich die Pflanze auch bei intensiver Sonneneinstrahlung und Wassermangel oder unzureichender Wasseraufnahme durch verminderte Wurzeltätigkeit vor zu starker Verdunstung schützen.

Tipp

Tipp vom Profi: Abhilfen sind: keinen Plastiktopf verwenden, der überträgt die Wärme besonders schnell an die Wurzeln. Als Alternativen sind Ton-, Eternit- oder Lärchenholztöpfe zu nennen. Diese Töpfe sind ideal, denn sie isolieren den Wurzelballen. Bei großen Plastiktöpfen kann man auch eine Isolierung aus Schilfmatten anbringen. Auch ist es sinnvoll, alle 2 Jahre die Erde zu erneuern bzw. umzutopfen.

Jetzt schon ans Überwintern von Kübelpflanzen denken

Schon jetzt sollte an das Überwintern von Kübelpflanzen gedacht werden. Grundsätzlich sollten Sie rechtzeitig überlegen, wo die Kübelpflanzen überwintert werden können und sie nicht, wenn im Herbst die Temperaturen bedenklich absinken, in einer „Hau-Ruck-Aktion" ins Winterquartier bringen.

Auch müssen wir sie auf den neuen Lebensabschnitt langfristig vorbereiten. Dazu gehört, dass ab August die regelmäßige Düngung eingestellt wird. Verwendet man Depotdünger, so sind solche auszuwählen, deren Wirkung im August abklingt.

In einem weiteren Schritt wird ab Mitte September unter Berücksichtigung der Witterung die Wasserzufuhr deutlich eingeschränkt. Das soll bewirken, dass die Pflanzen mit ihrem vegetativen Wachstum abschließen und die Triebe ausreifen können. Solche ausgereiften Triebe sind dann auch noch frosthärter. Mit einer derart gestiegenen Frosttoleranz wird es uns ermöglicht, die Pflanze sogar bei sinkenden Temperaturen länger im Freien belassen zu können.

Sternrußtau an den Rosen jetzt im August besonders aktuell

Auch in diesem Monat müssen wir dem Sternrußtau an den Rosen weiterhin Beachtung schenken. Auf den Blättern treten Anfangs vereinzelt schwärzliche Flecken auf, die meist rundlich sind und manchmal einen strahligen ausgefransten Rand haben. Mit zunehmender Ausbreitung der Krankheit fließen die Flecken ineinander und nehmen eine unregelmäßige Gestalt an. Die Blätter vergilben schließlich und fallen dann ab. Dadurch sind die betroffenen Rosenbüsche für einige Zeit völlig kahl. Sie treiben dann zwar wieder erneut aus, doch kann dieser Neuaustrieb bald wieder die gleichen Symptome zeigen. Die Rosenstöcke verlieren durch diese Krankheit nicht nur ihre Schönheit, sie werden auch längerfristig in ihrer Vitalität beeinträchtigt. Die wichtigsten Gegenmaßnahmen sind vorbeugender Natur.

1. Beim Gießen die Blätter nicht benetzen.
2. So bewässern, dass die Pflanzen bis zum Abend abtrocknen können.
3. Krankes, abgefallenes Laub sofort penibel genau entfernen.
4. Keine Stickstoffüberdüngung, vor allem mit Mineraldüngern möglich.
5. Bei sehr starkem Befall gibt es geeignete Pflanzenschutzmittel.

Jetzt noch etwas für den Blütenflor auf Balkon und Terrasse tun:

- Verblühtes ausschneiden, kranke und welke Pflanzenteile regelmäßig ausputzen
- Regelmäßig nachdüngen: Einmal pro Woche oder mindestens alle 14 Tage benötigen Balkon- und Kübelpflanzen Dünger - Stickstoff, Phosphor, etwas Kali und zur kräftigen Blütenentfaltung Spurenelemente wie Magnesium, Kupfer, Eisen, Mangan und Zink.
- Gleichmäßige Feuchtigkeitszufuhr

Die Schneckenplage

Im August werden die Tage schon wieder kürzer, die Nächte kühler und im Garten ist sozusagen ein volles Buffet für die Schnecken. Wenn da noch etwas Regen dazukommt, dann ist das „große Fressen" eingetreten. Selbst ausgesprochen friedliebende Gartler werden bei diesem Anblick ungehalten. Wo gestern noch liebevoll angezogene Salatpflanzen saßen, herrscht am Morgen gähnende Leere. Doch die Diebe haben eine deutliche Fährte hinterlassen! Schleimige Spuren führen vom Gemüsebeet in den feuchten Bereich der Hecken- und Staudenpflanzung. Es gibt viele Strategien, die gegen Schnecken helfen sollen, aber leider kein Patentrezept.

Nacktschnecke

Eine Mischung aus vielen Maßnahmen ist die beste Bekämpfung der gefräßigen Tiere. Viele der bei uns heimischen Schnecken vergreifen sich gar nicht an Salatpflänzchen und jungen Stauden, sondern ernähren sich von abgestorbenen Pflanzenteilen.

Vor mehr als 20 Jahren jedoch wurde mit Obstkisten eine Schneckenart eingeschleppt, die seitdem ihren persönlichen Siegeszug antritt. Die Spanische Wegschnecke verdrängt sogar die einheimischen Schnecken aus den Gärten. Mit 200 bis 400 Eiern pro Saison ist sie nicht nur besonders vermehrungsfreudig, sie ist auch ein richtiger Gourmet! Nur junge frische Blätter und Triebe gelangen in den Magen der kleinen braunen Tierchen, diese aber dafür in rauen Mengen.

Schadensbegrenzung und Bekämpfung

Bierfalle, Schneckenzaun, Schneckenkorn oder Absammeln? Alle diese Maßnahmen haben ihren Sinn, wenn sie richtig eingesetzt werden. Wichtig ist der zeitige Beginn der Bekämpfungsmaßnahmen. Bereits im März, wenn der Schnee getaut ist und die ersten warmen Tage kommen, muss man auf der Hut sein. Jetzt ist die richtige Zeit, um Schneckengelege zu zerstören. Schnecken legen ihre Eier mit Vorliebe unter Brettern, großen Steinen, in Komposthaufen und unter Laubhaufen ab. Ein Kontrollgang im zeitigen Frühjahr kann die Schneckenpopulation eindämmen. Dazu sollte man alle möglichen Verstecke absuchen und die gefundenen Schneckeneier zerdrücken. Meist umfasst ein Gelege

200 bis 300 kleine, etwa einen halben Zentimeter große, weiße Eier, die dicht gedrängt zusammen liegen.

Feinden Unterschlupf gewähren

Die natürlichen Feinde der Nacktschnecken wie Igel, Spitzmaus, Erdkröte, Lauf- und Leuchtkäfer finden heute in den Gärten nur noch selten geeignete Rückzugsmöglichkeiten für den Winterschlaf. Fördert man diese Nützlinge, wird die Schneckenplage von allein reduziert. Jedoch scheint die Spanische Wegeschnecke Igel & Co. nicht so gut zu schmecken wie die relativ harmlosen, einheimischen Schnecken. Nur bei Laufenten stehen sie regelmäßig auf dem Speiseplan. Leider kann nicht jeder in seinem Garten Enten halten.

Die Mischung machts

Gemüsebeete lassen sich sehr einfach und sicher vor Schnecken schützen, indem man einen Schneckenzaun um die Beete zieht. Vom Hochsicherheitstrakt mit Strom und gefährlichen Metallzacken bis zu einfachen Plastikstreifen, gibt es viele verschiedene Varianten. Funktionieren tun sie alle. Schneckenzäune mit einer umgebogenen Kante können Schnecken nicht überwinden und fallen auf den Boden zurück. Das Absammeln der Schnecken ist jedoch bei allen Varianten unerlässlich. Zudem darf sich im abgezäunten Gebiet keine Schnecke befinden. Hier findet die Bierfalle ihren Einsatz: eine tiefe Tasse in die Erde ebenerdig einlassen und mit Bier füllen. Der Geruck lockt die Schnecken in dem eingegrenzten Gebiet hervor und in die Falle. Die Schnecke erleidet förmlich den „schönsten Tod", sie ertrinkt im Bier.

Tipp

Tipp vom Profi: Ausgelegte Bretter werden gerne als Schlafplatz von den Schnecken angenommen: Einfach während des Tages kontrollieren und die Schnecken absammeln.

Den Appetit verderben mit Pflanzen

Schnecken sind Feinschmecker. Einige Pflanzen mögen sie nicht und machen um diese einen großen Bogen. Zu jenen Stauden, die den Schnecken nicht schmecken, zählen z.B. die aparte Fetthenne (Sedum), der hübsche Frauenmantel (Alchemilla), die ästige Graslilie (Anthericum) und die edle Christrose (Helleborus). Die genaue Ursache, warum sie von den Schnecken verschont bleiben, ist noch nicht erforscht. Sie werden einfach von ihnen gemieden. Auch verschiedene Ziergräser stehen nicht am Speiseplan, wie z.B. der Blauschwingel. Auch Herbstanemonen, Lavendel, Blauer Storchschnabel und die rote und gelbe Schafgarbe munden den Tieren nicht. Kapuzinerkresse, botanisch Topaeolum, haben kräftige Farben, attraktives Laub und blühen bis zum Frost immer wieder. Vielleicht sind es ja auch die Haupt-Inhaltsstoffe, die Benzyl-Senföle, die den Schnecken den Genuss verderben.

Auch dies ist eine sehr einfache und harmlose Art der Schneckenabwehr.

Schneckenkorn

Ferromol ist ziemlich harmlos und ist ein Eisendreiphosphat, schont aber die Umwelt. Es schädigt den Darm von Schnecken, die dann nach wenigen Tagen aufhören zu fressen. Nachteil: Man muss regelmäßig nachstreuen und der Boden muss gleichmäßig feucht gehalten werden.

Ich persönlich rate, wenn Schneckenkorn Verwendung finden soll, dann nur Ferromol.

Tipp

Tipp vom Profi: Schneckenkorn sollte flächig gestreut und nicht häufchenweise ausgebracht werden. Bei der ersten Anwendung ist es am leichtesten, die Menge abzuwiegen und sich eine Dosierungshilfe zu basteln. Ein durchsichtiger Joghurtbecher, mit einer Markierung versehen, eignet sich hervorragend. Beherzigt man alle Tipps, haben die Schnecken in diesem Jahr keine Chance.

Garten im Schatten

Schatten ist das Ergebnis verringerter Lichteinstrahlung auf den Boden. Je nach Größe und Dichte der schattenbildenden Objekte ist die Intensität des Schattens unterschiedlich stark.

Garten im Schatten.

Durch Laub und Pergolen kann ständiger lichter Schatten entstehen, durch Bauwerke, Mauern und Sonneneinstrahlung nur zu bestimmten Tageszeiten ein Wechsel von Sonne und Schatten, unter dicht belaubten immergrünen Laub- und Nadelgehölzen gibt es Vollschatten.

Die Vegetation im Schatten ist zum einen bedingt durch Gewächse, die ihre Bedürfnisse an diese speziellen Lichtbedingungen angepasst haben, zum anderen kann ein Schattenbereich mit bestimmten Pflanzen gestaltet werden.

Narzissen zum Beispiel bringen Licht in schattige Gärten. Ihre Blüte lässt sich durch die Auswahl früher, mittlerer und später Sorten verlängern.

Man kann jedoch auch Farben einsetzen, die das kühle, zurückhaltende Flair des Schattens unterstreichen: Gedenkemein, Lungenkraut, Duftveilchen, Elfenblume, Haselwurz, Immergrün und Blaublattfunkie.

Ein Höhepunkt im Frühlingsschattenbeet ist der Frauenmantel. Diese Pflanze fühlt sich auch an kühlen, feuchten Stellen wohl.

Auch weiße Blüten eignen sich gut, da sie selbst den kleinsten Lichtstrahl reflektieren: Zum Beispiel Maiglöckchen, Silberkerze, Schneerose, Beinwell, Schaumblüte, Steinbrech und Schaublatt. Eine weitere Möglichkeit, Schattenplätze attraktiv zu gestalten, bieten die verschiedenen Arten von grünen Stauden, wie es bei Hosta der Fall ist.

Auch Gräser eignen sich gut, nicht zu vergessen Bambus oder die verschiedenen Farne. Farne für absonnige Steingartenbereiche sind zum Beispiel Frauenhaarfarn, Rippenfarn, Becherfarn, Königsfarn und Hirschzungenfarn.

Heidelbeeren

Heidelbeeren im Garten sind bisher noch recht unbekannt, erfreuen sich aber zunehmender Beliebtheit. Sie gehören zu den Heidekrautgewächsen und mögen, wie die meisten Pflanzen aus dieser Familie, einen eher sauren Boden. Jetzt ist die richtige Zeit, um Heidelbeeren zu pflanzen, es ist noch genügend Zeit zum Einwurzeln bis zum Winterbeginn.

Standort

Humose, saure und gut durchlässige Böden wissen die Kulturheidelbeeren zu schätzen. Der pH-Wert sollte zwischen 4,0 und 5,0 liegen. Sie reagieren empfindlich auf Staunässe und ein Austrocknen des Wurzelballens. Die Wurzeln der Heidelbeeren leben in einer Symbiose mit Mykorrhizapilzen und Bakterien. Ohne diese wären sie nicht in der Lage, verschiedene Nährstoffe und Spurenelemente aufzunehmen.

Tipp

Tipp vom Profi: Deshalb beim Pflanzen den Ballen intakt lassen und nur leicht auflockern; nimmt man zuviel Substrat weg, fehlen zum Anwachsen die Symbiosepartner.

Pflanzen der Heidelbeeren

In Gegenden mit einem eher alkalischen pH-Wert muss vor dem Pflanzen der Boden aufgebessert werden. Dazu wird eine Pflanzgrube ausgehoben, etwa 80 Zentimeter im Durchmesser und 60 Zentimeter tief. Unten in das Loch wird eine Drainage aus Kies oder Blähton 8-12 cm hoch gelegt, um den Wasserabzug sicherzustellen. Das Pflanzloch wird mit einer Mischung aus Torf, Sand und Rindenmulch aufgefüllt und die Pflanze eingesetzt. Beim Kaufen kann man eine ältere Pflanze mit mehreren Seitentrieben wählen, da diese robuster sind und früher in den Vollertrag kommen. Der Abstand zwischen den Pflanzen sollte mindestens 1,5 Meter betragen, damit von allen Seiten Licht und Luft an die Heidelbeeren kommen.

Schneiden der Sträucher

Kulturheidelbeeren werden, wie andere Beerensträucher auch, nur gelegentlich verjüngt. Damit ist gemeint, dass alte Äste, die nur noch wenige Blüten tragen, herausgeschnitten und durch jüngere ersetzt werden. Ein Strauch sollte sechs bis acht Triebe haben, die nicht älter als drei Jahre sind. Neue, junge Triebe werden nicht beschnitten.

Ernten

Die Erntezeit der Früchte beginnt je nach Sorte Ende Juni bis Anfang Juli und dauert mehrere Wochen. Die Beeren reifen nach und nach über einen Zeitraum von vier Wochen. Sind die Pflanzen nach sechs bis acht Jahren im Vollertrag, kann die Ernte pro Strauch zehn Kilo und mehr betragen. Gesunde und gut gepflegte Pflanzen können bis zu 30 Jahre alt werden.

Die geernteten Beeren sollten möglichst frisch verarbeitet werden, da sie nicht lange lagerfähig sind. Ob Marmelade, Likör oder ein Eis mit frischen Beeren - sie lassen sich vielseitig einsetzen und schmecken immer!

Schmetterlingspflanzen

Möchten Sie Schmetterlinge in Ihren Garten locken, brauchen Sie geeignete Futterpflanzen für die ausgewachsenen Tiere, aber auch für die Raupen. Die meisten Schmetterlinge legen ihre Eier an solchen Pflanzen ab, die an einem voll sonnigen Standort wachsen. So bevorzugen etwa Admiral, C-Falter, Kleiner Fuchs und Tagpfauenauge üppige Brennnesselbüsche, die tagsüber in der Sonne stehen. Schmetterlinge werden vor allem von gelben, roten, orange- und purpurfarbenen Blüten angelockt. Der Nektar in einfachen Blüten ist dabei leichter zugänglich als der von gefüllten Blüten, die manchmal gar keinen Nektar haben.

Mit geeigneten Pflanzen kann man Schmetterlinge das ganze Jahr über in den Garten locken:

Frühjahr: Blaukissen, Duftveilchen, Felsensteinkraut, Levkoje, Primel, Schlehe,

Frühsommer: Gänsekresse, Nelke, Schleifenblume, Silberling, Skabiose, Vergissmeinnicht

Spätsommer: Heckenkirsche, Katzenminze, Lavendel, Schmetterlingsstrauch, Verbene, Ysop

Herbst: Goldrute, Herbstaster, Prachtsedum

Trendpflanze für den August

Hibiscus - Roseneibisch

Licht: vollsonnige bis sonnige Standorte sind für eine üppige Blüte erforderlich.

Temperatur: warm, im Sommer als Kübelpflanze im Freien. Kühle bis mäßig warme Überwinterung bei hellem Standort. Nach Möglichkeit nicht unter 5° C. Leichte Fröste werden nur von abgehärteten Pflanzen vertragen.

Feuchtigkeit: Mäßig feucht halten, bei zu hoher Bodenfeuchtigkeit kommt es oft zur Stamm- oder auch zur Triebfäule. Nässe muss auf jeden Fall vermieden werden. Bei kühler Überwinterung ist der Ballen eher trocken zu halten, jedoch niemals ganz austrocknen lassen.

Erde: gute, handelsübliche Blumenerde

Dünger: Vorratsdünger oder auch Flüssigdünger mit hohem Phosphoranteil. Starkzehrer in der Wachstums- und Blütezeit.

Umpflanzen: Je nach Alter und Größe der Pflanze, jährlich bis alle drei Jahre. Ältere Kübelpflanzen können bei dementsprechender Nährstoffversorgung bis zu fünf Jahren oder länger im Topf bleiben.

Anfällig für: Blattläuse

Radio Niederösterreichbühne auf der Gartenbaumesse Tulln mit Franz Gabesam und Robert Morawec.

Gärtner Tipps für den September

„Fällt das Laub recht bald, wird der Herbst nicht alt.“

Gemüsegarten

Braunfäule an Tomaten

Wenn Tomatenpflanzen fleckige Früchte und Blättern haben können sie von der Braunfäule befallen sein. Zur Eindämmung der Krankheit entfernt man erkrankte Pflanzenteile, aber auch untere Blätter, und wässert nur von unten, damit die Pflanzenoberflächen schneller abtrocknen können und dem pilzlichen Erreger weniger Chancen zur Infektion bieten.

Tipp

Tipp vom Profi: Eine provisorische Überdachung mit Folie kann die jetzt meist häufiger auftretenden Regenfälle und den vermehrten Morgentau etwas abhalten.

Kohlweißling

Kohlweißling

An warmen Septembertagen ist örtlich noch mit einem zunehmenden Flug des Großen Kohlweißlings und bald mit den bis 5 cm lang werdenden anfangs hell- später graugrün gefärbten und mit gelben Längsstreifen sowie schwarzen Flecken versehenen Raupen zu rechnen. Sie verursachen an den Blättern anfangs einen Schabe- und später einen Lochfraß. Schließlich kann es zu Kahlfraßschäden kommen. Der Schädling hat 2, seltener 3 Generationen, von denen die zweite als die gefährlichste einzuschätzen ist. Die Schmetterlinge der zweiten Generation erscheinen bis Ende August. Der Schädling bevorzugt sonnige, möglichst windstille Lagen und Kleinflächen. Seine Massenvermehrung wird durch kühle und niederschlagsreiche Witterung gehemmt.

Tipp

Tipp vom Profi: Im Garten lohnt es sich, zur Bekämpfung die Raupen abzusammeln.

Obstgarten

Erdbeerbeet

Bei trockener Witterung empfiehlt es sich, die Erdbeerpflanzen ausreichend mit Wasser zu versorgen, was die etwa bis Ende Oktober dauernde Blütenknospenbildung unterstützt.

Ziergarten und Zimmerpflanzen

Gladiolen Thrips

An Gladiolen können silbrig schimmernde streifig angeordnete teils schorfige Stellen sichtbar werden. Derart befallene Blätter oder gar Blüten bleiben im Wuchs stecken und vergilben schließlich. Verursacher dieser Schäden sind sehr kleine, nur mit einer Lupe festzustellende stäbchenförmige Insekten, die Gladiolenblasenfüße, auch Thrips genannt. Die Tiere leben sehr versteckt und werden nur durch die typischen Schadsymptome auffällig.

Gladiolen Thrips

Es empfiehlt sich, derartig befallene Gladiolen bald aus dem Bestand zu entfernen und zu vernichten. Meist lohnt sich der Nachbau dieser Knollen im nächsten Jahr nicht mehr, da die Thripse im Herbst zur Überwinterung an die Knollen abwandern und dort während der Lagerung ihre Saugtätigkeit fortsetzen. Die Knollen zeigen dann unter den Hüllblättern schorfige, verkorkte Stellen.

Tipp

> ***Tipp vom Profi:*** Als wirksames Bekämpfungsmittel hat sich das Samenextrakt des Neembaumes erwiesen, z.B. Schädlings – Frei – Neem von Celaflor. Es ist wegen der Generationsüberschneidung jedoch nach 7 Tagen die Behandlung zu wiederholen.

Dickmaulrüssler an Rhododendren

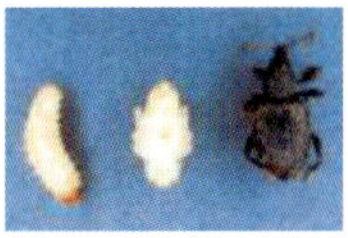

Dickmaulrüssler

Frassbild

An Rhododendren werden örtlich Schäden durch die Käfer und Larven des gefürchteten Dickmaulrüsslers auffällig. Ein buchtenförmiger Blattanfraß ist ein deutliches Zeichen dafür. Das plötzliche Absterben vor allem jüngerer Pflanzen kann mit der Fraßtätigkeit der Larven an den Wurzeln zusammenhängen. Beim vorsichtigen Nachgraben im Wurzelbereich werden dann meist auch die bis 1,2 cm großen gelblichweißen bauchwärts gekrümmten mit dunkler Kopfkapsel versehenen Larven gefunden. Bei den Gegenmaßnahmen ist auch über den Einsatz von biologischen Verfahren nachzudenken. Geeignet sind hierfür z.B. parasitische Nematoden, die im Fachhandel erhältlich sind. Voraussetzung für einen erfolgreichen Einsatz dieser Nützlinge sind eine gleichmäßige Bodenfeuchte und Bodentemperaturen von mindestens 13° C.

Tipp vom Profi: Einsatz von HM- Nematoden
HM- Nematoden können Sie beziehen bei:
Biohelp GmbH, 1110 Wien, Kapleigasse 16
Tel. 01/7699769-0

Staunässe

Rasenflächen – Bodenverdichtungen

Auf Rasenflächen führen häufige starke Niederschläge sowie auch starke Benützung des Gartens zu einer Bodenverdichtung. Die damit verbundene mangelnde Bodendurchlüftung wirkt sich auf die feinen Faserwurzeln der Gräser ungünstig aus. Darüber hinaus besteht die Gefahr, wenn diese Verdichtungen nicht vor dem Winter beseitigt werden, dass pilzliche Fäulniserreger das Gras fleckenweise absterben lassen.

Solange noch trockene Witterungsabschnitte vorherrschen, sollte der Rasen kurz geschnitten werden. Anschließend ist ein Belüften oder Vertikutieren spätestens vor dem letzten Schnitt unbedingt zu empfehlen. Dadurch werden gleichzeitig der Rasenfilz und das Moos beseitigt. Besonders bei schweren Böden kann ein Absanden sinnvoll werden. So gelockerte Rasenflächen lassen die Niederschläge schneller versickern und beleben das Wachstum der flachen Graswurzeln, was schließlich einen gesunden und zeitigen Neuaustrieb des Rasens im Frühjahr begünstigt.

Tipp vom Profi: verwenden Sie zum Absanden nur Quarz- oder Wellsand. Auf gar keinen Fall Bruchsand, denn mit ihm bringt man zu viel an Kalk in den Boden.

Abfallen der Nadeln bei Koniferen

Bei Nadelgehölzen beginnt wieder der im Herbst übliche natürliche Reinigungsvorgang. Hierbei werden die Nadeln älterer Jahrgänge braun und fallen ab. Die Gehölze stellen sich auf den Wechsel der Jahreszeit, nämlich auf den nahenden Winter, ein.

Auch im Winter müssen immergrüne Gehölze, insbesondere während sonnenreicher Witterungsperioden, Wasser verdunsten. Oft ist aber zu dieser Zeit der Boden gefroren, sodass die Pflanzen nicht in der Lage sind, das verdunstete Wasser aus dem Boden nachzuliefern. In solchen Fällen werden die Wasserreserven im Gehölz verbraucht. Durch das Abwerfen der älteren Nadeln reduziert die Pflanze ihre Verdunstungsfläche.

Wenn davon gleich mehrere „Nadeljahrgänge" erfasst werden, bekommen viele Gartenfreunde, die die Zusammenhänge dieses normalen physiologischen Nadelfalls nicht kennen natürlich Angst um den Fortbestand ihrer Nadelgehölze haben.

Um die Gehölze gut auf den Winter vorzubereiten, sollten sie bis zum Frosteinbruch in trockenen Perioden ausreichend bewässert werden.

Tipp

Tipp vom Profi: Wenn man ab September durch die Wälder geht, kann dieser herbstliche Nadelfall besonders bei Föhren beobachtet werden. Die auf den Erdboden fallenden Nadeln bleiben dort liegen, bilden eine Mulchschicht und wichtige Humusquelle. Sie sollten auch im Garten nicht etwa durch Reinigen der Baumscheiben zerstört werden.

Zimmerpflanzen u. Kübelpflanzen

Bei sinkenden Temperaturen müssen die Zimmerpflanzen, die den Sommer im Freien verbracht haben, wieder ins Zimmer oder an den beabsichtigten Überwinterungsort gebracht werden. Etliche von ihnen sind sehr frostempfindlich, wie Fuchsien, Buntnesseln, Engelstrompeten, Schönmalven, Chinesischer Roseneibisch, Heliotrop, Passionsblume, Aralien, Tibochina, Zierbananen, Weihnachtsstern oder Zimmerlinde. Und es ist nicht ausgeschlossen, dass schon im September die ersten Frühfröste auftreten können. Außerdem werden jetzt die Nächte feuchter, was viele Arten nicht vertragen. Sie können dadurch eher von Pilzkrankheiten befallen werden. Vor dem Einräumen der „Sommerfrischler" putzen wir sie gründlich und entfernen dabei alle abgestorbenen, welken oder kranken Pflanzenteile.

Auch sollten Sie kontrollieren, ob sich die Pflanzen Schädlinge wie Weiße Fliege, Blattläuse, Spinnmilben oder Schildläuse „eingefangen" haben.

TIPP

Tipp vom Profi: Es ist ratsam, diese noch im Freien zu bekämpfen!

Überwintern von Kübelpflanzen

Die beliebtesten Kübelpflanzen kommen aus dem Mittelmeerraum oder aus wärmeren Klimazonen und müssen daher im Herbst noch vor dem ersten Frost eingewintert werden.

Auch müssen wir sie auf den neuen Lebensabschnitt langfristig vorbereiten. Dazu gehört, dass ab Mitte September die regelmäßige Düngung eingestellt wird. In einem weiteren Schritt wird ab Mitte Oktober unter Berücksichtigung der Witterung die Wasserzufuhr deutlich eingeschränkt. Das soll bewirken, dass die Pflanzen mit ihrem vegetativen Wachstum abschließen und die Triebe ausreifen können.

Für die meisten Kübelpflanzen gilt: Sie sollen möglichst lange im Freien bleiben, bis zum ersten Frost!

Tipp

Tipp vom Profi: Wann ist der erste Nachtfrost?
Man merkt es leicht, wenn es am Abend (unter + 8° C) besonders kühl und nicht bewölkt ist. Ferner wird im ORF Radio-NÖ Wetter darauf hingewiesen!

Vor dem Einbringen ins Winterquartier sind Laub u. Samenstände zu entfernen.

Auch sind die Pflanzen auf Schädlinge und Krankheiten zu kontollieren!

Weniger Grün und ein Rückschnitt bei diesen Pflanzen tragen dazu bei, dass in der Winterperiode Krankheiten und Schädlinge keine allzu große Angriffsfläche haben.

Überwinterungstipps für die handelsüblichen Kübelpflanzen

Pflanzenart	Ideale Überwinterungs-Temperatur	Licht	Feuchtigkeit	Sonstiges
Abutilon Schönmalve	5° – 10°	*	*	Rückschnitt bis zur Hälfte
Agapanthus Madeiralilie	2° – 10°	**	kaum gießen	Teilung erst im Frühjahr
Agave	1° – 10°	*(*)	trocken	
Asclepia Seidenbaum	1° – 10°	*	*	Rückschnitt bis zur Hälfte

Bougainivillen	10°	*	*	Rückschnitt
				d. Wassertriebe
Callistemon	1°- 10°	*	*	
Camelia japonica	2°-15°	*	*	
Canna	2°-5°	*	trocken	Rhizome in
Ind. Blütenrohr				trockenem
				Torf lagern
Cassia	2°- 10°	*	*	
Gewürzrinde				
Cestrum	2°-10°	**	*	Rückschnitt
Hammerstrauch				bis zur Hälfte
Chamarops humilis	2°-10°	*	*	
Fächerpalme				
Chrysathemum frut.	2°-10°	*	sehr trocken	Rückschnitt
Strauchmargerite				bis zur Hälfte
Citrus	2°-10°	*	*	
Zitrone				
Cordyline australis	2°-10°	*	*	
Datura	2°-10°	*	*	Rückschnitt
Engelstrompete				bis zu 2/3 der
				Pflanze
Ficus Carica, Feige	1°-5°	*(*)	*	
Fuchsia	2°-10°	*	*	Rückschnitt
Fuchsie				bis zur Hälfte
Hebe	1°-10°	*	*	
Strauchveronica				
Hibiscus rosa sinensis	15°	*	*	
Roseneibisch				
Lagerstroemia	2°-10°	*	*	Rückschnitt
Kreppmyrte				bis zu 2/3 der
				Pflanze
Lantane	2°-10°	*	*	Rückschnitt
Wandelröschen				bis zur Hälfte
Laurus nobilis	1°- 10°	*	*	
Echter Lorbeer				
Musa	5°-10°	*	*	
Banane				

Nerium Oleander	1°- 10°	*	*	Zweige können zusammen gebunden werden
Passiflora Passionsblume	5° - 15°	*	*	
Pelargonium Pelargonie	2°-10°	*	Sehr trocken	Rückschnitt bis zu 2/3 der Pflanze
Phoenix canariensis	2°-15°	*	*	Blätter zusammenbinden
Punica granatum Granatapfel	2°-10°	*	*	
Rosmarinus officinalis Rosmarin		2°-15°	*	*
Solanum Enzianstrauch	2°-15°	*	*	Rückschnitt bis zur Hälfte
Strelitzia reginae Paradiesvogelblume	2°-15°	*	*	
Tibouchina Prinzessinnenblume	5°-10°	*	*	Rückschnitt bis zur Hälfte

Licht: * hell überwintern
** dunkel überwintern
*(*) auch dunkel möglich

Feuchtigkeit: * Substrat austrocknen lassen und dann durchdringend gießen

Tipp

Tipp vom Profi: Grundsätzlich gilt: Je kühler der Überwinterungsplatz ist, desto weniger Licht kann sein, je wärmer, umso mehr Licht muss vorhanden sein. Meist sind Kellerräumen zu warm für die oft zu geringen Lichtverhältnisse (Heizraum, Abwasserleitungen, usw.).

Vorsicht beim Oleander. Mit dem Rückschnitt werden viele Fehler begangen. Wenn schon zurückgeschnitten werden muss, dann nur 2-3 der älteren Triebe! Dies ist im Herbst möglich.

Schneidet man nämlich alles zurück, so hat man nächstes Jahr keine Blüten. Verjüngungsschnitt erst im März durchführen!

Nur die Samenschoten müssen entfernt werden.

Dies sind die Blütenknospen für das kommende Frühjahr, diese nicht zurückschneiden.

Beete und Rabatten

Jetzt ist Zeit, um nachzudenken was mit den Beeten und Rabatten zu geschehen hat.

Der September ist der richtige Zeitpunkt dafür. Auch wenn die Sommerblumen noch so schön blühen, jetzt soll man sich Gedanken über die Nachfolger machen.

Nicht zu vergessen ist die Bodenvorbereitung. Sie ist besonders über die Wintermonate wichtig.

Blumenzwiebeln von Tulpen, Narzissen, Hyazinthen usw. sollten jetzt gelegt werden, denn jetzt ist der beste Termin.

So schön bunt kann ein Beet im Frühjahr sein

- Sie wurzeln jetzt noch richtig an bzw. treiben dafür im Frühjahr besser und gleichmäßiger.
- Bei geschickter Planung vor der Pflanzung der Blumenzwiebel kann man ein reiches Blühen von der Schneeschmelze bis Anfang Juni erzielen.
- Auch die Auswahl der Blumenzwiebeln ist jetzt besonders groß.

Tipp

Tipp vom Profi: Legen Sie die Blumenzwiebeln immer in Gruppen der gleichen Art zusammen. Die Wirkung in der Gemeinsamkeit ist wesentlich besser als ganz gemischt!

Standort für Blumenzwiebeln - sie lieben einen durchlässigen Boden, keine Staunässe und sind auch für windige Lagen geeignet.

Tipp

Tipp vom Profi: Bei Wühlmausgefahr Drahtgitter in Pflanzgrube einlegen!

Zweijahrsblumen haben nun Saison.

Vor allem die leuchtenden Farben des Herbstes wie z.B. Stiefmütterchen.

Voll im Trend liegen die Ministiefmütterchen, sogenannte Viola carnuta. Sie sind sehr reichblühend, sehr gut wetterbeständig, haben kompakten Wuchs; frühe Blüte im Herbst und Frühjahr. Man kann sagen, in ihr steckt regelrecht „Flower Power".

Standort für Zweijahrsblumen - windgeschützte, sonnige bis halbschattige Lagen.

Bodenvorbereitung: humusreicher Boden, gegebenenfalls ergänzen mit gutem Humus oder Kompost.

Mehrjährige Stauden:

Besonders beliebt sind im Herbst alle Heidekrautpflanzen, wie z.B. Eriken, Callunen, alle Stauden des Herbstzauber-Sortiments. Diese sind herbstblühende Stauden wie z.B. Herbstastern, Sedum, Alanja, multiflora Chrysanthemen, Veronika und diverse Gräser und Grünpflanzen wie z.B.Calocephalus. Für diese Gewächse ist jetzt die beste Pflanzzeit.

Standort für mehrjährige Stauden: windgeschützt, bzw. Winterschutz mit Reisig

Bereits bei bestehenden Stauden sollte man jetzt verblühte Blüten und dürres Laub entfernen. Auch die Stockteilung von älteren Staudenpflanzen ist jetzt möglich - es ist genügend Zeit zum Einwurzeln bis Frostbeginn.

Herbstblüher

Herbstblüher für Beete und Rabatten. So bunt kann der Herbst sein!

Warum jetzt pflanzen?

Sie sind jetzt in bester Qualität und vor allem in größter Auswahl zu haben. Man kann jetzt in Ruhe aus dem gesamten Angebot die für sich benötigten Pflanzen auswählen.

Diverse Herbstblüher

Tipp

Tipp vom Profi: Auch der Zeitpunkt zum Pflanzen ist gerade richtig - genug Zeit zum Einwurzeln (die Bodentemperatur ist noch nicht zu tief) bis Frostbeginn, denn das ist sehr wichtig für problemloses Überwintern bzw. für eine frühe Blüte im kommenden Frühjahr!

Viola F1 Patiola® in Schalen.

So hat man bereits zu Herbstbeginn „frostfeste" blühende Beete und Rabatten.

Beginnen wir beim wichtigsten Herbstblüher:

Stiefmütterchen in vielen verschiedenen Farben und Blütengrößen von Mini bis Maxi.

Ganz im Trend liegen die Ministiefmütterchen mit größeren Blüten die sogenannten

PATIOLA. Die beste Neuheit der letzten Jahre!

Sie zeichnen sich aus durch:

- Ansprechenden Duft
- Flower – Power, sehr reich blühend - etwas größere Blüte als Ministiefmütterchen
- Sehr gute Wetterbeständigkeit
- Kompakten Wuchs
- Frühe Blüte im Herbst und Frühjahr
- Sehr eindrucksvolle Farben

Calluna vulgaris

Topf-Kugelchrysantheme, Herbstaster, Efeu, Gräser und Sedum

Zu den typischen Herbstblühern zählen auch noch die Erika Gracilis (nicht frostharte Erika) und Kugelchrysanthemen. Sie vertragen leichten Frost. Calluna vulgaris in den Farben rot, rosa, weiß, und lila ist winterhart.

Auch winterharte Cyclamen sind besonders reizend als Herbstdeko!

Zur Pflege kann gesagt werden: regelmäßig gießen, nur von unten, nicht von oben über die Blüten - sonst Fäulnisgefahr.

Düngen sehr sparsam - am besten gar nicht.

Ferner sollten noch erwähnt werden: die Herbstastern in den Farben blau, rosa und weiß, Veronika in Lila und Weiß, Ajanja in Gelb und Strukturpflanzen wie winterharte Gräser, Efeu, Sedum, Calocephalus („Stacheldraht"), Gaultheria – Scheinbeere, usw.

Fensterkistchen

Grundsätzlich soll für die Herbstbepflanzung im Fensterkistchen nur gute bzw. durchlässige Erde verwendet werden - Gefahr des Verwässerns ist im Winter besonders gegeben.

Auf Dünger

in jedem Fall verzichten. Verbrennungsgefahr, da die Pflanzen durch das wenige Licht und die niederen Temperaturen wenig bis gar keinen Dünger brauchen.

Als Standort

sind alle Lagen geeignet außer sehr sonnigen Südlagen, da im Winter an diesem Standort eine höhere Gefahr des Ausfrierens besteht - zu hoher Unterschied der Tag- und Nachttemperatur.

Das Gießen

sollte gleichmäßig erfolgen, auch bei Minusgraden. Die Pflanzen benötigen auch bei tiefen Temperaturen Wasser, da meist bei Minusgraden die Luft sehr trocken ist.

Als Pflanzen fürs Fensterkistchen können alle Herbstblüher verwendet werden.

Bei größeren Fensterkistchen ist es sogar möglich, Zwergkoniferen zu verwenden.

Die Sorte „Delta“ Stiefmütterchen zeichnet sich durch Frosthärte, kompakten Wuchs und Blütenreichtum aus.

Der Herbst, die „Genusszeit im Garten“

Topf mit Kugelchrysantheme, Herbstaster, Efeu, Gräsern und Sedum

Magnolien und Magnolienchlorose

Magnolien gedeihen optimal bei einem ph-Wert von ca. 6,5. Durch ständiges Gießen mit Wasser mit hoher Carbonathärte (Kalk) und durch längere Regenperioden wird durch Auswaschung der ph-Wert drastisch erhöht. Auch der Boden besonders im Steinfeld, Voralpengebiet und Weinviertel ist sehr kalkhältig. Nun muss man versuchen, den pH-Wert rund um die Pflanze zu senken. Dafür gibt es mehrere Methoden:

1. Bei jüngeren Pflanzen das Moorbeet erneuern - frische Moorbeeterde einbringen
2. Bei größeren Pflanzen - Mulchschicht aus Kiefern- oder Fichtennadeln aufbringen
3. Mulchschicht aus Torf oder Moorerde
4. Ausbrinqunq von schwefelsaurem Ammoniak; jeweils 10g pro Meter Pflanzhöhe ausbringen

Tipp

Tipp vom Profi: Wichtig ist, dass bis Herbstbeginn die Blattaufhellungen sich wieder normalisiert haben. Dazu kann man noch Eisengelat (Sequestren 138 Fe) als einmalige Blattdüngung verwenden. Dies verhilft der Pflanze zur rascheren Chlorophyllbildung.

Magnolien - Chlorose

Rückschnitt von Himbeeren und Brombeeren

Der Herbst ist die richtige Genusszeit im Garten. Doch sollte man schon jetzt an das kommende Frühjahr denken

Schnitt von Himbeeren

Sommertragende Sorten tragen am zweijährigen Trieb. Die abgetragenen Ruten sowie schwache und krumme Triebe werden nach der Ernte dicht über dem Boden abgeschnitten.

Nur kräftige und gesunde Himbeerruten bleiben stehen.

Der Abstand zwischen den Ruten sollte etwa 20 bis 30 cm betragen bzw. 8 -10 mittelstarke Ruten je laufenden Meter.

Damit vermindert man die Gefahr der Rutenkrankheit.

Schnitt von Brombeeren:

Auch Brombeeren fruchten nur an den vorjährigen Ranken. Mehrjährige bringen keinen Ertrag.

Abgetragene Ranken ganz entfernen. Wo immer es möglich ist, sollten die jungen von den tragenden Ranken getrennt werden. 6-8 einjährige Fruchttriebe bleiben stehen.

Da Brombeeren zum Wuchern neigen, sollten sie auch während der Vegetationsperiode zurückgeschnitten bzw. in der Länge gekürzt werden.

Der **Spätsommerschnitt** besteht darin, die Seitentriebe der neuen Ranken auf 2 Blätter zurückzuschneiden

Die überstehenden Zapfen werden dann im kommenden März, zur Zeit des Rückschnittes der unausgereiften Rankenenden, auf die Basisknospen zurückgeschnitten.

Tipp

Tipp vom Profi: Nach der Ernte Himbeeren und Brombeeren noch einmal mit Oscorna Beerendünger 100g/m^2 düngen. Dieser Dünger ist organisch und enthält langzeitig wirkende Nährstoffe, die in weiterer Folge für den Blütenansatz im nächsten Jahr gebraucht werden.

lks: Rückschnitt auf 2 Blätter

rs: Basisknospen am Stammgrund

Rasenpflege im September

Der Rasen hat meist durch die Witterung des Sommers etwas gelitten. Was der Rasen nun braucht, ist eine kleine Bio-Kur. organische Nährstoffe, die sich langsam abbauen wie z.B. gut abgelagerte Komposterde. Sie bringt Dauerhumus in den Boden; dadurch werden die Bedingungen für das Wachstum der Rasenwurzeln verbessert.

Tipp vom Profi: Auf keinen Fall mit mineralischem Volldünger düngen außer mit Patentkali.

Patentkali stärkt den Rasen vor dem Winter!

Wird der Rasen jetzt nicht gestärkt, leidet er später unter der Winterkälte und ist anfälliger für Schneeschimmel und andere Winterschäden.

Auch der Austrieb im Frühjahr erfolgt durch so eine Düngung rascher.

Auch mit einem organischen Rasendünger wie z.B. Oscorna Rasaflor kann man dem Rasen jetzt etwas Gutes tun. Die Aufwandmenge beträgt hier 5 – 10 dag/m^2

Rasen vorbereiten auf die Winterkälte.

Die Nährstoffe fügen dem Boden keine Verbrennungen zu, selbst wenn man sie bei Trockenheit ausbringt. Allerdings entfalten sie ihre Wirkung erst, wenn es kräftig regnet. Die Behandlung muss bis Anfang Oktober durchgeführt werden.

Rasenreparatur

Die mildere, feuchte Witterung der Herbstmonate und die nachlassende Kraft der Sonne schaffen ideale Verhältnisse zum Ausbessern von Rasen-Blessuren, die durch Trockenheit, starke Beanspruchung oder die „kleinen Geschäfte" des Hundes entstanden sind. Säen Sie jetzt an den betreffenden Stellen neuen Rasen an, um im Frühjahr wieder eine grüne, geschlossene Rasendecke zu erhalten.

Gießen Sie zunächst die betreffende Stelle ausgiebig, um die restlichen Salze, die nicht verbraucht wurden, auszuschwemmen. Den Boden mit Grabgabel oder Eisenrechen etwas auflockern oder ggf. die Erde ganz austauschen. Streuen Sie Grassamen 2-5 dag /m^2 (es gibt im Fachhandel extra Reparaturrasen in kleinen Quantitäten) gleichmäßig verteilt darüber und bedecken Sie alles mit lockerer Garten- oder käuflicher Blumenerde. Letztere leicht andrücken bzw. walzen mit einer leichten Gartenwalze.

Nun noch mit einer feinen Brause angießen und zwei Wochen lang feucht halten. Bis dahin sind die Samen aufgegangen und aus dem grünen Schimmer der ersten Tage wird bald ein perfekter Rasenteppich.

Tipp

Tipp vom Profi: Für das letzte Rasenmähen im Jahr.
Jetzt ist die beste Zeit, den Rasen, wenn nötig, noch einmal zu mähen. Nicht zu knapp am Boden abmähen. Das Grün sollte den Winter über etwas länger sein, dadurch ist das Gras besser gegen strenge Fröste geschützt. Das Mähgut auf keinen Fall auf der Fläche liegen lassen, da sonst die Gefahr der Ausbreitung von Pilzkrankheiten besteht.

Trendpflanze für den September

Alpenveilchen (Cyclamen)

Die Cyclamen gehören zu den Stars unserer Zimmerpflanzen. Wenn draußen alles in herbstliches Grau gehüllt ist, dann blühen im Haus die Cyclamen in den schönsten Farben.

Tipp

Tipp vom Profi: Beim Kauf sollte man darauf achten, dass möglichst viele Knospen im Blattwerk versteckt sind und die Blätter eine feste, kompakte kleine Kuppel bilden.

Arten und Sorten von Cyclamen persicum

Es gibt Mini-, Medi-, Maxicyclamen, am meisten davon F1 Hybriden. Diese zeichnen sich durch einen gleichmäßigen Wuchs, besondere Blühfreudigkeit und Temperaturtoleranz aus. Cyclamen eignen sich gut für Wintergärten oder als Zimmerpflanze in nicht überhitzten Räumen (nicht über 20° C).

Standort:

Temperatur von 14° -20° C gilt vor allem für F1 Hybriden. Trockene und heiße Luft vermeiden. Bei höheren Temperaturen sind die Farben der Blüten nicht so kräftig.

Licht: hell

Die meisten Fehler werden beim Gießen der Cyclamen gemacht!

Niemals das Wasser direkt ins Herz der Pflanze geben, das führt zur Fäulnis der Knospen. An kühlen Standorten weniger gießen. Der feuchte Ballen der Pflanze kühlt sonst zu schnell aus und die Wurzeln sterben ab. Bei tiefsitzender Knolle am besten das Wasser in den Untersetzer geben. Dabei darauf achten, dass das Wasser nicht länger als eine Stunde stehenbleibt (gilt auch bei Übertöpfen).

Düngung: Alle 2 - 3 Wochen zusätzlich flüssig düngen.

Abgeblühte Blüten und gelbe Blätter sind mit einer drehenden Bewegung aus der Knolle zu entfernen. Wenn man die Blätter abschneidet, bekommt die Knolle Faulstellen.

Tipp

Tipp vom Profi: Sollte der Wurzelballen einmal austrocknen und die Cyclame hängen, dann die ganze Pflanze in Papier (am besten Zeitungspapier) einrollen und für eine Stunde in einen Kübel mit Wasser stellen. Das kuppelförmige Blattwerk bleibt so erhalten, denn Zeitungspapier saugt leicht Wasser auf und gibt es leicht an die Unterseite der Blätter ab.

Sollte der Wurzelballen einmal austrocknen und die Cyclame hängen, so wickelt man die ganze Pflanze in Papier und stellt sie in einen Wasserkübel.

Gärtner Tipps für den Oktober

„Wenn das Blatt am Baume bleibt, ist der Winter noch recht weit.“

Gemüsegarten

Beete räumen

Im Herbst werden nach der Ernte viele Beete geräumt. Dabei dürfen wir aus pflanzenhygienischen Aspekten nicht außer Acht lassen, dass hier anfallende erhebliche Mengen pflanzlichen Materials meist richtigerweise kompostiert werden.

Die von Welkeerkrankungen heimgesuchten Gurken oder Tomaten bzw. deren Wurzelreste gehören nicht auf den Kompost.

> **Tipp vom Profi:** Pflanzenreste von kranken Pflanzen dürfen auch auf den Beeten nicht untergegraben werden.

Obstgarten

Frostspanner

Kranke und abgestorbene Äste

Kränkelnde oder abgestorbene Äste an Obstgehölzen zeigen meist einen Befall mit pilzlichen Rindenkrankheiten. Da diese vor dem Laubfall noch gut zu erkennen sind, ist während trockener Witterungsperioden noch ein geeigneter Zeitpunkt die Krankheitsherde sorgfältig entfernen zu können. Es ist zweckmäßig zusätzlich an der Rinde nach eingesunkenen, abgestorbenen oder auch weichen und abplatzenden Rindenpartien zu suchen, die ebenfalls auf einen Befall mit Rindenkrankheiten hinweisen. Um welche Krankheit es sich dabei handelt ist für diesen Gesundungsschnitt weniger von Interesse, denn grundsätzlich müssen Sie jeden erkrankten Ast entfernen und vernichten.

> **Tipp vom Profi:** Stark erkrankte oder überalterte Bäume werden am besten völlig entfernt.

Frostspanner

Ab Ende Oktober/Anfang November, wenn die Nachttemperaturen sinken, ist mit dem Flugbeginn des Frostspanners zu rechnen. Deshalb können zur vorbeugenden Bekämpfung in dieser Zeit an den Stämmen der Obstgehölze Leimringe angelegt werden. Diese Maßnahme hat vor allem dort Bedeutung, wo im Frühjahr regelmäßig Schäden durch die Raupen des Frostspanners auftreten.

Das ist regional und von Jahr zu Jahr unterschiedlich, jedoch lohnt es sich in der Regel immer, mit dieser einfachen und umweltfreundlichen Maßnahme die flugunfähigen Frostspannerweibchen abzufangen. Da von dem Schädling neben Kirschen, Apfel und Birne viele Laubgehölzarten befallen werden, besteht eine besondere Gefährdung der Obstgehölze in Wald- und Parknähe.

Vor dem Anlegen der Leimringe sind durch das Abkratzen der Borke Unebenheiten am Stamm zu beseitigen.

Tipp

Tipp vom Profi: Auch vorhandene Baumpfähle sind ebenfalls mit Leimringen zu versehen.

Eine ständige Kontrolle auf Fängigkeit der Leimringe ist anzuraten, denn insbesondere angewehte Blätter-„Brücken"- müssen entfernt werden. Gegebenenfalls kann es auch sinnvoll sein, die Leimringe durch neue zu ersetzen. Bei ihrer Abnahme ab Ende Dezember ist zu beachten, dass sich oft unterhalb der Leimringe starke Eiablagen des Frostspanners befinden.

Tipp

Tipp vom Profi: Diese sind durch Abkratzen der Borke und Vernichten der Borkenteile zu beseitigen.

Ziergarten und Zimmerpflanzen

Zimmerpflanzen

Für Zimmerpflanzen verschlechtern sich in dieser Jahreszeit ganz allgemein die Lebensbedingungen. Wenn wir noch nicht regelmäßig in allen Zimmern heizen, können Temperaturschwankungen entstehen, wobei es nachts meist zu einem erheblichen Absinken der Temperatur kommt. Dies wird von vielen Zimmerpflanzen nicht gut vertragen. Um sie vor Schäden zu bewahren, sind die Wachstumsansprüche der Pflanzen zu beachten.

Usambaraveilchen bekommen Echten Mehltau an Blüten und Blättern, wenn in der Übergangsperiode die Nachttemperaturen unter 15° C sinken.

Sansevierien bekommen am Blattstielgrund eine weichfaule Stelle, wenn die Temperaturen unter 10° C absinken.

Kamelien werfen häufig ihre Blüten und Blütenknospen ab, wenn zu Beginn der Heizperiode plötzlich die Temperaturen ansteigen und die Luftfeuchte absinkt. Die Lichtverhältnisse werden nunmehr im Zimmer auch immer schlechter und die Pflanzen lassen im Wachstum nach. Sie brauchen jetzt, je nach Zimmertemperatur, auch meist weniger Wasser als im Sommer. Deshalb müssen Sie mit dem Gießen vorsichtiger sein. Es wird nur noch dann gegossen, wenn der Boden trocken geworden ist. Zu häufiges Gießen in dieser Zeit und der folgenden Winterperiode kann zur Wurzelfäulnis führen.

Das gilt natürlich nicht für Pflanzen, die in den nächsten Wochen zur Blüte kommen, Cyclamen und Azaleen. Für manche Pflanzen wie Kakteen, Begonien, Gloxinien oder Streptocarpus beginnt nun die winterliche Ruheperiode, sodass hier die Wassergaben nach und nach drastisch eingeschränkt werden.

Nadelgehölze pflanzen

Jetzt werden in vielen Gärten wieder neue Nadelgehölze gepflanzt. Wer Verluste dabei vermeiden will, muss nachfolgende Hinweise beachten.

Die meisten Schäden entstehen beim Pflanzen oder Umpflanzen der Gehölze. Sie werden oft in den Folgejahren deutlich sichtbar. Für das gute Anwachsen der Koniferen müssen Sie auf einen ausreichend großen und festen Wurzelballen achten.

Tipp

Tipp vom Profi: Beim Pflanzen ist darauf zu achten, dass die Bäume nur so tief in den Boden kommen, wie sie in der Baumschule gestanden sind.

In der Anwachszeit müssen Sie mit Fingerspitzengefühl gießen. Das „Zuwenig" ist genauso schädigend wie das „Zuviel". Durch zu viel Wasser wird die Luft aus dem Boden verdrängt und die Wurzeln ersticken. Ratsam ist es, die oberirdischen Pflanzenteile des öfteren mit Wasser zu übersprühen und den Pflanzen, wenn es die Höhe zulässt, mit Vlies oder Reisig einen provisorischen Wind- und Sonnenschutz zu geben.

Tipp

Tipp vom Profi: Kleinere Pflanzen wachsen besser an als ältere, größere Exemplare.

Gladiolen

Gladiolenknollen werden möglichst bald aus dem Boden genommen, bevor der Blasenfuß (Thrips) zu seiner Überwinterung von den Blättern und den Blüten an die Knolle abwandert. Die Stängel werden gleich bis auf wenige Zentimeter über der Knolle weggeschnitten. Die Knollen sind dann zunächst bei 25° C mindestens 1 Woche zu trocknen und nach dem Putzen bei ungefähr 15° C 2-3 Wochen nachzutrocknen.

Gartenbeitrag für Willkommen Österreich.

Der Kompost

Sämtliche Abfälle aus dem Garten und ein Teil der Küchenabfälle können auf den Kompost wandern. Durch zahlreiche Mikroorganismen setzt rasch ein Verrottungsprozess ein, der aus den Abfällen nährstoffreiche, organische Düngererde werden lässt. Ist Kompost fachgerecht angelegt, kann er als ideale Pflanz- und Düngererde auf die Gartenbeete ausgebracht werden. Vor allem im Herbst fällt genug Material für den Kompost an.

Ein paar Grundregeln fürs Kompostieren

- Grobes Material mit hohem Zelluloseanteil wie Holz, Stroh und Papier möglichst mit weichen, feuchten und nährstoffhaltigen Abfallstoffen vermengen.
- Stets eine größere Menge Kompost auf einmal ansetzen, dann erwärmt sich die Kompostmasse besser.
- Kompostierbar sind vor allem: Einjährige Unkräuter und andere Pflanzen, verwelkte mehrjährige Pflanzen oder teilweise zersetzte Blätter und Stängel, gehäckselte Zweige und Äste, Rasenschnitt, Gemüseabfälle, verbrauchte Topferde, Kaffeesatz und Teeblätter, Eierschalen, zerkleinertes Papier und Kartonagen
- Ungeeignet sind: Mehrjährige Unkräuter, Essensreste, die Ungeziefer anziehen können, bunte Zeitschriften, dickes Papier und Kartonagen, Reinigungsmittel und chemische Produkte. Auch sollte man kranke Pflanzen oder Pflanzenteile vor allem von Pilzkrankheiten befallene, nicht auf den Kompost geben (Infektionsherd).
- Herbstliche Gartenabfälle passen gut mit Küchenabfällen, Fallobst, Rasenschnitt und anderen grünen weichen Pflanzenteilen zusammen. Besonders wertvoll wegen seines Stickstoffgehalts ist auch Kaffeesatz.
- Holziges Schnittgut zerkleinern, damit Bakterien und Pilze besser an die Schnittstellen gelangen
- Feuchte und stickstoffreiche Abfälle wie etwa Rasenschnitt mit holzigem Abfall mischen. Rasenschnitt nie einzeln auf den Komposthaufen geben. Er bekommt so nicht ausreichend Luft und verklumpt zu einer schleimigen Masse.
- Aufwerten kann man den Kompost, wenn man von Zeit zu Zeit etwas Steinmehl oder Betonit zugibt. Dadurch entstehen langlebige Tonhumuskomplexe, eine Art Dauerhumus, der sich später in den Gartenbeeten positiv auf die Struktur und Fruchtbarkeit des Bodens auswirkt. Mit Ton- oder Steinmehl können auch unangenehme Gerüche abgemildert werden.
- Speziellen Dünger für Rhododendren, Azaleen und Obststräucher wie Brombeeren und Himbeeren kann man aus saurem Laubkompost gewinnen. Dazu

gibt man die Blätter separat in ein zugedecktes Silo aus Maschendraht.

- Kompost sollte möglichst vor Sonne und starken Regengüssen geschützt sein, zum Beispiel durch eine Überdachung des Kompostplatzes.
- Da die Pflanzenvielfalt im Haus- und Kleingarten recht groß ist, kann der Krankheits- und Schädlingsbefall sehr vielgestaltig sein, sodass es im Einzelfall für den Hobbygärtner schwer ist zu entscheiden, ob er kompostieren soll oder nicht. Als allgemeiner Grundsatz kann hier gelten: Pflanzen die einen Krankheits- oder Schädlingsbefall an Stängeln, am Wurzelhals oder an den Wurzeln haben, gehören nicht auf den Kompost.

Komposthaufen

Dreiteilung

Wenn irgend möglich, sollte man sich eine dreiteilige Kompostwirtschaft leisten. Frisches Material auf einen Haufen, einer, aus dem laufend fertiges Material entnommen wird, und ein dritter „in Bearbeitung".

Umwerfen

Durch das Umschaufeln oder Umwerfen gelangt frischer Sauerstoff in das halbfertige Material, dadurch werden die Bakterien zu neuer Aktivität angeregt. Zunächst werden die groben, nur leicht angerotteten Teile zur Seite geschoben. Am besten ist es, sie auf den Haufen mit dem frischen Rohmaterial zu geben. Im Sommer kann man etwa zwei Monate nach dem Aufschichten den Haufen umwerfen. Im Winter dauert die Verrottung bis zu sechs Monaten.

Tipp

Tipp vom Profi für die Verwendung von Laub im Garten. Laub ist ein ausgezeichneter Winterschutz für Rosen- und Staudenbeete. Aber unbedingt mit Reisigästen als Windschutz abdecken.

Hat man jedoch Wühlmäuse im Garten, ist eine Laubabdeckung nicht vorteilhaft!

Auch ist es ratsam, in einer Ecke des Gartens einen Laubhaufen zu haben, denn er dient den so nützlichen Igeln als „Winterquartier".

Die Hortensie,

botanisch Hydrangea, zählt zu den pflegeleichten Blütenpflanzen, egal ob ausgepflanzt im Freien oder als Blütenpflanze im kühlen Zimmer. Besonders gut wirken die Hortensien, wenn man sie in kleinen Gruppen zusammenpflanzt.

Hortensien sind von Natur aus weiß oder rosa. Die blaue Farbe kommt dadurch zustande, dass für rosa Hortensien ein saurer, aluminiumhaltiger Dünger benutzt wird bzw. die Hortensien in saure Böden mit einem pH-Wert unter 5,5 gepflanzt werden.

Seit einigen Jahren gibt es auch blaue Sorten, die keine spezielle Düngung benötigen.

Der richtige Rückschnitt dieser wunderschönen Blütensträucher.

Hortensien im Freiland

Hinsichtlich ihrer Winterhärte ergeben sich zwischen Topf- und Freilandhortensie ebenfalls kaum Unterschiede. Ein leichter Winterschutz ist empfehlenswert.

Freilandhortensien wachsen am besten unter hohen Bäumen, in deren Schatten oder Halbschatten, wo sie nicht der prallen Sonne ausgesetzt sind.

Feuchte, kalkfreie Erde um pH 5,5 bekommt ihnen am besten und fördert die Blütenfülle.

Oft werden die Hortensien falsch geschnitten und bringen so manchen Gartenbesitzer zum Verzweifeln, weil sie nicht blühen.

Hier gilt: nur die verblühten Blüten und nur bis zum 2. Blattpaar entfernen

Tipp

Tipp vom Profi: Triebe ohne Blüte sollten keinesfalls geschnitten werden, da man die Blühanlagen für das kommende Jahr abschneidet!!!!

Schöne Pflanzkombinationen bilden Hortensien mit Bambus, Gräsern und anderen Blattstauden des Halbschattens. Aber auch in Nachbarschaft von Halbschattenstauden wie Funkien, Farnen oder Herbstanemonen lassen sich im Garten wirkungsvolle Akzente setzen.

Obstbaum – Pflanzung

Ab Mitte Oktober ist die beste Pflanzzeit für wurzelnackte Obstgehölze.

Nur Sorten auswählen, die für den jeweiligen Standort geeignet sind.

Apfel- und Birnensorten brauchen entsprechende Befruchtungspartner, um reichlich zu fruchten.

Soll nach gerodeten Bäumen frisch gepflanzt werden, wäre der Boden auszutauschen, wenn auf den gleichen Standort wieder die gleiche Obstart gepflanzt werden soll.

Also kein Apfelbaum nach einem Apfelbaum oder kein Birnbaum, wenn an dieser Stelle bereits ein Birnbaum gestanden ist.

In den kommenden Wochen entwickeln sich die Blütenknospen für die Apfelblüten des nächsten Jahres.

Dabei sollte man vor allem bei Jungbäumen die einjährigen Triebe herunterbiegen. Dies ist notwendig, damit sich die Blüten dann besser entwickeln können. Pfirsiche, Marillen und Walnüsse pflanzt man nicht im Herbst, sondern im Frühjahr!

Hier nun einige Pflanztipps:

- Wurzelschnitt – unmittelbar vor der Pflanzung alle verletzten Wurzelteile abschneiden. Die restlichen Wurzeln werden angeschnitten (gerader Schnitt).

- Kronenanschnitt- auch die Baumkrone wird angeschnitten, wobei jedoch der Mitteltrieb, auch Leittrieb genannt, etwas länger bleibt.

- Pflanzgrube – Durchmesser 75 – 100 cm und 2 Spaten tief (ist ca. 50 cm) ausheben und den Grubenboden lockern.

- Baumpfahl – wird in das zur Hauptwindrichtung gelegene Drittel der Pflanzgrube geschlagen, ca. 1,5m lang

- Pflanzung – während der Pflanzung wird der Baum gerüttelt, damit die Wurzeln gut von der Erde umschlossen werden. Den Baum nicht zu tief pflanzen, die Veredelungsstelle sollte einige cm über dem Boden liegen. Auch sollte nur bei ganz schlechter Erde der Boden mit Kompost oder Pflanzerde verbessert werden, sonst entsteht der „Blumentopfeffekt".

- Baumscheibe- am Ende wird eine Gießmulde rund um den Wurzelbereich ausgeformt.

- Anbinden – zum Schluss wird der Baumpfahl knapp unter dem Kronenansatz abgeschnitten und der Baum mit einer Achterschleife angebunden, damit der Baum nicht direkt mit dem Baumpfahl in Verbindung kommt und durch Scheuern verletzt wird.

Sorten und besondere Eigenschaften

Erdbeere
„Ostara" — sehr ertragreich, nicht mehltauanfällig

Himbeere
„Autumn Bliss" — die beste sommertragende Himbeere, reichtragend, guter Geschmack, widerstandsfähig gegen Rutenkrankheit, durch späte Blüte madenfrei. Nach dem ersten Frost alle Triebe bodeneben abschneiden.

Apfel
„Kanadarenette" — kräftiger Wuchs, widerstandsfähig auch in Höhenlagen, würzig saures Fruchtfleisch, guter Winterapfel

Apfel
„Gloster" — starkwüchsiger Baum, frostfeste Blüten, dunkelrote gut haltbare Frucht

Birne
„Alexander Lucas" — ein gegen Schädlinge wiederstandsfähiger, mittelstarker Baum

Birne
„Salzburgerbirne" — der Baum wächst stark und fruchtet auch in höheren Lagen regelmäßig und gut.

Zwetschke
„Hauszwetschke" — ein Massenträger, geringe Anfälligkeit gegenüber Krankheiten

Marille
„Ungarische Beste" — eine der robustesten und ertragreichsten Sorten mit geringer Krankheitsanfälligkeit. In rauen Lagen nicht an geschützten Plätzen pflanzen, dadurch blüht sie etwas später und ist nicht mehr so extrem einem Frost während der Blüte ausgesetzt.

Kirsche
„Biggareau Van" — wächst langsam und ist sehr frosthart.

Nuss „ G26" — beste Sorte für Spätfrostlagen

Edel - Kornelkirsche — Großfruchtige Sorte mit bis zu 3 cm großen Dirndlfrüchten. Erst ab dem 3. Standjahr reichfruchtend. Ein interessanter Frühjahrsblüher

Rosenbeete winterfest machen

Jetzt ist die beste Zeit, in Ruhe die Rosenbeete winterfest zu machen. Da legt man bereits den Grundstein für eine blühende Saison!

Hochstämmchen und Kaskadenrosen - bei diesen werden nur die Triebspitzen „frisiert".

Schneiden oder nicht - das ist hier die Frage!

Der Herbst beschert uns noch helle und klare Tage voller Sonne. Frühfröste können jedoch bereits empfindlichen Schaden anrichten. Zeit für den Winterschutz im Garten. Wichtig dabei ist das Einwintern von Rosen.

Kranke und dürre Zweige sollten ausgeschnitten werden.

Richtig zurück geschnitten werden Rosen erst nach dem Winter, wenn klar ist, wie viel Schaden der Frost angerichtet hat.

Im Herbst gilt es nur, einen „Kosmetikschnitt" zu machen.

Beetrosen - in Kniehöhe alle Triebe einkürzen, Wildlinge, Samenstände und Blütenreste entfernen.

Strauchrosen und Wildrosen - sie sind nicht zu schneiden, sie bleiben gänzlich unbeschnitten. Jeder Schnitt würde zu einer Blühverminderung im nächsten Jahr führen. Hier gilt nur Blütenreste und Samenstände (Hagebutten) entfernen.

Kletterrosen - kürzt man nur ganz wenig ein bzw. Blütenreste entfernen.

Tipp

Der Tipp vom Profi: Abgefallenes Laub penibel genau entfernen - wichtig zur Vorbeugung gegen den Sternrußtau bereits für die nächste Saison!

Winterschutz für Rosen

Wichtig bei allen Rosen ist das Anhäufeln der Veredlungsstelle (leicht zu erkennen, die Verdickung am Stammgrund). Diese ist empfindlich gegen Bodenfrost. Friert diese aus, überlebt nur die Unterlage und es treibt im Frühjahr nur eine Wildrose aus.

Anhäufeln der Veredlungsstelle

Daher anhäufeln und dies ca. 20 cm hoch mit Gartenerde, eventuell noch mit Laub oder Reisig, abdecken. So erhalten die Rosen genau das, was sie im Winter brauchen: ein ausgeglichenes

Winterschutz mit Tannenreisig bei Rosen

Kleinklima rund um den Rosenstock mit genügend Luft zum Atmen.

Besonderen Winterschutz benötigen Stämmchen- und Kaskadenrosen. Um sie richtig einzupacken, löst man die Rose vom Stützpfahl und biegt die Krone vorsichtig nach unten. Mit zwei über Kreuz in den Boden gesteckten Stäben wird sie in dieser Stellung gehalten. Die Veredelungsstelle dann unterhalb der Krone mit Laub, Stroh oder Frostschutzvlies abdecken.

Frostempfindliche Stellen des Stammes und der größte Teil der Rosenkrone werden mit Fichtenzweigen oder ganz einfach mit Erde abgedeckt. So überstehen sie stärkste Fröste.

> **TIPP -** Beim Herabbiegen den Stamm etwas drehen, verringert Bruchgefahr.

Lässt sich der Rosenstamm nicht umbiegen, werden die Krone und vor allem die Veredelungsstelle in Reisig, Jute oder schattierendem Vlies eingebunden. Vermeiden Sie eine dichte PVC-Folie, denn darunter treiben die Triebe zu früh aus und können sogar verfaulen.

> **Tipp vom Profi:** Bei Kletterrosen ist es besonders bei intensiver Wintersonne und sehr niedrigen Temperaturen ratsam, die Pflanzen mit dachziegelartig angeordnetem Reisig zu schützen.

Winterschutz mit Frostschutzvlies

Trendpflanze für den Oktober

Azaleen

Azaleen - von Mini bis zu Büschen und Hochstämmen ist zur Zeit alles erhältlich.

Sehr in Mode gekommen ist die lachsfärbige Sorte Christine. Neu auch in Weiß, die mit entsprechender Deko, wie Kugeln, Lametta, Masche usw. besonders in der Weihnachtszeit aktuell ist.

Durch falsche Pflege hat die Azalee oft einen schlechten Ruf unter den blühenden Pflanzen bekommen. Dies muss nicht so sein, ist sie doch eine sehr dekorative Blütenpflanze.

Hier nun einige Tipps:

Pflege: Regelmäßig gießen - eher feuchter halten - darf nie „ballentrocken" werden - nur kalkarmes Wasser, am besten „abgestandenes Wasser" verwenden.

Tipp

Tipp vom Profi: Einmal in der Woche für eine halbe Stunde in einen Kübel mit Wasser stellen, so kann man gegen die Ballentrockenheit vorbeugen, der häufigste Pflegefehler bei dieser Pflanze!

Standort: Luftig, kühl, möglichst nicht wärmer als 15 Grad im Winter, höhere Temperatur fördern rascheres Verblühen.

Licht: Hell, aber keine direkte Mittagssonne.

Boden: Kalkarmes, saures Substrat, pH um 5. = Rhododendron-Erde.

Überwinterung: Nach der Blüte möglichst kühl stellen.

Düngung: Bis Ende Juli mit löslichem Rhododendron-Dünger.

Blütezeit: Winter.

Pflegehinweise: Von Mai bis September an einen luftigen, halbschattigen Platz im Garten stellen. Einräumen vor dem ersten Frost.

Azaleen

Winterobst ernten und lagern

Im Oktober beginnt die Haupterntezeit von Äpfeln und Birnen, die über den Winter gelagert werde können.
Die Früchte der Wintersorten bleiben so lange auf den Bäumen, bis die Blätter zu vergilben beginnen.
Für die Lagerung wurde der Raum schon gereinigt und vorbereitet. In Kellerräumlichkeiten, in denen die Heizung untergebracht ist, ist eine Lagerung von Obst schwierig.
Geeignete Lagerräume für Äpfel und Birnen müssen kühl sein und ein wenig Luftfeuchte aufweisen.

Tipp

Tipp vom Profi: Sehr bewährt hat sich die Aufbewahrung in Plastiksäcken, die nicht zugebunden werden

Wichtig: Fallobst ist laufend zu entfernen, kommt auf den Kompost oder wird in der Küche verwertet. Fallobst lockt Wespen an und beherbergt Erreger pilzlicher Krankheiten.

Noch ein Tipp zum Einlagern: Wer jetzt Obst einlagert, sollte sich auch einige Farnblätter besorgen. Nach alter Überlieferung hemmen Farnblätter die Fäulnisbildung!
Dazu legt man die Farnblätter auf die Regale, bedeckt sie mit Seidenpapier und legt darauf das Lagergut.
Wichtig ist jedoch bei den Farnblättern, dass sie auf der Unterseite keine Sporenlager tragen.

Fruchtmumien im Obstgarten

Nach der Obsternte und dem Laubfall sind Kontrollen der Obstbäume auf Fruchtmumien sowie auf abgestorbene Äste durchzuführen.
Sie sind an den häufig noch am Ast haftenden Blättern sofort zu erkennen. Die mumifizierten Früchte sind meistens bereits mit Fruchtkörpern der Monilia-Fruchtfäule bedeckt. Diese können im kommenden Jahr das Infektionspotential vergrößern.
Daher sind abgestorbene Äste und Fruchtmumien sofort zu entfernen und zu vernichten (Fruchtmumien bitte nicht auf den Kompost).
Baumscheiben um Obstbäume lockern, mit Kompost bestreuen u. diesen einarbeiten.

Gärtner Tipps für den November

„Wie das Wetter zu St. Kathrein (25.11.), so wird's den ganzen Winter sein."

Gemüsegarten

Gemüse überwintern

Im Garten überwinterndes Gemüse, wie Schwarzwurzel, Porree, Wurzelpetersilie, Spinat oder Feldsalat wird gegen Kahlfröste mit einer lockeren, luftdurchlässigen Schicht aus Laub, Stroh oder Heckenschnitt geschützt. An milden Wintertagen ist dann eine weitere Ernte möglich.

Obstgarten

Obstbaumkrebs

Obstbaumkrebs

Der Obstbaumkrebs tritt besonders in mikroklimatisch feuchten Gebieten auf. Bei einem Befall zeigen die Zweige von Apfelbäumen größere Wunden mit einem stark aufgewölbten Rand.

Bei diesem „offenen Krebs" handelt es sich um ältere Wunden. Durch einen pilzlichen Erreger werden auch die jüngsten Triebe und Zweige infiziert. Das befallene Rindengewebe verfärbt sich dunkel und ist leicht eingesunken. Die Zweige und Triebe oberhalb der Befallsstelle bleiben im Wachstum zurück und sterben schließlich ab. Der Krebserreger ist für das Eindringen in die Pflanze auf Wunden angewiesen.

So kann er über Schnittwunden, Verletzungen (z.B. Hagel, Schädlinge oder Fruchternte) und nach dem Blattfall durch die Blattnarben eindringen. Der Befall über die Blattnarben ist in den ersten 2 Wochen nach dem Laubfall am stärksten. Im Herbst besteht daher eine erhöhte Infektionsgefahr für die Bäume. Mit Hilfe der Sortenwahl kann man den Obstbaumkrebs kaum ausschalten. Die Krankheitsanfälligkeit wird im starken Maße durch die Standortbedingungen beeinflusst.

Befallene Zweige und Baumteile müssen möglichst zu Beginn des Herbstes, das heißt vor dem Blattfall sorgfältig, mindestens 15 Zentimeter unterhalb der äußerlich sichtbaren Befallsstelle entfernt und vernichtet werden. Stark befallene Bäume roden Sie am besten gleich gänzlich am stärksten.

In gefährdeten Gebieten ist es ratsam sich bei diesen Aktionen mit den Nachbarn abzustimmen, damit großflächig die möglichen Infektionsherde beseitigt werden können.

Um bereits geringe Befallsstellen rechtzeitig zu erkennen ist es wichtig, die Bäume ständig auf ihren Gesundheitszustand zu überprüfen.

Bei einer Neupflanzung sollten Böden, die zu Staunässe neigen, ausscheiden.

Leimringe

Die Frostspannerleimringe an den Obstbäumen sind weiter auf ihre Fängigkeit zu prüfen. Bei einem starken Besatz mit festgeklebten Faltern sind diese, sowie angeklebte Blätter zu entfernen, damit sie keine Kriechbrücken bilden können. Gegebenenfalls müssen die Leimringe bei nicht mehr ausreichender Fängigkeit erneuert werden.

Tipp

Tipp vom Profi: Bei dieser Gelegenheit ist daran zu erinnern, dass beim Anlegen von Leimringen auch die Ziergehölze, wie Zierapfelbäume nicht vergessen werden dürfen.

Fruchtmumien und Rindenkrankheiten

Nach der Obsternte und dem Laubfall sind Kontrollen der Obstbäume auf Fruchtmumien und Rindenerkrankungen sowie auf abgestorbene Äste durchzuführen. Sie sind an den häufig noch am Ast haftenden Blättern sofort zu erkennen.

Die mumifizierten Früchte sind meist bereits mit Fruchtkörpern der Monilia-Fruchtfäule bedeckt. Diese können im kommenden Jahr das Infektionspotential vergrößern. Abgestorbene Äste und Fruchtmumien sollten sofort entfernt und vernichtet werden.

Ziergarten und Zimmerpflanzen

Zimmerpflanzen

Auf den Blättern vieler Zimmerpflanzen, z.B. von Clivien, Gummibäumen, Pelargonien und Kamelien, bilden sich Korkflecken, wenn sie bei niedrigen Temperaturen zu nass gehalten werden. Die Pflanzen sind insbesondere bei kühler Haltung und vor allem bei trüben Witterungsperioden nur sehr vorsichtig zu gießen, damit es nicht infolge von Übernässung auch zu Wurzelschäden kommt.

Staudenbeet

Auf den Staudenbeeten werden im Herbst nur die extrem langen Triebe zurückgeschnitten. Ein zu tiefer Rückschnitt erhöht die Frostanfälligkeit der Pflanzen. Das abgeschnittene Staudenmaterial kann als Frostschutz gleich auf die

Beete gelegt werden. Der generelle Rückschnitt erfolgt dann erst im Frühjahr vor dem Staudenaustrieb.

Tipp

Tipp vom Profi: Ziergräser werden grundsätzlich nur im Frühjahr zurückgeschnitten.

Ziergräser im Winter.

Überwintern von Kakteen

Überwintern von Kakteen

Alle echten Kakteen stammen aus der Neuen Welt: aus Mexico, Kalifornien, Arizona und Texas. Als Pflanzen der Wüste sind sie extreme Bedingungen gewöhnt, das heißt in diesem Fall: viel Sonne, viel Trockenheit, Temperaturschwankungen zwischen Tag und Nacht.

Diese Bedingungen kann man ihnen in einer normalen Wohnung nicht bieten. Eine Erklärung dafür, dass sie es dennoch bei uns aushalten: Sie sind langmütig und ertragen einfach die Bedingungen eines europäischen Wohnzimmers, die eher den klimatischen Verhältnissen des tropischen Regenwalds gleichen.

Tipp

Tipp vom Profi: Was man Kakteen aber auf keinen Fall vorenthalten sollte, ist Licht. Sie mögen es am liebsten in Form direkter Sonneneinstrahlung, sodass ein Nordfenster eher ungeeignet ist. Gießen sollte man sie eher sparsam, aber wenn, dann richtig und nicht nur tropfenweise.

Optimal ist es, wenn Kakteen im Winter kühl stehen und viel Licht haben. Priorität hat in dieser Jahreszeit jedoch die Temperatur: also lieber kühl und nicht so viel Licht als warm und sonnig. Sie sollten deshalb nicht im warmen Wohnzimmer überwintern, aber auch keinen Frost abbekommen.

Etwas lichtbedürftiger sind die Kugelkakteen, botanisch Echinocactus. Für sie sollte man im Winterquartier den hellsten Platz reservieren. Alle Kakteen dürfen im Winter nur ganz wenig gegossen werden.

Kälte und Trockenheit brauchen Kakteen zur Bildung neuer Blüten. Von Mai bis Juli ist ihre Wachstumszeit, und in dieser Zeit benötigen sie viele Nährstoffe. Am besten verwendet man einen speziellen Kakteendünger.

Der Wintergarten

Der Wintergarten ist nicht nur ein zusätzlicher Raum, sondern ein eigener Erlebnisbereich mit dem Einsatz von Pflanzen, die diesen wohnlich machen und er so seiner Bestimmung gerecht wird.

Es gibt 2 Arten von Wintergärten.

1. Der warme Wintergarten mit einer Temperatur von 15 – 25° C. Unter diesen „warmen" Umständen können „echte" Tropenpflanzen eingesetzt werden, die in unseren Breiten vielfach als Zimmerpflanzen bekannt sind. Durch das höhere Lichtangebot ist auch die Kultur von Pflanzen möglich, die oft für das Zimmer wegen Lichtmangels nicht so problemlos verwendet werden konnten.
z.B.:
   Aglaonema – Kolbenfaden
   Anthurium – Flamingoblume
   Ficus benjaminii – Birkenfeige
   Epipremnum – Efeutute
   Hibiscus – Eibisch
   Musa ensete – Banane
   Schefflera - Strahlenaralie
   Dracaena – Drachenbaum
   Passiflora – Passionsblume

2. Der temperierte Wintergarten 5 – 15° C. Ideal zum Überwintern von Kübelpflanzen. Aber auch diverse Kalthauspflanzen fühlen sich da wohl wie z.B.:
   Bougainvillea
   Agapanthus – Liebesblume
   Citrus – Zitronenbaum
   Olivia - Olivenbaum
   Laurus – Lorbeer
   Punica – Granatapfel
   Yucca – Palmlilie
   Phoenix - Dattelpalme
   Chamarops – Fächerpalme
   Aucuba jap. - Aucube

Pflege der Pflanzen im Wintergarten

- Wenn die Tage länger werden (im Januar etwa 3 Minuten pro Tag), beginnen im Wintergarten die Pflanzen zu treiben. Das Entfernen welker und kranker Pflanzenteile dient der Vorbeugung. Pilzkrankheiten und Blattläuse können sich dadurch nicht so leicht ausbreiten. Denselben Zweck erfüllt das Einkürzen und Zurückschneiden zu lang gewachsener, weicher Triebe, sogenannter Geiltriebe.

Tipp

Tipp vom Profi: Von Anfang November bis Mitte Februar nicht flüssig düngen. Wenn man wieder zu düngen beginnt, langsam anfangen d. h. zuerst mit halber Konzentration beginnen und dann langsam innerhalb von 4 Wochen auf die normale Konzentration steigern. Nur so konnen sich die Pflanzen auf die nun geänderten Lebensbedingungen einstellen.

Hoch- und Hügelbeete

Im Herbst ist die beste Zeit ein Hoch- oder Hügelbeet anzulegen damit sich das Schüttmaterial noch über den Winter absetzen kann.

Wer schon einmal stundenlang in gebückter Haltung Unkraut gejätet hat, weiß wie wenig unser Rücken solche Arbeiten schätzt. Ein Hoch- oder Hügelbeet bietet eine rückenfreundliche Alternative, die darüber hinaus auch den Pflanzen etwas Gutes tut. Durch den lockeren und tiefen Boden wachsen die Pflanzen besonders schnell und üppig. Reiche Ernte kann von diesen Beeten erwartet werden.

Fläche und Bauart des Beetes

Hochbeete sollten höchstens eineinhalb Meter breit und mindestens vier Meter lang sein, damit sich der Arbeitsaufwand beim Bauen lohnt. Breitere Beete lassen sich nur schlecht bearbeiten, schmalere trocknen zu schnell aus. Hochbeete können aus verschiedenen Materialien gebaut werden, es eignen sich Kunststoffprofile, Holz, Weiden und Steine.

Tipp

Tipp vom Profi: Die Seitenwände sollten innen mit Kunststofffolie ausgekleidet werden, der Boden bleibt natürlich frei. Dadurch wird unnötige Verdunstung eingeschränkt und Hochbeete aus Holz verrotten nicht so schnell. Aufgestellt wird ein Hochbeet am besten in Nord-Süd-Richtung, da hier die Sonne am besten genutzt wird.

Anlage eines Hochbeetes

Zuerst wird der Boden auf der geplanten Fläche abgetragen und tiefgründig gelockert, anschließend wird die Beetumrahmung verankert. Der Bodenraum

Hochbeete

wird nach unten mit einem Hasendrahtgitter ausgelegt, um Wühlmäuse und andere Nagetiere fern zu halten. Die Höhe des Hochbeetes hängt von der Größe seiner Besitzer ab. Es sollte so hoch sein, dass man sich beim Bearbeiten nicht bücken muss. Ist die Konstruktion fertig, beginnt man mit dem Auffüllen. Auf den Grund kommt eine Schicht Mutterboden, anschließend grobe Gartenabfälle und Gehölzschnitt. Je weiter man das Beet füllt, desto feiner werden die Bestandteile. Auf das Gehölzschnittgut kommt Staudenschnitt, gut verrotteter Gartenkompost und am Schluss wieder Mutterboden. Die Schichten sollten gut angedrückt werden, damit sie sich später nicht mehr zu stark absetzen.

Die Vorteile auf einen Blick

Zusätzlich zu der entspannten Arbeitshaltung, die vor allem bei Senioren sehr beliebt ist, bietet das Hochbeet einen weiteren entscheidenden Vorteil: der Boden erwärmt sich aufgrund der isolierenden Seitenwände und der Rottevorgänge im Inneren. Dadurch keimen Samen im Frühling schneller als im normalen Beet. Auch bei ungeeignetem Gartenboden kann ein Hochbeet Abhilfe schaffen, denn der schichtweise Aufbau macht es unabhängig vom ursprünglichen Untergrund. Bioabfälle, Kompost, Schnittgut und vieles mehr kann auf diese Weise wunderbar verarbeitet werden. Durch den Rottevorgang dieses Aufbaus lösen sich immer wieder Nährstoffe, die den Pflanzen dann zur Verfügung stehen. Die ersten beiden Jahre reicht eine Startdüngung im Frühjahr häufig aus, um die Pflanzen optimal zu versorgen.

Hügelbeet

Der Schichtaufbau beim Hügelbeet ist mit dem Hochbeet zu vergleichen und kann in derselben Reihenfolge aufgeschichtet werden. Allerdings benötigt diese Variante auf Grund der Krümmung etwa 1/3 mehr Platz. Dadurch gewinnt man allerdings auch Kulturfläche. Hügelbeete haben den Nachteil, dass sie sehr schnell austrocknen, und bei starkem Regen wird das Erdreich teilweise weggeschwemmt.

Trendpflanze für den November

Weihnachtsstern

Der Weihnachtsstern

Jetzt sollte in keiner Wohnung ein Weihnachtsstern fehlen. Er ist sozusagen ein Symbol für die Adventzeit.

Damit aus Weihnachtssternen keine **„Sternschnuppen"** werden, einige Pflegetipps:

Woran erkennt man frische Weihnachtssterne?

Der stärkste Kaufreiz von Weihnachtssternen geht von den auffällig gefärbten Blättern, die auch als Brakteenblätter bezeichnet werden, aus. Die eigentlichen, verhältnismäßig kleinen Blüten sitzen in der Mitte dieser farbigen Hochblätter und werden in der Regel kaum beachtet.

Frische Weihnachtssterne, von denen man eine lange Haltbarkeit erwarten kann, sollten überwiegend knospige und gerade aufblühende Blüten besitzen. Man erkennt sie an der beginnenden Gelb/Rotfärbung.

Auch sollte das Blattwerk noch schön grün ausgefärbt sein.

Tipp

Tipp vom Profi: Beim Kauf sollte darauf geachtet werden, dass die Pflanze für den Transport ausreichend „warm" verpackt ist. Nur eine offene Folientüte ist zu wenig - Verkühlung mit anschließendem Blattfall!

Wünsche an den Standort

Weihnachtssterne tolerieren durchaus stärker geheizte Wohnräume, wenn sie gleichzeitig einen möglichst hellen Standort bekommen. Zu beachten ist, dass die Lichtintensität mit zunehmender Entfernung vom Fenster wesentlich stärker abnimmt, als für das menschliche Auge wahrnehmbar ist.

Temperaturen werden im Bereich zw. 16 und 23° ohne Probleme vertragen.

Bei hohen Temperaturen muss mit einem frühzeitigen Verblassen der Brakteenblätter gerechnet werden.

Vorsicht beim Lüften in der Wohnung, vor allem bei tiefen Temperaturen- Verkühlungsgefahr!

Besondere Pflegehinweise:

Ausschlaggebend für eine lange Haltbarkeit ist neben dem Standort die Bewässerung der Pflanze.

Staunässe und Ballentrockenheit fördern den frühzeitigen Blattfall - in den meisten Fällen die Nummer 1 der Pflegefehler.

Dazu sollte man wissen, dass die Pflanzen Stress erleiden, wenn sie ungleichmäßig mit Wasser versorgt werden.

Daher sollte regelmäßig gegossen, aber nicht besprüht werden. Ca. 20 Minuten nach dem Gießen sollte das restliche Wasser aus dem Untersetzer oder Übertopf entfernt werden - dadurch kein „nasser Fuß" der Pflanze.

Abdecken mit Karton Ende September

10 Wochen später

Das Wasser sollte der Raumtemperatur entsprechen.

Für die Gießhäufigkeit lassen sich keine allgemeinen Angaben machen, denn dies ist abhängig von der Raumtemperatur, Lichtintensität, Luftfeuchte usw.

Bei guter Pflege können Weihnachtssterne ihre Besitzer lange Zeit erfreuen.

Pflegetipps damit Ihr Weihnachtstern wieder blüht!

- Ab Mitte Februar wöchentlich flüssig düngen
- Ab Mitte Mai, nach den Eismännern, an einen geschützten, halbschattigen Platz ins Freie geben und laufend düngen.
- Im Juni, wenn nötig, zurückschneiden
- Ab Anfang September ins Haus bringen, an einem hellen Patz aufstellen und laufend düngen
- Ende September mit der Kurztagsbehandlung (am besten mit Karton abdecken) beginnen. Das heißt den Tag auf unter 12 Stunden verkürzen (z.B. von 17,00 – 8,00 Uhr abdecken). Die Behandlung ca. 4 Wochen durchführen. Dann kommt ihr Weihnachtstern sicher in der Adventzeit zur Blüte.

Winterschutz für immergrüne winterharte Gehölze

Immergrüne Gartenpflanzen vertragen Frost und Kälte recht gut. Gefährdet sind sie dann, wenn bei starkem Bodenfrost die Sonne auf die grünen oberirdischen Pflanzenteile einstrahlt und sie zum Stoffumsatz anregt.

Die Pflanzen verdunsten dabei Wasser, werden jedoch von unten nicht versorgt. Gefrorener Boden und starke Sonneneinstrahlung führen zu einem Wasserdefizit der Pflanze, sie trocknet in den Blättern, Nadeln oder ganz aus. Es ist also kein Erfrieren, wie bisweilen angenommen wird, sondern ein Schaden durch Austrocknen.

Der fachgerechte Schutz von Gehölzen wie **Rhododendron, Buchsbaum, Hortensien, immergrüner Schneeball** beugt den Gefahren des Austrocknens vor.

Das beginnt mit der Auswahl eines günstigen Standorts: Möglichst ohne lange direkte Sonneneinstrahlung, geschützt vor austrocknenden Winden und in durchlässigem Schatten pflanzen.

Bei trockenem Herbst und wenig Niederschlägen im beginnenden Winter sollten immergrüne Gehölze in frostfreien Perioden kräftig gewässert werden. In niederschlagsarmen Wintern empfiehlt sich zusätzliches Wasser auch zwischen den Frostperioden. Außerdem hilft eine etwa **10 cm dicke Laubdecke** im Herbst rund um den Baum oder Strauch auch gegen die Wasserverdunstung vom Boden her. Zudem hält so eine **Laub-Mulchdecke den Boden lange frostfrei.**

Gefährdete Immergrüne können jedes Jahr von so einer Decke insgesamt profitieren.

Der klassische Winterschutz von Immergrünen besteht in einer Abschirmung der Bäume und Sträucher.

Dabei ist vor allem darauf zu achten, dass unter oder hinter der Abdeckung kein ungünstiges **Kleinklima** für die Pflanze entsteht (keine PVC-Folie).

Am besten bewährt hat sich für diesen Zweck **naturgefärbtes, grobmaschiges Juteleinen oder Frostschutzvlies,** das an einem Gestell rings um die Pflanze befestigt wird. Diese Gewebe lassen genügend Licht und auch Luft durch, bremsen jedoch auf der anderen Seite die trockenen, wasserentziehenden Winde und halten die intensive Sonnenstrahlung ab. Die Pflanzen verlieren weniger Wasser und erwärmen sich an warmen, sonnigen Wintertagen nicht zu sehr.

Winterschutz für winterharte Kübelpflanzen

Winterschutz

Gehölze wie Buchsbaum, Euonymus, div. Zwergkoniferen im Topf, die meist vor Eingangstüren und Eingängen zur Dekoration stehen, benötigen auch im Winter eine spezielle Pflege bzw. Schutzmaßnahmen.

In der kalten Jahreszeit sollten diese Topfpflanzen zusammenrücken. An einer windgeschützten Wand fühlen sie sich besonders wohl.

Je größer die einzelnen Pflanzgefäße sind, desto geringer die Gefahr von Frostschäden im Wurzelbereich. Als frostsicher gilt eine Größe ab ca. 50 cm Durchmesser.

Winterharte Pflanzen in Kübeln und Töpfen brauchen einen leichten Winterschutz, um Eis und Kälte trotzen zu können. Ausgepflanzt in den Garten würden die Pflanzen problemlos über den Winter kommen. Im Topf jedoch gefriert die Erde sehr schnell und verhindert die Wasserversorgung, gerade bei immergrünen Gehölzen. Zudem schwankt die Temperatur im Topf stark, da das geringe Erdvolumen keinen Puffer darstellt. Alle Kübel und Töpfe auf Balkon und Terrasse sollten also gut geschützt werden.

Pfiffige Ideen sorgen für ein optisch ansprechendes Bild der eingepackten Pflanzen.

Schutz für Pflanzen in Tontöpfen

Ein guter Wasserabzug ist bei Pflanzen in Tontöpfen besonders wichtig, Staut sich die Nässe und gefriert, kann der Tontopf aufplatzen. Bei solchen Gefäßen also schon beim Pflanzen auf eine gute Drainage achten. Hilfreich sind auch kleine „Füße", die den Topf etwas höher stellen und den Wasserabzug begünstigen. Als Winterschutz kann man die ganzen Töpfe mit Vlies und Kokosmatten umwickeln. Bringt man eine zusätzliche Laubschicht auf den Topf auf, werden auch die oberirdischen Pflanzenteile geschützt. Fichtenzweige verhindern das Wegwehen des Laubes.

Jutesäcke als Schutz und Deko

Alte Jutesäcke stellen einen hervorragenden Winterschutz dar. Der Topf wird in den Sack gestellt und die Zwischenräume werden mit Laub ausgefüllt. Durch diesen doppelten Schutz werden Temperaturunterschiede ausgeglichen und die Pflanze kommt gut über den Winter. Zusammengebunden werden die Säcke mit Bast, eine Schleife verziert den effektiven Winterschutz zusätzlich. In Baumschulen oder in Gartencentern kann man Jutetuch kaufen, dieses gibt es als Meterware. Auch das Einpacken von sehr großen Gefäßen ist somit kein Problem.

Kleinere Töpfe versenken

Ein sehr wirksamer Schutz ist auch das Einsenken der Töpfe in den gewachsenen Boden. Dazu wird ein Loch ausgehoben und der gesamte Topf ebenerdig eingegraben. Das große Erdvolumen außen herum verhindert ein schnelles Durchfrieren des Topfes und große Temperaturschwankungen werden ausgeglichen. So können auch kleine Töpfe gut über den Winter gebracht werden.

Tipp

Tipp vom Profi: Auch das Gießen darf im Winter nicht vergessen werden. Besonders immergrüne Pflanzen verdunsten auch im Winter viel Wasser. Deshalb an frostfreien Tagen die Pflanzen im Kübel regelmäßig gießen. Im Frühjahr müssen dann auch die anderen Gehölze regelmäßig mit Wasser versorgt werden, damit ein guter Austrieb erfolgt.

Gärtner Tipps für den Dezember

„ Viel Wind und Nebel in Dezembertagen, kalten Frühling und schlechtes Jahr ansagen.“

Ziergarten und Zimmerpflanzen

Lichtmangel bei Zimmerpflanzen

Besonders im Winterhalbjahr leiden die Zimmerpflanzen oft unter Lichtmangel, Zugluft und in zentralbeheizten Räumen auch unter trockener Luft. Deshalb sollte jetzt besonders darauf geachtet werden, ihnen die Lebensbedingungen so erträglich wie möglich zu gestalten.

Vor allem der unterschiedliche Lichtbedarf muss stärker als im Sommerhalbjahr berücksichtigt werden. Lichtmangel führt häufig zum Blattfall. In Verbindung mit hohen Temperaturen werden zudem dünne, weiche und anormale lange Triebe gebildet. Der Gärtner spricht davon, dass die Pflanzen „vergeilen". Der Lichtgenuss ist für die Pflanzen nicht nur deshalb geringer, weil die Tage im Winter kürzer als im Sommer sind, zusätzlich ist durch die kürzere Sonnenscheindauer auch noch die Lichtintensität geringer als im Sommer. Um dieses erhebliche Lichtdefizit auszugleichen reicht die normale Zimmerbeleuchtung nicht aus. Hier könnte nur eine Zusatzbelichtung mit speziellen Pflanzenleuchten einen Ausgleich bringen.

Jedoch können Sie als erste Hilfe gegen den winterlichen Lichtmangel alle betroffenen Pflanzen an den hellsten Platz in der Wohnung räumen.

An trüben Tagen sind sie für ein Zurückziehen der Gardinen dankbar, um das wenige vorhandene Licht auch voll nutzen zu können. So treffen im Bereich einer Fensterbank ohne Gardinen etwa 80 bis 100% des von außen einfallenden Lichtes auf. Hinter einer Gardine sind es höchstens nur noch 50%. Schließlich reduziert sich das Angebot auf ein Minimum bereits in der Raummitte.

Temperaturgegensätze und Zugluft

Bei Zimmerpflanzen schroffe Temperaturgegensätze und Zugluft vermeiden. In dieser Jahreszeit muss das Lüften der Räume mit besonderer Vorsicht erfolgen, da sonst vor allem wärmeliebende Pflanzen Schaden nehmen können.

Bei trockener Zimmerluft reagieren aber einige empfindliche Pflanzenarten mit braunen Blattspitzen. Eine Erhöhung der Luftfeuchte können Sie durch wiederholtes Übersprühen der Pflanzen, Aufstellen von Verdunstungsgefäßen und vorsichtiges Lüften erreichen.

Schließlich sind auch die Temperaturansprüche der einzelnen Pflanzenarten während des Winters zu berücksichtigen. Dabei ist zu beachten, dass einige Arten in Anbetracht des Lichtmangels kühler überwintert werden wollen. Je nach häuslichen Möglichkeiten wird man sicher auch hier Kompromisse machen müssen.

Gießen von Zimmerpflanzen

Das Gießen von Zimmerpflanzen muss unbedingt den Temperaturen angepasst werden.

> **Tipp vom Profi:** Je kühler die Pflanzen stehen, umso weniger wird gegossen.

Von Bedeutung ist dies besonders bei den Zimmerpflanzen, die den Winter über bei niedrigeren Temperaturen stehen, weil sie eine Ruheperiode haben. Ansonsten kommt es in Folge der niedrigen Bodentemperaturen bei nassen Erdballen leicht zu Wurzelschäden.

Diese äußern sich dann in Wuchshemmungen, braunen Blattspitzen oder Gelbverfärbungen von Blättern. Wenn Pflanzen welken oder gelbe Blätter bekommen, ist das für viele Blumenfreunde ein Signal zu gießen oder vielleicht auch noch zu düngen. Die Pflanzen werden intensiv gepflegt, ohne die eigentlichen Ursachen für die Symptome zu untersuchen, weil ein Vertrocknen der Pflanzen vermutet wird. Ursache für die gelben Blätter oder das Welken ist dann aber vielmehr gerade beim Gegenteil, nämlich in einer Staunässe im Wurzelbereich, die durch intensives Wässern entstanden ist, zu suchen.

Ein „Zuviel" an Wasser ist für viele Pflanzen immer schädlicher als ein zeitweilig verringertes Wasserangebot, denn dadurch kann ein Teufelskreis entstehen. Zuviel Wasser im Boden verdrängt die Bodenluft und bringt die Wurzeln um den notwendigen Sauerstoff, der auch hier zur Aufrechterhaltung ihrer Funktionen lebensnotwendig ist. Es besteht die Gefahr, dass die Wurzeln ersticken, sie beginnen schließlich zu faulen. Die oberirdischen Pflanzenteile bekommen so weder Wasser noch gelöste Nährstoffe – sie verwelken.

> **Tipp vom Profi:** Wasser aus der Leitung oder gar aus dem eigenen Brunnen hat nicht selten Temperaturen von nur 7 – 12° C. Nach dem Gießen mit diesem kalten Wasser kann die Bodentemperatur dann um 5 – 10° C absinken. Sie sollen deshalb zum Gießen nur abgestandenes Wasser verwenden.

Nadelgehölze

Bei Nadelgehölzen sollten Sie daran denken, dass diese über die Nadeln auch im Winter an sonnenreichen Tagen Wasser verdunsten. Bei gefrorenem Boden sind die Pflanzen dann nicht in der Lage über die Wurzeln entsprechende Mengen Wasser nachliefern zu können. Damit die Pflanzen nicht ihre Wasserreserven im Holz verbrauchen, ist es ratsam sogar im Winter während frostfreier Perioden bei offenem Boden zu wässern.

Sendung „Winterzeit" mit Verena Scheitz und Franz Gabesam.

Barbarazweige

Der Brauch, am 4. Dezember einen Kirschzweig ins warme Zimmer zu holen und einzuwässern, damit er zu Weihnachten blüht, geht auf die Legende der Hl. Barbara zurück und soll Glück und Gedeihen für das kommende Jahr zeigen.

Die Hl. Barbara lebte im 3. Jahrhundert in Kleinasien, ließ sich in einer Zeit der brutalen Christenverfolgungen taufen, wurde von ihrem eigenen Vater angezeigt und in weiterer Folge zum Tode verurteilt. In ihrer Zelle soll sie einen Kirschzweig aus ihrem Trinknapf mit Wasser versorgt haben. Als er zu blühen anfing, fand sie Trost in diesem Zweig.

Im Winter ruht die Vegetation - umso attraktiver ist der alte Brauch, Barbarazweige zum Blühen zu bringen. So wird man zu Weihnachten schon an das nahende Frühjahr erinnert.

Die Blüte ist symbolhaft für reiche Ernte und bevorstehende Hochzeiten.

Neben den traditionellen Kirschzweigen eignen sich aber auch Quitte, Ginster und Schlehe.

Am 4.12. werden die Barbarazweige geschnitten und für einige Stunden in ein warmes Wasserbad (30-35°) gelegt.

Tipp

Tipp vom Profi: Danach abtropfen lassen, schräg anschneiden u. Stiel leicht aufklopfen - bessere Wasseraufnahme.

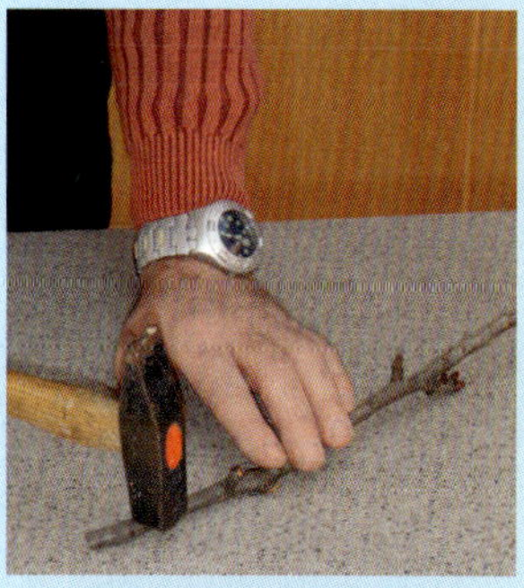

Stiel leicht mit Hammer aufklopfen

Bei einer Raumtemperatur um 20° aufstellen. Das Wasser sollte der Raumtemperatur gleich sein. Wasser regelmäßig nachfüllen ev. Frischhaltemittel verwenden.

Der Glücksklee

Vierblättriger Glücksklee - ein beliebter Glücksbringer. Gerade zu Silvester hat er Hochsaison. Mit vielen guten Wünschen fürs neue Jahr wird er gerne an Freunde und Verwandte verschenkt. Der vierblättrige Klee, botanisch Oxalis deppei, gilt weithin als Glückssymbol. Glücksklee wird jedes Jahr in Gärtnereien angezogen und als Silvesterdekoration verkauft.

Diese Kleeart stammt ursprünglich aus Südamerika, genauer gesagt aus Brasilien. In den Blumengeschäften werden zur Zeit etwa ein halbes Dutzend verschiedene Arten von Oxalis angeboten.

Werfen Sie die Glücksbringer-Pflänzchen nicht weg. Statt auf einer Fensterbank zu vertrocknen, kann man den Klee in größere Schalen setzen oder als Unterpflanzung z.B. bei Palmen verwenden. Dort wachsen sie freudig weiter und bilden bald einen grünen, dichten Teppich, der den Boden abdeckt und feucht hält.

Tipp

Tipp vom Profi: Glücksklee will einen hellen, kühlen Standort. Er will auch nicht zu viel Wasser – mehr trocken will er es haben. Diese paar Punkte helfen, dass er nicht gleich auswächst!

Nach den Eisheiligen kann man den Klee dann in Balkonkästen oder im Garten auspflanzen. Günstig ist ein Pflanzabstand von 15-20 cm. Ab März bis weit in den Herbst hinein schmücken sich die Glücksbringer mit rosa Blüten. Diese sind für kleine Sträußchen gut geeignet. Ziehen die Pflanzen im Spätherbst ihre Blätter ein, lockt außerdem noch eine Ernte. Zu seiner Vermehrung bildet der Klee viele kleine Knöllchen und weiße feste Rübchen, die ein schmackhaftes Kochgemüse ergeben.

Vierblättriger Glücksklee

Erfahrungswerte nach langjähriger Gärtnerpraxis zum Winterwetter

Der Winter ist nach dem biologischen Gartenkalender die längste Jahreszeit, ein Drittel des Jahres. Winter ist aber nicht nur, wenn Frosttemperaturen herrschen und Schnee fällt – auch frühlingshaft anmutende Temperaturen gehören zu dieser Jahreszeit.

Zu Beginn des kalendarischen Winters – am 21.12. - ist häufig die Tendenz zu frühwinterlichen Kälteeinbrüchen, verbunden mit Schneefällen zu beobachten. Abgelöst wird diese Entwicklung mit relativ hoher Wahrscheinlichkeit um den 24. Dezember herum durch das sogenannte Weihnachtstauwetter, Folge des Zustroms milder Luft aus dem Westen.

Diese Phase kann sich um 1 bis 2 Wochen nach hinten in den Januar hinein verschieben. Die zweite Phase des Winters, der Hochwinter, ist in der Regel bestimmt durch einen massiven Kälteeinbruch, am Anfang meistens als Kahlfrost und dann allmählich mit Schnee und Eis verbunden.

Mit hoher Wahrscheinlichkeit kann man auch davon ausgehen, dass, wenn es bis zu den Heiligen Drei Königen, also bis zum 6. Januar, nicht richtig kalt geworden ist, der Winter mild bleibt.

Hinweise für die Winterpflege von Gartengeräten

Für die Überwinterung von Geräten ist es wichtig, alle Metallteile in einen trockenen Zustand zu bringen und danach mit rosthemmenden Mitteln zu behandeln. Bewegliche Teile sollten geölt oder eingefettet werden, wobei mit Einfetten eine nachhaltigere Wirkung zu erzielen ist.

Tipp

Tipp vom Profi: Zum Einreiben ist es günstig, Pflanzenöl zu verwenden, das in einer dünnen Schicht mit einem öligen Lappen aufgebracht wird.

Stumpfe Teile sind zu schärfen, Geräteteile aus Holz zur eigenen Arbeitssicherheit auf Beschädigungen zu überprüfen und ggf. auszuwechseln. Auch die Festigkeit der Stiele ist zu testen.

Pflegemaßnahmen für einige wichtige Gartengeräte:

Gartengerät	Pflegemaßnahmen
Hacke	Klinge mit Feile oder Schleifstein nachschärfen; den Stiel auf Beschädigungen überprüfen und, wenn nötig, auswechseln
Gartenschlauch	Wasser entleeren; Gartenschlauch entweder auf dem Schlauchwagen oder in großen Ringen an einem Schlauchhalter trocken aufbewahren
Gießkannen	Wasser entleeren, Brausen entfernen, säubern bzw. entkalken und von Schmutz befreien; Kannen entweder auf den Kopf stellen oder flach auf den Boden legen, besser aufhängen. Überwinterung am besten im Geräteraum, aber auch im Freien möglich.
Häcksler	Auf keinen Fall mit Wasser abspritzen; Wartung nach Gebrauchsanleitung; Schlagwerkzeuge mit öligem oder fettigem Lappen behandeln, evtl. Pflegespray verwenden. Messer nachschleifen und austarieren. Wenn nötig, Reparatur durch einen Fachbetrieb
Rechen	Bei Holzrechen, wenn erforderlich, Zähne nachsetzen, Stiel überprüfen und ggf. glätten oder erneuern.
Heckenschere	Schleifen bzw. schleifen lassen, Schwert mit einem öligen oder fettigen Lappen abreiben, evtl. mit Pflegespray behandeln.
Messer, Gartenscheren	Klinge auf einer Seite schleifen, dann abziehen und mit einem öligen oder fettigen Lappen abreiben oder mit Pflegespray behandeln. Gartenscheren schleifen oder ggf. Klingen erneuern.
Pflanzenschutzgeräte	Entleeren und ggf. mit Aktivkohle reinigen; Spritzgestänge und Düsen auf Beschädigungen überprüfen; Schläuche auf Dichtigkeit untersuchen. Siebe von Resten der Behandlungsmittel reinigen. Steinmehl aus den Zerstäubern restlos entfernen

Rasenmäher	Zur Vorreinigung niemals mit Wasser abspritzen. Wartung nach Gebrauchsanleitung.
Sägen	Blank reiben und mit einem öligen oder fettigen Lappen behandeln. ältere Modelle neu schränken
Schlauchschellen u. -Kupplungen	Schellen auf Dichtigkeit und festen Sitz überprüfen; bei Kupplungen testen, ob Dichtungen noch in Ordnung sind und, wenn nötig, erneuern
Schubkarre	So lagern, dass die Achsen entlastet sind; Achsen schmieren; Luft im Reifen belassen.
Sommerleitungen	Vor dem ersten Frost entleeren; angeschlossene Hähne öffnen
Spaten	Spatenblatt von anhaftender Erde befreien, mit Wasser abwaschen und einseitig auf der Vorderseite anschärfen; danach mit fettigem oder öligem Lappen abreiben und blank putzen. Stiel auf Beschädigungen untersuchen und nötigenfalls auswechseln.
Wasserbehälter	Wasser vor dem ersten Frost entleeren; Behälter abdecken oder umdrehen, um eine Ansammlung von Wasser zu verhindern
Wasserpumpen	Entleeren und frostfrei lagern; Wartung nach Gebrauchsanleitung oder von einem Fachbetrieb durchführen lassen
Wühlmausfallen	Von Erdresten reinigen; Kunststoffteile abwaschen, Metall mit einem öligen Lappen abreiben

Kamelien – die besondere Blütenpflanze

Es gibt kaum eine Kübelpflanze, die so edle Blüten hervorbringt wie die Kamelie, und das im Winter, wo sonst kaum etwas blüht.

Unter den Kübelpflanzen, die aus Japan und China in unsere Wintergärten eingewandert sind, steht an erster Stelle die Kamelie, eine Kultur, die ähnliche Ansprüche hat wie Azaleen und Rhododendren. Das heißt Kamelien sind empfindlich gegen Kalk und sie brauchen torfreichen Boden. Ideal ist ein Standort mit hoher Luftfeuchtigkeit. Die Pflanze will feuchte Luft, die immer etwas in Bewegung ist. Die Wurzeln wollen es immer etwas kühl, sie vertragen keine Hitze - ein Grund, Kamelien schattig oder halbschattig zu platzieren.

Eine echte Dame - mit Zicken!

So schön die Kamelie ist, sie ist nicht einfach zu pflegen. Ihr Standort sollte sorgfältig ausgewählt werden, die meisten Kamelien, die spontan gekauft wurden, haben kein langes Leben.

Im Sommer ist es noch recht einfach, ab April bis in den Herbst kann die Pflanze an einem halbschattigen Platz stehen. Gegossen wird mit Regenwasser, und jede Woche wird flüssig gedüngt. Auf plötzlich auftretende Veränderungen der Umweltbedingungen reagiert die Kamelie mit sofortigem Abwerfen aller Knospen, im schlimmsten Fall geht die Pflanze ein.

Die beiden kritischen Phasen für die Kamelie sind im Frühjahr der Wechsel nach draußen und im Herbst das Einräumen in den Wintergarten. Wo Wintergärten im Sommer nicht zu warm sind und die Gefahr des Überhitzens ausgeschlossen werden kann, lässt man die Kamelien am besten im Gewächshaus.

Tipp

Tipp vom Profi: Wechselt man im Frühjahr den Standort von drinnen nach draußen, ist unbedingt darauf zu achten, dass die Pflanzen zunächst schattig stehen, die Gefahr von Sonnenbrand ist sonst zu groß. Ein weiteres Zeichen für Behandlungsfehler: Wenn die Blätter vom Rand her braun werden oder abfallen - die Pflanze wurde dann überdüngt. Gelbe, chlorotische Blätter weisen auf Staunässe oder zuviel Kalk im Boden hin. Dem kann man mit Eisendünger und mit Stickstoffdünger in Form von Schwefelsaurem Ammoniak entgegenwirken, außerdem empfiehlt sich das Enthärten des Gießwassers.

Frostharte Kamelien?!

Zwei Sorten sind bereits auf dem Markt, die bis zu minus 20 Grad Celsius ohne größere Schäden aushalten, die tiefrosa 'Frost Prince' und die lavendelrosa 'Frost Princess'. Beide Sorten blühen schon im Spätherbst, sodass die Blüte gesichert ist.

Die in unseren Breitengraden als frostfest verkauften Kamelien sollte man nur in Gegenden mit Weinbauklima im Winter draußen lassen, dann aber dick mit Laub einpacken.

Kamelien

Noch einige Tipps zur Pflege

Sobald sich neue Triebe bilden, sollte man die Pflanzen alle acht Tage niedrig dosiert düngen. Aufhören sollte man mit dem Düngen Ende Juli. Dann können Triebe und Knospen ausreifen und die Winterruhe der Kamelie wird nicht durch einen nährstoffbedingten Wachstumsschub gefährdet.

Auch wenn hin und wieder empfohlen wird, Kamelien organisch zu düngen, hat sich doch die mineralische Düngung am besten bewährt. Zum einen lässt sich organischer Dünger in seinen Einzelnährstoffen nicht so exakt dosieren, außerdem fehlt ihm oft der nötige Kupferanteil, den Kamelien dringend brauchen.

Tipp

Deshalb mein Tipp: Entweder normalen Blumendünger verwenden oder speziellen Azaleendünger.

Umtopfen sollte man erst, wenn der Austrieb nach der Blüte voll entwickelt ist. Umtopfzeit ist bis Ende Juli. Auf keinen Fall neue, im Winter gekaufte Kamelien umtopfen, auch wenn der Wurzelballen noch so dicht und klein aussieht.

Schnitt der sensiblen Schönheiten

Kamelienliebhaber formen ihre Pflanzen durch Schneiden. Üblich ist ein harter Formschnitt nach der Blüte, dabei kann man die Triebe um bis zur Hälfte einkürzen. Im Sommer schneidet man zu lang gewachsene Triebe nur noch leicht zurück. Die Blüte von Kamelien lässt sich verzögern, indem man die Pflanzen im Sommer wiederholt entspitzt und dadurch das vegetative Wachstum anregt.

Trendpflanze für den Dezember

Der Weihnachtskaktus

Einst ein Klassiker unter den Winterblühern, lange Zeit an den Rand gedrängt, heute wieder gefragt: der Weihnachtskaktus.

Der Weihnachtskaktus kann sowohl im Sommer draußen als auch im Winter drinnen in modern oder rustikal eingerichteten Räumen ein attraktiver Blickfang sein.

Durch die bizarre Wuchsform dieser Kakteengattung wirkt Schlumbergera, wie er botanisch genannt wird, im Sommer ausgesprochen gut auch auf mediterran gestalteten Terrassen oder in Natursteinsituationen integriert.

Durch den hängenden Wuchs eignen sich die Weihnachtskakteen sehr gut für Hängekörbe, Wandgefäße oder Amphoren.

Dabei ist im Sommer darauf zu achten, dass die Pflanzen nicht in der prallen Mittagssonne stehen. Ein zu sonniger Standort ist an der Rotfärbung der Triebe erkennbar. Ganzjährig oder während der kalten Jahreszeit fügt er sich mit dem entsprechenden Gefäß oder in Kombination mit z.B. Efeu oder Drachenbaum gut ins Bild ein. Im Winter sind die roten, rosa oder weißen Blüten ein Blickfang.

Übrigens stammt der Name Schlumbergera vom französischen Kakteensammler und Züchter Frédéric Schlumberger.

Pflege

Die Ausgangsarten der Weihnachtskakteen kommen aus küstennahen Gebirgen Brasiliens. Sie wachsen dort am Boden oder epiphytisch, d.h. auf anderen Pflanzen aufsitzend. Am Naturstandort werden sie regelmäßig mit Wasser versorgt, was man auch im Wohnzimmer gewährleisten sollte.

Ist der Boden zu nass, können die Wurzeln faulen. Das zeigt sich durch schrumpfende Sprossglieder. In diesem Fall ist die Pflanze trocken zu halten, auch wenn es den Anschein hat, sie welke. Die Schlumbergera steht gerne hell, aber nicht in direkter Mittagssonne.

Denkbare Standorte sind Nord-, Ost- und Westfenster. Temperaturen sollten nicht tiefer als 10°C liegen. Somit können die Pflanzen im Sommer draußen stehen, aber auch im Haus. Im Herbst/Winter erfolgt die Blütenbildung am besten bei 10-15° C im kühlen, hellen Raum.

Tipp

Tipp vom Profi: Um eine reiche Blüte zu Weihnachten zu erzielen, stellt man die Pflanze ab August etwas kühler und gibt fast kein Wasser. Sie können sogar etwas welk werden. Ab September sollte die Nachttemperatur bei ungefähr 20°C liegen. Sobald Blütenknospen erscheinen, Wassergaben erhöhen.

Nach der Blüte, meist im März, ist die beste Zeit zum Umtopfen. Das Substrat kann zum Beispiel eine torfhaltige Blumenerde mit beigemischtem Sand sein.

Weihnachtskaktus

Rezepte für Biodünger:

Rezept für Brennnesseljauche: 1/2 kg Brennnessellaub mit 50l Wasser ansetzten und 2-4 Esslöffel Urgesteinsmehl dazugeben, dies verhindert den unangenehmen Geruch. Nach 10-14 Tagen ist die Jauche fertig.
Anwendung: direkt auf den Boden 1:20 verdünnen (nicht auf die Pflanzen) als Blattdünger 1:50 verdünnen (direkt auf die Pflanzen).

Rezept für Kompostee: Ca. 10 l Kompost mit 30 l Wasser vermischen, warten bis sich feste Teile abgesetzt haben. Wenn die Lösung wie schwarzer Tee aussieht, ist diese gebrauchsfertig und wird dann abgeschöpft und anschließend wird der Gemüsegarten damit gegossen.

Biologische Lösung gegen Blattläuse:

Rezept für Schmierseifenlösung: 1 l heißes Wasser + 1 EL Schmierseife einrühren, abkühlen lassen + 1 Spritzer Spiritus. Direkt auf die befallenen Triebe aufsprühen , wirkt bereits nach einigen Stunden.
Wichtig: Bitte nicht vorbeugend anwenden - wirkt nur bei vorhandenen Schädlingen.
Nicht bei voller Sonne aufsprühen – Verbrennungen!

Biologische Lösungen gegen Pilzkrankheiten:

Rezept für Ackerschachtelhalmbrühe:
½ kg frisches Schachtelhalmkraut in 5l Wasser 24 Stunden auslaugen, dann 30 Minuten kochen, abkühlen lassen und dann 1:5 verdünnt mit Wasser anwenden.

Rezept für Magermilchlösung:
1/4l Magermilch mit 2l Wasser gut vermischen und unverdünnt aufsprühen, aber unbedingt wöchentlich anwenden

Namenregister